剑与犁译丛
主编 李钧鹏

一触即发
现代恐怖主义的起源

THE DYNAMITE CLUB
How a Bombing in Fin-de-Siècle Paris Ignited the Age of Modern Terror

[美]约翰·梅里曼 著
John Merriman

范 譞译

华东师范大学出版社

华东师范大学出版社六点分社 策划

总　序

唯有逝者，方能见干戈化玉帛。

——乔治·桑塔亚纳①

  古人贤哲用"剑"与"犁"隐喻人类社会两个鲜明而永恒的主题：战争与和平。在《旧约圣经》对未来乐土的描述中，上帝的子民把刀剑铸成犁头，将矛枪制成镰刀，自此天下太平，干戈止息。《孔子家语》有云："铸剑习以为农器，放牛马于原薮，室家无离旷之思，千岁无战斗之患。"虽然时空背景各异，东西方人铸剑为犁、和平共处的愿望并无二致。

  纵观人类历史，和平的阳光折射出的始终是战争的阴影。"唯有逝者，方能见干戈化玉帛。"乔治·桑塔亚纳这句被无数人误以为出自柏拉图之口的名言，凝重地道出了人类社会和战争冲突难以割舍的关系。考古证据显示，在人类尚不具备农业技能时，12000年前的狩猎采集部落之间就已经爆发了战争。在这之后的历史长河中，战争更成为人类社会发展的伴生物或动因。根据杜兰特夫妇1968年的考证，在过去3421年有记载的人类历史中，风平浪静不过区区268年。② 从这个意义上说，人类发展的历史即为一部战争的历史，

---

 ① George Santayana. 1922. *Soliloquies in England and Later Soliloquies*. New York: Charles Scribner's Sons. p. 102.

 ② Will and Ariel Durant. 1968. *The Lessons of History*. New York: Simon & Schuster. p. 81.

并不耸人听闻。

战争与人类社会的复杂性在于：一方面，战争作为人类最具杀伤性的活动，往往涂炭生灵、重创心智、破坏资源、拖累经济、分裂社会；另一方面，战争又为重建社会、振兴经济、团结民众、凝聚共识带来新的机遇。从历史表象上看，战争与和平非此即彼、此消彼长：一个国家或龙血玄黄，或止戈兴仁。可以说，几乎所有现代国家都是战争的产物。且不说两次世界大战对当代世界格局的深远影响，今日之两岸关系、中日关系、中朝关系、中韩关系、中美关系甚至中俄关系，哪一个不与战争的政治遗产有关？人类战争的历史一直呈现出一个悖论："战争源自和平"（卢梭语），战争往往源自人类为了天下太平而作出的预防性措施。事实上，我们在寻找任何一场战争的因果链条时，总能发现人类追求和平的意图或举动；即使在风平浪静的和平外表下，战争的阴云也从未散去。从哈德良统治下的罗马帝国到里根任内的美国，再到特朗普时代的今日美国，军事列强经常以"实力促和平"（peace through strength）为基本国策，甚至不惜先发制人、以战止战。里根政府在 20 世纪 80 年代以军备竞赛的方式拖垮苏联，可谓是一个备战止战、铸剑为犁的经典案例。从克劳塞维茨的"战争是政治的延续"，到福柯的"政治是战争的延续"，再到查尔斯·蒂利的"战争催生国家，国家发动战争"，这些论断都说明了战争与和平是同一枚硬币的两面。"剑"与"犁"是历代统治者手中的"武器"，"铸剑为犁"并不是每一个统治者所具有的政治"决断力"。换言之，人类利益的冲突是现代性的有机组成，维持一种秩序往往孕育了暴力的种子。托克维尔曾在 19 世纪上半叶观察到美俄两国不同的崛起之路：俄国人与人斗，靠士兵的剑攻城拔寨；美国人与天斗，以劳动者的犁开疆辟土。"每一民族都好像受到天意的密令指派，终有一天要各自主宰世界半数人口的命运。"[①]然而，俄国的崛起固然充满暴力，但也少不了国家的和平建设；美国的扩张有其自由民主护驾，背后却以超强武

---

① Alexis de Tocqueville. 2004. *Democracy in America*. Translated by Arthur Goldhammer. New York: Library of America. p. 476.

力为霸权后盾。暴力表象的背后蕴含了一系列经济、社会与政治的变革过程；渴望和平的背后同样隐藏着战争的组织性和动员力。

对人性的不同预设自然会产生不同的战争观。在霍布斯笔下，人类自然状态即为丑恶的"所有人对所有人的战争"；卢梭则认为，人的本性如同白纸，暴力不过是结果而已。主导西方社会数百年的自由主义理论认为，战争只是暂时现象，是人类历史进步过程中的嘈杂之音；伴随着人类的启蒙，未来的大同世界将硝烟不再。对于视战争为历史进步的推动引擎和必要之恶的黑格尔学派和马克思主义者来说，战争则是阶级斗争的极端体现，终将随着阶级的消亡而退出人类舞台。应该看到，无论是人文学科还是社会科学，都缺乏对以战争为代表的集体暴力的应有重视。人文学者多记录特定战争的历史或醉心于抽象的伦理原则或政治正确，少见对暴力作为一种社会现象以及战争作为国家或集团有组织暴力的系统论述。在社会科学界，对国家之间暴力以及社会内部集体暴力的研究同样长期处于边缘地位。贡献出《孙子兵法》、《孙膑兵法》等不朽兵书的中国人，虽有"铸剑为犁"的和平理想，并没有在作战理论基础上发展出一般性战争理论；如何为当今世界提供一种战争与和平的理论，这是摆在中国思想理论界的重大课题。

"剑与犁"译丛希望将冲突与秩序引入中国学界的思考，辩证地、历史地展现二者之间的复杂关系，并为转型中的中国提供一个思考的维度。其旨趣有四：

第一，历史的厚重。传统意义上的战争是两个国家或多个国家之间的对称性冲突；它有明确的战场；各方均以打击对手军事实力为目标。随着二战的结束，领土内部的军事冲突取代国家间战争，成为战争的主导形式。由于核武器的出现，20世纪下半叶的世界局势长期呈现为表面平静下的剑拔弩张。发达国家之间的冲突趋于平息，战争转移到发展中国家内部，非国家性质的行动者走上前台。到了21世纪初，"9·11"事件使本不新鲜的恐怖主义进入公众视野。在"反恐战"的背景下，跨越地域的集体冲突往往呈现为小规模敌对者的高科技精准袭击,无论是恐怖分子将民用飞机变为致命武器撞向世贸大厦,还是美国军方遥控无人机定点空袭。战争往往不再以夺取国土为目的(围绕 ISIS 的战争是一个重要的例外),而是有针对性的杀戮,或是制造恐惧,甚至符号性的胜利宣示。放眼世界,有形战场上的两军对垒固然存在,无形战场上的多方较量更是日益凸显。本译丛既关注古代阵地战,也涉及当代反恐战,并力图凸显战争与和平的历史演变。

第二,社会的根源。战争与和平都是特定历史轨迹和文化背景下的社会结构、社会关系、群体规范和群体动态的体现,有其独有的社会根源、历史演变、相互影响以及结构效应。人类只有在特定社会形态下才会诉诸于系统的暴力行动;暴力绝不仅仅源于人类出于自我保护的生理反应或追求利益的心理动机,它更是一种社会现象和社会过程。但暴力并不是社会失序的必然产物,它离不开一系列复杂的社会机制。比如,在现实生活中,社会地位悬殊的两个人或群体并不经常发生冲突,冲突双方往往社会地位相近或存在竞争关系。既然如此,我们就必须重新审视经济贫困或政治压迫引发暴力的传统观点。① 再如,纵观人类战争史,我们发现,直到近代才出现的民族国家在很大程度上改变了战争的形态。在此之前,战争多表现为部落之间的小型战争。一旦臣民和国家达成契约,将人身保护权交托君主或政府,国家就担负起了保护臣民免受外族侵袭的责任,战争最终转型为国与国之间的冲突。在民族国家时代,战争的伤亡程度可能更高,战争的频率却大大减少。② 本译丛试图展现战争的社会复杂性,力求摆脱"二战"以来形成的"政治正确"的战争与和平的理念,涵盖传统战争、恐怖主义、极端思潮、社会冲突、政权建设、国家兴衰等诸多关涉"和平"如何成为可能的主题,尝试从人类文明角度思考冲突与秩序的有机联系,期望对理解人类历史演变与发展趋势有所助益。

---

① 参见本译丛中的罗杰·V.古尔德,《意愿的冲撞》。
② 参见本译丛中的阿扎尔·加特,《文明世界的战争》。

第三,多元的学科。本译丛不限定于传统的学科分类,而力图提供一个学科交叉的平台。它既有凝重的历史叙述,也有复杂的量化分析;既有人际互动的微观视角,也有跨越千年的宏观全景;既有善恶正邪的道德拷问,也有手术刀般的无情剖析;既有热情洋溢的人文关怀,也有冷静沉着的社科考察。总之,本译丛寄望于展现它们之间的相互渗透性和边界的流动性。

第四,现实的关照。作为学术译丛,它必须回答一个问题:将这些书引入中国的意义何在?西方学术源远流长,经典名著不胜枚举;倘若只考虑知识旨趣,本丛书将湮没于西方知识生产的茫茫大海中。但置于中国和平崛起的大背景下,本译丛就有了重大的现实意义与学术价值。

步入 21 世纪,全球格局正处于深刻的变动中。冷战的终结使得西方自由主义者产生了"历史终结"的感叹。但这种自满情绪仅仅延续了 10 年,恐怖主义的"游击战"所带来的恐慌又使人感叹"文明的冲突"是否意味着当代世界的死结。在这种全球背景下,如何处理好冲突与秩序、军事实力与国家建设、韬光养晦与奋发有为、文化主体与西方思潮之间的关系,对面临"三千年未有之大变局"(李鸿章语)的中国尤为重要。基于这种考虑,本译丛的书目选择就有的放矢了。读的是西方的学术,想的是中国的问题,这是我们选书的基本立场。

是为序。

李钧鹏

2017 年 3 月 29 日

献给维多利亚·约翰逊(Victoria Johnson)

目　录

1894年巴黎地图 / 1
中译本序 / 1
恐怖主义的前世今生 / 1

前言：终点站餐馆 / 1
第一章　欧洲之都的光与影 / 1
第二章　流放者的次子 / 20
第三章　"因爱生恨" / 47
第四章　爆炸案 / 68
第五章　喋血警察局 / 100
第六章　两枚炸弹 / 141
第七章　审判 / 168
第八章　反响 / 209

巴黎补记 / 225
致谢 / 226
参考文献 / 229
索引 / 239
译后记 / 257

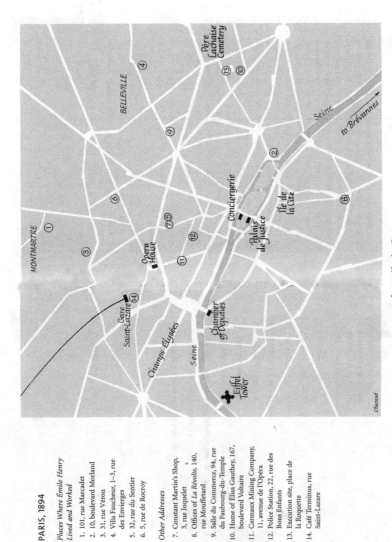

PARIS, 1894

Places Where Emile Henry Lived and Worked

1. 101, rue Marcadet
2. 10, boulevard Morland
3. 31, rue Véron
4. Villa Faucheur, 1–3, rue des Envierges
5. 32, rue du Sentier
6. 5, rue de Rocroy

Other Addresses

7. Constant Martin's Shop, 3, rue Joquelet
8. Offices of *La Révolte*, 140, rue Mouffetard
9. Salle du Commerce, 94, rue du Faubourg-du-Temple
10. Home of Elisa Gauthey, 167, boulevard Voltaire
11. Carmaux Mining Company, 11, avenue de l'Opéra
12. Police Station, 22, rue des Bons Enfants
13. Execution site, place de la Roquette
14. Café Terminus, rue Saint-Lazare

中译本序

　　我们生活在一个充斥现代恐怖主义的世界里：炸弹四处爆炸，无辜群众丧命，一次严重的袭击就足以伤害大量的生命。2001年9月11日，恐怖主义者劫持民航客机相继撞向纽约的世贸中心和华盛顿的五角大楼，这两架飞机连同坠毁在宾夕法尼亚州某处农田中的另一架，成了恐怖主义者手中巨大的、毁灭性的炸弹。中东地区发生的政治斗争催生了发生在法国、比利时、西班牙、德国和其他很多地区的恐怖袭击。2015年11月，在巴黎发生的恐怖枪击案，在尼斯、柏林和纽约发生的卡车袭击案都说明：枪支、卡车还有刀具匕首都成为恐怖主义者的杀人工具。世界上许多国家都被迫面对恐怖主义，一场新的战争就此打响：对抗恐怖主义。

　　《一触即发》这本书追溯并分析了现代恐怖主义的起源。让我稍作解释。1894年2月12日，一个名叫埃米尔·亨利的年轻人走进了巴黎圣·拉扎尔火车站附近的终点站餐馆。他点了两杯啤酒，又买了一根雪茄，就出了门，之后用雪茄点燃了一颗炸弹。他把这颗炸药做的炸弹扔进了餐馆，想尽可能多伤人命。在我看来，这一悲剧性的事件标志了现代恐怖主义的诞生/起源。

　　为什么这样说？在此之前也不乏恐怖袭击，但总是针对国家的领导人或官员——19世纪末到20世纪初的几十年里，不少国家的首脑相继遇刺，其中就包括俄国沙皇亚历山大二世（Alexander II）、美国总统威廉·麦金利（William McKinley）、法国总统萨迪·卡诺

(Sadi Carnot)还有奥匈帝国皇帝弗朗西斯-约瑟夫(Francis-Joseph)。1878年,在遭遇一次未遂刺杀之后,意大利国王翁贝托一世(Umberto I)把刺杀说成是"一种职业风险"。然而,埃米尔·亨利却对那些在回家睡觉之前坐在饭馆小酌和听音乐的普通中产阶级痛下杀手。他认为,这些人有罪,只因为他们存在。

在《一触即发》中,我想讲述这个故事,并分析现代恐怖主义的起源。在我启动这项计划时,我想去理解埃米尔·亨利的仇恨。我对亨利毫无敬意,但我仍然花了两年关注他的一切,当然,主要是通过档案,同时也实地走访了巴黎的大街小巷——我在巴黎呆了好几年。当时,无政府主义者在巴黎的支持者主要是工人阶级,他们居住在城市东部尤其是东北部地区,还有巴黎城墙之外迅速发展起来的工业化郊区。正是在那些地方,亨利感觉最是如鱼得水(feel most at home)。

然而,"恐怖"(terror)一词实际上是政府最早使用的——尤其是法国大革命过程中的公共安全委员会(Committee of Public Safety, 1793—1794)——而且也没有现在"恐怖主义"里的那种含义。埃米尔·亨利的父亲福尔迪奈(Fortuné)曾目睹政府施行的恐怖。福尔迪奈在1871年巴黎公社(仅从当年的3月18日维持到5月28日)中是一位积极分子,他在公社失败之后被以阿道夫·梯也尔(Adolphe Thiers)为首的那个残暴的临时政府判了死刑。约有15000名巴黎市民在当年5月21日到28日的"流血周"中丧生,很多人被集体处决。福尔迪奈侥幸逃到了西班牙。1872年,埃米尔在西班牙首都巴塞罗那出生。

埃米尔·亨利这个人物令我颇感兴趣。他与别的恐怖主义者不同,他是一个知识分子。这倒不是因为亨利不易与人打交道。他爱抽象意义上的人胜过那些他实际遇到的人。与其他无政府主义者一样,他憎恨政府、职业军队、官僚、资本家还有教会,他认为这些人群和机构不断地集中权力并由此获利,代价是普通人民遭受剥削。

《一触即发》这本书实际也回应了今天我们所处的世界。诚然,

19世纪末到20世纪初的很多无政府主义者并非恐怖主义者。无政府主义能作为一股力量出现在欧洲、阿根廷乃至美国，难民潮（包括政治难民）起了重要作用，难民们乘坐火车往来欧洲大陆各地，乘坐轮船漂洋过海，速度之快非往昔可比。在某种意义上说，这就是早期的全球化。今天，网络恐怖主义之猖獗反映了真正全球化年代所呈现的流动性（这种全球化被网络所加强，恐怖主义者可以有效地使用它来招募新成员）。

然而，现代恐怖主义的起源以及我们时代恐怖主义的起源要复杂很多。本书的第二个主题是探索西方政府与政客如何利用恐怖的真实威胁试图加强政治。一个关键的例子就是在2003年对伊拉克的灾难性入侵之后，美国总统乔治·W·布什的案例。恐怖主义的威胁已导致政府暂停宪法权利和法治。2016年11月当选的美国总统唐纳德·特朗普曾明确表示，他会批准未经司法途径的处决（extra-judicial killings），最近，他放出了各种种族主义言论，这些表达是否是在放大恐怖主义袭击的威胁则颇具争议。他不断对所有穆斯林民众进行种族主义的攻击和歧视，这非常有助于征兵工作，比如通过网络征兵。与此同时，特朗普对来到美国的难民和移民大肆抨击，目的是让支持他的"基本盘"（"base" of his support）放心——这些人很多自己就是种族主义者，并且能让特朗普达成把有色人种赶出美国的白人至上主义目的。

在中东，基地组织已经基本被打败，伊斯兰国（ISIS）看来也将束手就擒。当然伊斯兰国仍有能力发动恐怖袭击。互联网把潜在的恐怖主义者联系在一起，启发他们并提供具体策略。

这个世界似乎仍将面对国际恐怖主义的挑战，恐怖袭击可能在任何地方发生。可以认为，现代恐怖主义始于巴黎的那个餐馆，1894年那个阴冷的雨夜。就是这样一个故事。

2018年1月18日
于法国巴拉祖克

恐怖主义的前世今生

1894年2月12日晚,一个年轻的无政府主义者埃米尔·亨利(Émile Henry),向巴黎圣-拉扎尔车站(Gare Saint-Lazare)附近的终点站餐馆(Café Terminus)扔了一枚炸弹。可以说,这是人类历史上第一场现代意义上的恐怖主义行动。它代表了世界上一种新的恐怖形式:袭击在错误的时间、出现在错误地点的无辜群众。在亨利看来,身为资产阶级,终点站餐馆里的用餐者本身就有罪过。①

亨利制造的炸弹袭击不同于其他暴力袭击。以发生在俄国的袭击事件为例,其目标是沙皇、地方长官或军官,这些人显然被视为政府代表。在此意义上,它与我们这个时代所发生的恐怖袭击很不一样,例如发生于2015年1月7日法国讽刺杂志《查理周刊》(Charlie Hebdo)总部的恐怖袭击案,该案造成11人丧生,而袭击对象是作家和漫画家;再如两天之后发生在巴黎南部一家犹太洁食超市的凶杀案,遇难者为4名犹太人质。另一起骇人听闻的大屠杀发生在2015年6月的美国南卡罗来纳州查尔斯顿市(Charleston),一名白人至上主义者在教堂里屠杀了9名非裔美国人。和"伊斯兰国"(ISIS)组织为了建立伊斯兰教国家而在叙利亚和伊拉克的大肆屠杀以及博科

---

① Richad D. Sonn, Anarchism and Cultural Politics in Fin de Siècle France (Lincoln, Neb. ,1989), p. 248

圣地组织(Boko Haram)①在非洲的所作所为类似,这些悲剧提醒我们,这个世界日益为恐怖主义荼毒。

这些是19世纪的无政府主义者和当代恐怖主义者的本质区别。② 最显而易见的是,他们的目标大相径庭。无政府主义恐怖分子——我们还应知道,绝大部分无政府主义者并非恐怖分子——想摧毁国家政权。在伊拉克,恐怖分子得益于一个极端虚弱的中央政府;而无政府主义者反抗的则是日益强大的国家政权。

然而,连埃米尔·亨利在内,19世纪末的无政府主义恐怖分子与2001年9月11日驾驶劫持的飞机撞向世界贸易中心和五角大楼的恐怖分子有一些重要的共同之处。③ 历史经验以及现代恐怖主义起源所展现出来的共同点有助于我们应对和防范现代恐怖主义。

第一,在20世纪90年代末,奥萨马·本-拉登(Osama bin-Laden)宣布,他从此之后将袭击美国平民,而不只是军事目标和领导人,以此打击美国政府。显然,在此之前,平民也曾被当成袭击的目标,但是本-拉登明确指出,在他看来,美国在中东(以及其他地方)的政策使针对美国平民、士兵和政治领导人的宗教战争具有了正当性。④

---

① 博科圣地组织(Boko Haram)为伊斯兰教激进组织,2002年成立于尼日利亚,主张在尼日利亚推行宗教法律,反对西方的教育,被称为"尼日利亚的塔利班"。该组织经常袭击村庄、掠夺村民,时常实施绑架。——译注

② 然而,有人会提出无政府主义的例子,它有某种由真实的信仰构成的世俗宗教的特点。

③ 参见David C. Rapoport的重要文章"The Four Waves of Modern Terrorism",载"Attacting Terrorism: Elements of a Grand Strategy, Audrey Cronin 与 James Ludes 编(Washington, 2004), pp. 46-73. 他把第一波恐怖分子——与无政府主义有联系——视作源于19世纪80年代的俄国,之后扩展到西欧,巴尔干地区和亚洲。Micheael Silvestri,"The Bomb, Bhadralok, Bhagavad Gita and Dan Breen: Terrorism in Bengal and Its relation to the European Experience",未发表论文,2007, p. 39. 另见 Mark Sedgwick,"Inspiration and the Origins of Global Waves of Terrorism", Studies in Confillict and Terrorism, 30(1997), pp. 97-112.

④ 根据本-拉登1998年所发出的追杀令(fatwa):"杀死美国及其盟国——无论平民还是军人——的指令是每一个穆斯林的责任,在任何可能发动袭击的国家尽可能动手";Scott Gerwehr and Kirk Hubbard,"What(转下页注)

而亨利在一个世纪以前就作出了类似的杀戮决定。在他将炸弹投向终点站餐馆的关键时刻，他重塑了"恐怖"这个概念的意涵。与之类似，在20世纪20年代和30年代，孟加拉地区的武装分子把一切欧洲人视为可以袭击的对象。①

第二，无政府主义恐怖分子和今天的伊斯兰原教旨主义者都超越了社会界限的藩篱。在19世纪90年代的法国，无政府主义爆炸袭击者是被社会遗弃的一群人。法国、意大利和西班牙的无政府主义者多为工匠或工厂工人，意大利和西班牙还有一些无政府主义者是农民。这些人在恐怖主义第一次浪潮时发动无政府主义袭击，他们一般来说都没受过什么教育。而亨利却大为不同，他是一个中产阶级的知识分子。很多俄国革命家都出身非常贫寒，但是米哈伊尔·巴枯宁(Mikhail Bakunin)和彼得·克鲁泡特金(Pyotr Kropotkin)却都是贵族出身。本-拉登也是一个极端富有的沙特阿拉伯家族的苗裔。

第三，埃米尔·亨利和他的前辈们都追求革命的永垂不朽(immortality)。这些武装分子希望通过自己英雄般的殉难来启示别人，就好像二战中的神风特攻队飞行员和现代社会的自杀式爆炸袭击者一样②。第一波恐怖主义袭击的特征可以概括为对殉难的追求和歌颂，尤其看重被处决的一幕(比如"芝加哥的殉难者"的例子，1886年

(接上页注)Is Terrorism? Key Elements and History", Psychology of Terrorism, Bruce Bongaar, Lisa M. Brown, Larry E. Beutler, James N. Breckenridge Philip G. Zimbardo (NewYork, 2007), p. 96。大卫·A. 贝尔(David A. Bell)最近强调，在拿破仑战争期间参战人员与非参战人员之间的差别变得很难清晰界定(*The First Total War*[boston, 2006])，三十年战争的情况也是如此。

① 马丁·米勒(Martin Miller)说明了"现代恐怖主义的知识分子起源"，载 Terrorism in Context, Martha Crenshaw 主编(University Park, Penn., 1985)。另参见 Silvestri 的"*The Bomb*"。

② 詹姆斯·乔尔(James Joll)描述了"革命行动的净化价值"，参见 James Joll, *The Anarchists* (London, 1979), p. 129。斯维斯提(Sivestri)在"*The Bomb*"中也表达了同样的观点，p. 34。

5月4日在干草市场（Haymarket Square）进行了一场屠杀，随后又实施了绞刑；或是把法国无政府主义者拉瓦绍尔（Ravachol）和奥古斯特·瓦扬（Auguste Vaillant）送上断头台①）。对殉难的追求在新近的恐怖主义浪潮中越来越普遍，这为自杀式袭击提供了意义和目的。对这些残酷的处决可以有各种评价，但绝不可能说是失败——反而，这些袭击证明有可能把强大的政府卷入斗争。②

第四，两种类型的恐怖分子都针对强大的敌人，那就是他们试图摧毁的社会结构，与此同时，至少能给某一人群制造恐慌。正如同一个出现于6世纪的中国成语——"杀一儆百"③。对无政府主义者而言，敌人是国家和资本主义（还有它们的基础，如军队和教会）；对现代恐怖分子而言，敌人是整个西方世界，尤其是美国政府的权力。两种恐怖主义都认为敌人在压迫普通民众，不管是19世纪政府使用的严苛手段和经济不平等，还是当代西方对伊斯兰世界的威胁——至少宗教激进主义者如是说。

第五，炸药和炸弹成了首选的武器，因为炸弹容易获得，且容易穿透全副武装的国家的防御。信仰"制造事端搞宣传"（propaganda of the deed）的无政府主义者和现代恐怖分子（这么看来，包括国际主义运动中的游击队战士）都找到了制造炸弹的方法，且这种炸弹还易

---

① 参见第四章的介绍。——译注

② George Esenwein, "Sources of Anarchist Terrorism in Late-Nineteenth-Century Spain", 未发表论文, p. 8; David C. Rapoport, "Then and Now: The Significance or Insignificance of Historical Parallels", 未发表论文, p. 9.

③ "恐怖主义不仅通过恐怖袭击针对直接的受害者和目标，在此之上，还被实施者设计成具有深远的心理层面影响。它意味着渐渐灌输恐惧，于是能够给更大范围的'目标人群'制造恐慌，此目标人群可能是指敌对的种族或宗教群体，一整个国家，一个国家的政府或政党，或者一般的公众舆论……通过暴力制造的宣传，恐怖主义者希望获得能够对某一地区乃至影响整个世界范围政治变革的方式、影响和权力，这些是他们如不使用暴力很难得到的"; Gerwehr and Hubbard, "What Is Terrorism?" pp. 87-90. 此处引用的成语出自儒家之外的人物言论（此成语出处为《汉书·尹翁归传》"其有所取也，以一警百，吏民皆服，恐惧改行自新"，作者称此成语出自中国6世纪，有误。——译注）。

于隐藏,在制造爆炸袭击时也很有效。在过去,强大的国家对游击队活动束手无策,极易受到攻击,比如拿破仑的士兵经常命丧西班牙、意大利和俄国的农民之手。比如路边炸弹这样的爆炸装置,使"弱者的武器"概念有了新的维度①。这又一次说明,强大的国家在面对一小拨意志坚定的敌人时,依然无可奈何,虚弱不堪,这些敌人会引发恐慌,还削减对政府乃至整个国家系统的信心。②

第六,恐怖分子热诚地笃信他们的意识形态,而且自信他们的队伍会日益壮大,最终他们会取得胜利。这对恐怖主义的运动而言,造成一种天启式(apocalyptic)效应,甚至像千禧年耶稣再临论(millenarian)一般。现在,很多参与暴力袭击的恐怖分子都是一些年轻人,他们决定要按照适合自己的方式来改造世界,这和19世纪时的情形并无二致——埃米尔·亨利被处决时年仅21岁。在20世纪头十年,年轻气盛也是俄国社会主义革命恐怖分子的主要特征。③

第七,在对付恐怖主义方面,不论是19世纪末的法国政府还是深陷伊拉克战争泥潭的美国官方,都想找出一个有组织、有预谋的大集团,而不愿承认是很小的组织乃至个人制造了局部的甚至是随意的袭击。19世纪末的无政府主义者既没有真正的组织也没有领袖能够控制全部信徒,他们强调发挥全部的个人能动性。尽管无政府主义出现了全球化的趋势,但根本没有大规模的无政府主义阴谋。

---

① James C. Scott,*Weapons of the Weak:Everyday Forms of Peasant Resistance*(New Haven,Conn.,1985).

② James N. Breckenridge and Philip G. Zimbardo,"The Strategy of Terrorism and the Psychology of Mass-Mediated Fear",载 *Psychology of Terrorism*,Bruce Bongar,Lisa M. Brown,Larry E. Beutler,James N. Breckenridge 与 Philip G. Zimbardo 编(New York,2007),p.117.

③ 马克·赛支曼(Marc Sageman)提出的一个观点,詹姆斯·法娄(James Fallows)在"Declaring Victory"中引用过,载 *The Atlantic*,298,2(2006年9月),p.68。Silvestri,"The Bomb",p.9; Walter Laqueur,*The age of Terrorism*(New Brunswick,N.J.,2006),p.100. 主要不同之处当然在于孟加拉的"恐怖主义者"是民族主义者,在某种程度上受到爱尔兰独立斗争的影响。只有在俄国的例子中,恐怖主义者中的女性占到了相对大的比例,大约四分之一。

1894年刺杀法国总统萨迪·卡诺（Sadi Carnot）的桑特·杰罗尼姆·卡西瑞欧（Sante Geronimo Caserio），1900年刺杀意大利国王翁贝托一世（King Umberto I）的盖塔诺·布雷希（Gaetano Bresci），和亨利一样都是单打独斗。所谓的"炸药俱乐部"（dynamite club）纯粹是当时人的想象而已。无政府主义恐怖分子最多是通过非正规的网络得到一些资金上和情感上的支持。① 无政府主义流亡者在伦敦，或者在巴黎和巴塞罗那的工人阶级区和城市郊区找到了避难所。在今天，潜在的伊斯兰恐怖分子也经常能在西方国家的穆斯林社区中找到安全的天堂。有人深刻地分析了21世纪头十年的伊斯兰激进主义恐怖分子，强调"现在的恐怖主义已经从基地组织（Al-Qaeda）中心，变成全球遍布'自发'行动的恐怖主义组织"。② 现在，由于穆斯林对宗教殉难的重视，自杀式爆炸袭击对个人的吸引力远胜无政府主义全盛期。而且，在一个全球化的世界中，媒体会迅速公开发生的恐怖主义袭击及其各种形式的成功，这可能会在其他地区激起随之而来的袭击。这如同瘟疫——最近几年的非洲和中东地区就是如此。③

然而，革命式的暴力——比如拉瓦绍尔、瓦扬和亨利的所为——和反抗外敌占领的抵抗暴力——比如法国在阿尔及利亚、以色列在巴勒斯坦、美国在越南和伊拉克所遇到的——依然存在根本的差别。

在西方世界，革命的暴力和反抗外敌的暴力一般都是针对国家的，国家被视为压迫性的或是不公正的。甚至，其实"恐怖主义"

---

① Esenwein, "Sources of Anarchist Terrorism", P. 5, 提到19世纪90年代西班牙的无政府主义深深扎根于劳工运动，受到自发组成且成员关系密切的组织的支配，其中的成员可以按照其意愿自由行事。

② Fallow, "Declaring Victory", P. 64.

③ Sedgwick, "Inspiration and the Origins of Global Waves of Terrorism", pp. 101, 106-9, 提到"人民意志（Narodnay Volya）组织对之后的美国恐怖主义者的影响，尽管并未成功，还有意大利的Carbonari组织以及Mazzini和Garibalidi努力完成意大利统一对后来的意大利恐怖主义者的影响。阿富汗反对苏联军队起义的成功极大地影响了基地组织。

（terrorism）这个词，恰恰要追溯到国家恐怖这个根源上，比如法国大革命期间的公共安全委员会（Committee of Public Safety）。马克西米利安·罗伯斯庇尔是从塔西佗的《罗马史》中借用的"恐怖主义"这个词。最早的"恐怖分子"是为政权服务的，以惩罚那些敢于反抗国家权威的人。① 并且，有人已经指出国家恐怖主义不但是最早出现的，且其危险性之大让对抗现存国家秩序的当代恐怖主义都难以望其项背。根据一项令人震恐的统计数字，在20世纪，死于政府之手的人竟然多达1.7亿之巨，绝大多人数是在他们自己的国家被杀死的。在19世纪80年代，无政府主义者发动的袭击至多也就造成60人死亡，200多人受伤。当然，不能说这不是悲剧，但和国家恐怖主义制造的受害者相比，只不过是沧海之一粟。总体而言，国家恐怖主义的受害者和"非国家"恐怖主义制造的受害者数字的比例接近260∶1。② 而国家恐怖主义则经常被淡忘，或者被轻描淡写地一笔带过。

西方的恐怖主义于是变成了政治进程的一部分，某种国家与其

---

① 马丁·米勒（Martin Miller）在"The boston Blasts and Terrorism: A Historian's Take on What It Means"中将其称为"死亡之舞"，Ishaan Tharoor, Time, 2013年4月16日。例如参见《小罗贝尔法语词典》(Petit Robert: Dictionaare de la langue Française) (Paris, 1989): "Terrorism: 1794, 在1793—1794年的恐怖时期使用的一个词……Terrorism可以作为政府的一种手段(Romains)"。或"Terror: 自1789年，一种可以在人群中流行的集体恐惧(Hist): 革命政府所使用的非常手段的总称。Terrorism: 通过恐怖来统治。"还有"To Terroize, 用非常手段打击"，"用恐惧打击（通过革命政府所使用的非常措施的方式）"。还有，"Terror: 应用或鼓励恐怖政治。使用恐怖打击，使人民生活在恐怖之中。"埃德蒙·伯克（Edmund Burke）首次使用terrorism一词来描述法国的恐怖; Gerwehr and Hubbard, "What Is Terrorism?", p. 90。

② Clark McCauly, "Psychological Issues in Understanding Terrorism and the Response to Terrorism", Psychology of Terrorism, Bruce Bongar, Lisa M. Brown, Larry E. Beutler, James N. Breckenridge 与 Philip G. Zimbardo (New York, 2007), pp. 13-14; Richard Bach Jensen, "Daggers, Rifles, and Dynamite: Anarchist Terrorism in Nineteenth-Century Europe", Terrorism and Plitical Violence, 16, 1 (Spring 2004), p. 134.

凶残敌人之间跳的"死亡之舞"(danse macabre)。① 此二者戏剧般地互动,又使彼此做出暴力反应。持不同政见者感到的仇恨只会由于政府更为残酷的镇压报复而越积越多。残酷镇压有时似乎根本不管用,它只会激发更多的暴力。9·11恐怖袭击发生之后,恐慌氛围横扫整个美国,这正如无政府主义者在大开杀戒的年代给法国巴黎造成的恐慌一样,而这种公众恐慌又给西方政府镇压无政府主义者提供了合法的理由。过度镇压只会增加恐怖主义者的规模,正如19世纪80年代的意大利和西班牙一样。②

9·11恐怖袭击之后的世界也是如此,尤其是美国入侵伊拉克这场恶名昭彰的战争造成的灾难,这个国家——尽管是有一个恶魔般的统治者——对美国兵本没有严重的威胁,而且和基地组织毫无瓜葛,直到伊拉克战争给那里招来了恐怖主义组织为止。

1871年5月21日至28日被称为"五月流血周",在这一周中,巴黎公社社员被大肆屠杀;1891年5月1日,法国北部的富尔米(Fourmies)发生了小规模的屠杀;同一年,在克里希(Clichy),三个无政府主义者遭到残酷虐待;这些事件都说明,国家对无政府主义者的以暴制暴,已经深深铭刻在普通大众的集体记忆之中。③ 毫无疑

---

① 马丁·米勒在"*Danse Macabre*"里提出了一个有趣的看法,将这两种恐怖主义相提并论。他认为"政府一方与社会一方之间具有侵略性的敌意,引发两种敌对势力之间不间断的相互关系"(p.5),认为在某种意义上两种恐怖彼此需要。另参见 Silvestri,"The Bomb":"孟加拉的革命者将自己的行动建构为作为对暴力的殖民统治的报复,这种暴力殖民统治在某种程度上可以被称为'国家恐怖'"(p.4),这里引用了为1919年阿姆利则大屠杀报仇的例子(pp.36-39)。经常被忽视的事实是美国经常性地区分出所谓"我们的恐怖主义者",这些人算是好人,比如说那些在二战中将英国势力驱逐出巴勒斯坦的人;或者那些针对美国反对的政府的人,比如说20世纪80年代的尼加拉瓜政府和从20世纪60年代起的古巴政府;美国政府有时会使恐怖主义变成对持不同政见者直接或间接的政策,比如在早期的人权支持者的例子中。一些人在某种情况下是恐怖主义者,另一情况下是自由战士。

② Silvestri,"The Bomb",p.4,还有后面提到的孟加拉人对未经审判就拘留的愤怒。

③ John Merriman, *Massacre: The Life and Death of the Paris Commune* (New York, 2014).

问,政府的血腥镇压在意大利、西班牙和法国都激起了新的袭击。不过,从法国在19世纪80年代的政策看来——西班牙的政策与之不同——监狱并不真正折磨犯人。然而,令整个世界大为震恐的是,美国军队在伊拉克系统地虐待甚至折磨犯人。犯人常年被关在关塔那摩基地,并且被剥夺了接触任何法律代理人的机会,甚至从未受到任何指控。据说,美国中央情报局(C. I. A.)在其他许多国家开设了大量秘密监狱设施(有时被称为"黑监狱"),其中包括埃及、波兰、罗马尼亚和捷克共和国,与这些监狱不同,关塔那摩基地就是试图让公众知道,传说中的国外恐怖分子现在被关押在条件极其恶劣的监狱中,并且这合理合法。时任美国副总统的迪克·切尼(Dick Cheney)在回答关于犯人待遇的问题时几乎是在自吹自擂,而总统乔治·W·布什(George W. Bush)则抱以他那招牌式的傻笑(smirk)。布什和切尼如此这般的回答,恰恰帮助了恐怖分子招募更多新成员。一位评论者甚至表示,"如此回应恐怖分子,简直比这么做本身的破坏性更大",因为这会招致更多的恐怖主义暴力袭击——这丝毫没有低估恐怖主义的威胁。①

最近发生的事件一再提醒我们,恐怖主义依然是世界范围内的巨大威胁。在各国政府独自打击或与其他政府合作打击恐怖主义的同时,思考恐怖主义的历史起源与发展显得尤为重要——因为它恰恰起源于欧洲。这本书追溯了无政府主义者埃米尔·亨利短暂而充满暴力的一生。他在1894年2月向巴黎终点站餐馆投掷的那枚炸弹,代表着现代恐怖主义的起源。

感谢理查德·拉茨拉夫(Richard Ratzlaff)对本文的建议。

---

① Fallows,"Declaring Victory",p. 69,转引自David Kilcullen。

前言:终点站餐馆

在巴黎郊区的住所内,埃米尔·亨利正在制造一颗炸弹。他找来一个工人用的金属饭盒,拆掉把手和盖子,将一盒炸药放到里面。他然后放进去一根装着 120 颗铅弹的锌管,加入绿色粉末(green powder)和苦味酸(picric acid),然后将其搅匀——这可是致命的。在管子的小口处,他放上一个雷酸汞胶囊,还把一根能烧 15 到 18 秒的导火索用航海蜡粘在小口上,让导火索从卸下来的把手留下的小孔里伸出来。焊好了锡制的容器,缠好了线,埃米尔就把这颗大概五磅左右的炸弹揣进他大衣最深的兜里。然后,他拿上一把子弹上膛的手枪和一把匕首,出了门。时间锁定在 1894 年 2 月 12 号。

这位面色苍白的年轻人紧紧攥着那颗炸弹,径直往巴黎歌剧院周围雅致的大道走去。他想在那片富人区点燃这颗炸弹,炸死越多人越好。他估计至少能炸死 15 人,炸伤 20 人。

在歌剧院大街(avenue de l'Opéra)的尽头,埃米尔·亨利在歌剧院门前停下脚步。这座歌剧院在 19 年之前开业,外形像一个巨大的镀金婚礼蛋糕,其规模和富丽堂皇的装潢显示着它的建立者和老板有着纪念碑般不朽的抱负和骄奢。歌剧院里正举行着一场盛大的舞会,埃米尔知道他没法通过保安的检查进去放炸弹。他一边走开一边自言自语道:"哼,就让他们在里面跳会儿舞吧!"之后他又去了比弄餐厅(restaurant Bignon)、格朗饭店(Grand Hôtel)里那家别致的和平餐馆(Café de la Paix)还有和平路(rue de la Paix)上的美利坚餐馆(Café Américain)(要是他有机会查查 1889 年的贝德克尔旅行指南①,他应该注意到,那里"晚上没什么人去")。他看上去像一个打扮得衣冠楚楚的游荡者/浪荡子(*flâneur*)或一个知识分子,但埃米尔其实是一个濒临破产的布尔乔亚,生活在城市生活的边缘。他来到林荫大道(Grands Boulevards)附近,并不是来无所事事地看看夜景,而是来泄恨和杀戮。他来到卡普西那大街(Boulevard des Capucines),他哪里知道,在街上川流不息的马车之间,有一辆黑色马车上正载着"正义之匣"——那座世人皆知的断头台。② 第二天早上,在巴黎工人阶级聚居的街区罗盖特广场(Place de la Roquette),将进行一场处决。

晚上 8 点,埃米尔来到终点站餐馆,地方就在车水马龙的圣-拉扎尔车站拐角。终点站饭店(Hôtel Terminus)20 年前才刚建成,就在圣-拉扎尔路路口。这幢建筑一层是饭店,楼上是宾馆。宾馆入口对面就是柜台,侍者在柜台给主顾们调着酒,后面站着收款员和酒保。柜台往上几节台阶,就是紧挨着的终点站餐厅(Restaurant Terminus)的大厅。在大厅的左角,有一个不大的舞台,这舞台是给五位乐师演奏用的,即将上演的是吉普赛风格的音乐,这种风格刚刚才在巴黎流行起来,而且只在晚上演奏。

埃米尔·亨利穿着黑裤子,系着领带,戴着黑呢帽子,这身行头实在说不上优雅,但他在这大厅里却显得很自然,跟在场的人没什么分别。没有人意识到他大衣口袋里其实装着一颗炸弹。晚上 8 点,咖啡厅里的顾客逐渐多起来,他就走进去,坐在玻璃门右边的一张桌子上,从那张桌子出了玻璃门就能走到圣-拉扎尔路。他点了一杯啤酒,不一会喝完了又点了一杯,还要了一支雪茄抽,然后付了帐,因为

---

① 贝德克尔旅行指南(Baedeker guide):德国人卡尔·贝德克尔在 1928 年后出版的一系列旅游指南,在当时被简称为 Baedeker,产生巨大影响。——译注

② 关于断头台,参见 Gérard A. Jaeger, *Anatole Deibler* (1863—1939): *L'homme qui trancha 400 têtes* (Paris, 2001), p. 117.

吉普赛乐队的小型音乐会开始了。此时正是8点30分,每晚到了这个时候,音乐会就准时开始。到了9点,大概会有350人围坐在这里。音乐会上半场有七支曲子,然后是五段小提琴独奏(里面还有梅耶贝尔①和罗西尼的作品)。音乐会里有几首曲子是拿乐器演奏当时流行的歌剧咏叹调。在短暂的中场休息时又演奏了几首波尔卡,然后又来了几首瓦格纳的曲子。9点01分,小乐队正开始演奏上半场的五支曲子,是丹尼尔·奥柏②。

埃米尔觉得音乐很吵闹,但不管怎样,他还有其他的计划。他把炸弹从大衣兜里拿出来,站起身,走出了玻璃门,出去之后侍者就把门关上了。但是在外面走了一两步,埃米尔走回来,用嘴里的雪茄去点导火索——点了三回才着——然后打开刚走出去的那扇门,左手托着炸弹,朝饭店里乐队的方向,用尽全力把炸弹扔了过去。③

本书的写作动机源于一个非常简单的问题:埃米尔为什么会这么干?从一个扔炸弹的人的头脑里挖掘出他的动机实非易事,尤其是这次爆炸发生在一个多世纪以前,地球的另一端。但是对于一个生活在21世纪初期的历史学家而言,去弄明白这件事的诱惑性实在难以抵抗。全世界都卷进"打击恐怖主义的战争",那么为了洞晓恐怖主义的过去,这么做是很有益处的。如此对比或许不妥——伊斯兰激进主义者和埃米尔·亨利所在那个圈子的人之间的差别显而易见——但是,深入挖掘一下就能看到二者之间蛛丝马迹般的关联。而在这条千里线的背后,埋藏了一个重要的故事。

---

① 梅耶贝尔(Giacomo Maybeer,1791—1864),德国作曲家,代表作有歌剧《埃及的十字军》、《北方的明星》、《非洲女》、《先知》等。——译注

② 丹尼尔·奥柏(Daniel Auber,1782—1871),法国作曲家,歌剧作家,代表作有《秘密》(Le Sécret))和《皇冠钻石》(Diamants de la Couronne)。——译注

③ 对爆炸案的描述,来自 Le Soleil,February 13,1894;Le Gaulois,February 17,1894;Le Figaro,April 15 and 28,1894;另见档案;Archives of the Prefecture of Police,Ba 1115,prefect of police,February 14,1894.

19世纪末的巴黎社会极端不平等。宏伟壮观的巴黎圣母院,耀眼夺目的歌剧院,新建成的埃菲尔铁塔——当时世界最高的建筑……举目皆是灯火通明,高楼大厦,茶楼酒肆,而在这座欧洲之都不远的地方,穷人就住在脏乱差的贫民窟中。他们毫无政治资源和经济资源来改善他们的状况,政府对他们也视而不见,不闻不问。在19世纪,在国家/民族荣耀的名义之下,欧洲国家的财税汲取能力和征兵能力突然极大的增强,给亿万臣民和公民造成了沉重的压力。这些国家要求臣民对其效忠,尽管它们自己挑起战争,消灭政治异己。国家促成了国家恐怖主义——所谓"恐怖"和"恐怖主义",归根结底,是从法国大革命最为激进阶段的国家政策语境诞生的。

自然,欧洲国家如此倒行逆施必然激起很多人的愤怒。埃米尔·亨利就是其中的一位。他谴责资本主义,谴责宗教,谴责军队——只有贫苦的下层民众去参军,他们苦争苦熬图个糊口度日,而富人们则逍遥享受。在这座灯火之城(巴黎的别称——译者注)中,埃米尔·亨利被排挤,被异化,他愤怒无比。这使他成为一名忠诚的无政府主义战士。

有一位历史学家曾经这样说:"书写被历史中的剩余物(remainders)的历史实简直是难于上青天!"[①] 诚如斯言,给无政府主义者写编年史正面对这个问题,因为无政府主义这种哲学在今天实在罕有追随者。然而根据一项统计,从 1880 年到 1914 年——无政府主义的鼎盛时期,无政府主义者制造的刺杀和炸弹袭击遍布欧洲、北美、南美和澳洲的 16 个国家。[②] 正如其他乌托邦运动一样,无政府主义也受到不幸现实的影响,这种现实使人更容易去畅想一个不一样的、更公平的世界,在那个世界,身处水深火热中的那些人才能最终翻身

[①] "历史中的剩余物"(remainders in history);语出 Charles Tilly。

[②] 参见 Richard Bach Jensen,"The International Campaign Against Anarchist Terrorism,1880—1914/30s,"unpublished paper,p. 2;文中提到,根据作者统计,共有 160 人在那一时期的无政府主义袭击中丧生,至少 500 人受伤。

做主人。这种观点超越了国界,超越了文化。

《一触即发》就是这样一个发生在19世纪末欧洲的故事,是那些手握权柄的人与那些奋起对抗并将之视作正义事业的人之间的故事。这也是一个处在大变革时代中的世界的故事,在当时,通讯和交通的网络加强了全球的联系并推动了数次移民浪潮,比如美国移民浪潮。

最重要的是,这是一个不同寻常的无政府主义者的故事。身上揣着一颗炸弹——而且这不是第一颗——埃米尔·亨利实际是盲目地四处出击。早期的无政府主义炸弹袭击者把矛头指向国家首脑和政府官员(uniformed officials),因为这样可以造成象征的效果,但埃米尔不一样。他是要牺牲无辜生命来成就他自己认为的宏图大业。而且,与许多无政府主义者不同,他的出身也并非卑微凄惨。他的家庭也拥有财产,他本人是在学问上小有成就的知识分子,原本前程无量。然而,他往终点站餐馆扔炸弹的那天,恰恰是现代历史的决定性时刻。从那天起,平民百姓成了恐怖分子的目标。

第一章　欧洲之都的光与影

法兰西第二帝国(1852—1870)早期,拿破仑三世(Napoleon III)曾经召见过乔治·奥斯曼(Georges Haussmann),后者时任塞纳区(département of the Seine)的行政长官。拿破仑三世指示奥斯曼在城市道路的丛林中铺设更宽的大街。显然,皇帝的用心是让物资运送和其他商业活动更方便,并且带来更好的采光和通风,于是也可以让光荣的法国首都的卫生条件更有益健康。但其实这么做另有用心。自由主义、民族主义和社会主义运动的日益兴起,几乎让整个时代被冠以"叛乱世纪"①的称号,欧洲的君主们则绝望地试图与这些运动对抗,以便维护他们的权威。而巴黎正是一座革命之都。拿破仑三世希望奥斯曼修筑更多大街,可以穿过和环绕那些具有革命传统的街区。那些街区是在 1789 年法国大革命、1830 年的 7 月革命和 1848 年 6 月的巴黎内战中兴起的。最近,有很多街垒是路易·拿破仑·波拿巴(louis Napoleon Bonaparte)这位法兰西第二共和国总统本人在 1851 年 12 月 2 日发动政变之后才搭建起来的。在共和体制被摧毁之后,他在翌年宣布自己为皇帝,一如他的伯父拿破仑·波拿巴 15 年之前的所作所为。

巴黎的叛乱分子早就利用贫民窟地区狭窄的街道在历次暴乱中

---

① 叛乱世纪(rebellious century),语出 Charles Tilly, Louise Tilly, Richard Tilly, *The Rebellious Century* 1830—1930 (Cambridge, Mass. ,1975)。

占尽优势。现在,在奥斯曼的仔细规划下,巴黎新建了 120 英里长的新道路,而奥斯曼这个名字最终变成了一个法语动词(奥斯曼[to Haussmann]的意思就是用推土机推平)。由于奥斯曼出生在东部省份以及他在城市拆迁方面的强烈嗜欲,他得了一个"阿尔萨斯的阿提拉"①的诨号。而他贯彻了帝国主义的上令下达,让新修的道路从成千上万平民所居住的巴黎市中心街区穿过。许多人不得不因重建和随后飞涨的房租而搬到城市的周边,所得的补偿仅仅相当于每户十美元。新建的道路两侧新修了 34000 幢建筑,包括 215000 间公寓,而被拆迁的人口中绝大部分根本住不起这里。对于印象派画家奥古斯特·雷诺阿来说,拔地而起的新建筑"看上去冷冰冰地,像士兵般阵列于大街两侧"②。"凯旋路"(Triumphal Way)有时候用于称呼香榭丽舍(Champs-Elysées)那条街,也可以用来命名其他大街。(奥斯曼时代留下一个笑话,说一个上了岁数的士兵估摸着塞纳河以后肯定会被拉得笔直笔直,因为它不规则的弯曲实在是太扎眼了。)③

1871 年,巴黎又迎来叛乱,奥斯曼修建的宽阔大街于是充分地发挥了它的主要作用。1870—1871 年的普法战争中,法国军队一败涂地。战败之后,在接下来的 2 月 8 号选举中,保守派大获全胜,选举出了一个强大的君主派议会。巴黎人民感到了背叛。因为毕竟在面对普鲁士军队的进攻时,一切资源都被调动起来用于首都的防御,而现在,他们却正面临激增的失业和因食物短缺造成的物价飞涨。房东又要求把之前因为巴黎惨遭围困达四个月而没法收的房租收

---

① 阿提拉(Attila,406—453),古代匈奴人的领袖和皇帝,史学家称之为"上帝之鞭"。他曾带领军队横扫欧洲,并于公元 452 年把当时西罗马帝国首都拉文纳攻陷,赶走皇帝瓦伦丁尼安三世,使西罗马帝国名存实亡。——译注

② 参见 Robert L. Herbert, *Impressionism: Art, Leisure, and Parisian Society* (New Haven, 1988), p. 15.

③ 见 T. J. Clark, *The Painting of Modern Life: Paris in the Art of Manet and His Followers* (New York, 1984), p. 35.

回来。

1871年3月18日,临时政府的首脑阿道夫·提埃尔(Adolphe Thiers)要求他所辖军队在蒙马特地区①的国民护卫队停止开炮。作为回应,当地人逼迫两位将军背对一面墙并将两人处决。3月26日,巴黎人民——至少是男人们——选举出了他们自己的政府,史称巴黎公社。公社在某种程度上来说,是"受压迫者的节日",因为许多普通的巴黎民众第一次成为他们自己命运的主人。此时,理想主义和乐观情绪在城市上空飘扬。巴黎公社运动开启了社会革命的壮丽篇章——比如说,运动废止了夜里烤面包的制度(这让所有面包师苦不堪言),为工作的母亲创办了很多托儿所,组织了妇女的工会。画家居斯塔夫·库尔贝②,他创作的表现普通农民和工人的现实主义画作不仅震动了资产阶级批评家,也让他转向社会主义并且在巴黎公社中扮演了积极的角色。在他的建议之下,人们用了很多的滑轮来拉倒万多莫纪念碑(Vendôme Column),纪念碑上是一座巨大的拿破仑一世的雕像。在当时的一些照片上,来自城市周边的民众站立在这座被摧毁的帝国纪念碑附近,而这里曾经是巴黎西部最优雅的街区。来自东部和东北部街区的工人及其家庭都走在这些高档街区上,这里的经济现实和治安偏见曾经让这些人望而却步。

然而,巴黎公社很快遭到了政府当局的反扑。3月22号,凡尔赛的部队穿过巴黎的西城墙倾泻而来,他们恰恰利用了新建不久的宽阔大街来镇压巴黎公社。有两万五千多名巴黎人葬身凡尔赛部队的枪口之下,或者战死,或者被俘遭到处决。对于社会精英而言,巴黎公社代表了社会革命天启式的前景。巴黎公社的社员都是"醉醺

---

① 蒙马特地区(Montmartre),位于巴黎北部的一块小高地,巴黎的军事要冲,从上面可以俯临整个巴黎,高地附近的地区也被称为蒙马特地区。——译注

② 斯塔夫·库尔贝(Gustave Courbet,1819—1877),法国画家,写实主义美术的代表,确立了反映生活的真实为创作的最高原则,肯定平民生活的重要性和巨大意义,并把自己的创作跟法国人民的革命运动联系在一起。代表作有《筛麦妇人》《石工》《画室》等。——译注

醺的贫民"("drunken commoner")和"苦艾酒的信徒"("apostles of absinthe"),这类传说流传已久。政府审问了超过四万个巴黎人,其中一些被判有罪,被送进监狱或者被流放。按一位检察官的话说:"在巴黎,所有人都有罪"(À Paris, tout le monde était coupable)。因为在巴黎公社时期,全城的普通民众都遭受了长达四个月的围困并且无处可去。

对于虔诚的天主教徒而言,法国在普法战争中的溃败和接下来的巴黎公社应被视为神的惩罚,是"挥舞着利刃的复仇之神"对"一个从优雅堕落的民族"的惩罚。蒙马特地区则被选定作为"矗立于凡俗之上的圣山神殿"。然而,对于那些反对教会在法国扮演的角色的人而言,圣心大教堂(Sacré-Coeur)的白色大理石,看上去就像奥斯曼督建的大街一样,是代表着征服的建筑,挑衅般地耸立在它周围的工人阶级环境之中:俨然一头诡异的"庞然怪兽"。①

埃米尔·亨利把炸弹扔进终点站餐馆之时,巴黎,这个"欧洲之都",真似由两座城市组成。圣-米歇尔大街(boulevard de Saint-Michel)、塞瓦斯托波尔大街(boulevard de Sébastopol)、还有圣-丹尼斯大街(boulevard de Saint-Denis)大街,好像一条长长的刀痕贯穿了巴黎南北,它们象征着东部的"人民的巴黎"(people's Paris)和西部的越来越时髦的社区之间的鸿沟。特别是在 17 世纪路易十六把他神圣的皇家主题公园建在凡尔赛之后,权贵日益集中到西部巴黎,而工匠和普通工人则被赶到巴黎的中心和东部街区。对于巴黎西部而言,布洛涅森林(Bois-de-Boulogne)变成一个有钱人摩肩接踵的地方,这些人在马车里舒舒服服,洋洋自得,各自奔向餐馆和舞会。一名批评家说到,"[那几条大街所构成的]直线②抹杀了所有生动和意

---

① 语出 Émile Zola, *Paris* (Paris, 1898), p. 394.

② 见 Charles Yriarte, "les types parisiens-les clubs," *ParisGuide* (Paris, 1867), pp. 929-930, 引自 Jean-Pierre A. Bernard, *Les Deux Paris: Les Représentations de Paris dans la Seconde Moitié du XIXe Siècle* (Seyssel, 2001), p. 199.

外"。而希沃利路(rue de Rivoli),"如此之长、如此宽阔、如此冷漠,在其上散步的豪绅富贾就像他们踩着的这条路一样冰冷无情",这是一个绝佳的例子。

从蒙马特的圣心大教堂望去,那几条大街上富丽堂皇的街区灯火通明,这些取代了老旧瓦斯灯的电灯制造了一个奇幻但却有些不真实的景观①,好像在那里一切都有可能。世纪末巴黎的某些方面实在是过于超凡绝尘了。

在 19 世纪末,巴黎的那些"林阴大道"(grands boulevards)正是城市现代性的象征,宽阔的步行道上种着树木,有空间给过往行人散步、逛街、做梦。这些大街成了"美好年代"(belle époque)的舞台——那"旧日美好时光"(good old days)或"绮丽的 19 世纪"(gay nineties)——这正是经济飞速发展、文化革新喜人的时期。大街上遍布着报刊亭,里面卖的报纸和期刊非常之全,有很多当时的报亭现在还在使用,报亭上还装饰着明亮的彩灯。通明的灯火、精心布置的橱窗还有种类齐全的商品,路旁的百货商店欢迎着八方来客。这些商店都是在拿破仑三世的第二王国早期在道路两旁建成的,它们给伟大的小说家埃米尔·左拉(Émile Zola)提供了灵感,他把它们比作现代性的大教堂(Cathedrals of Modernity)。商店的侧廊好像就是那些林阴大道本身的延伸②。没有人会像在传统市场里一样在这样的新百货商店讨价还价。

塞纳河右岸的那些大街上星罗棋布着豪奢的宾馆和菜肴昂贵的餐厅,这里是国外游客和外省人光顾的地方。那些个大餐馆(grands cafés)里都是穿金戴银的顾客,他们在饭馆里或者小坐,或

---

① 见 Rosalind H. Williams, *Dream Worlds: Mass Consumption in Late Nineteenth-Century France* (Berkeley,1982), pp. 84-85; Jean-Pierre A. Bernard, p. 193; 另见 Vanessa R. Schwartz, *Spectacular Realities: Early Mass Culture in Fin-de-siècle Paris* (Berkeley,1998), p. 20; Jean-Pierre A. Bernard, p. 193.

② 参见 Philip Nord, *Parisian Shopkeepers and the Politics of Resentment* (Princeton,198), p. 133.

者发呆,或者读读报纸,这风格越来越受到英美范儿的影响(像英国范儿的小餐馆、速递酒吧、钢琴歌厅在巴黎已经非常普遍)。当时有位学识渊博的人坚持认为,"酒吧、民主与现代的饭店,已经让老式的酒馆丧失往日的辉煌,原来只要路过一个街角就能看到的那些老式酒馆,如今都消失无踪了……酒吧百害而无一利,可你又能说什么呢? 全是从外国佬那里学的!"①游荡者/浪荡子观察着这些大街永远看不完的美景。曾经拥挤、黑暗又肮脏的巴黎似乎一去不复返了,它真正变成了一座"灯火之城"。②

在新建成不久的圣-拉扎尔车站对面,就是终点站宾馆。知名甚广的贝德克尔旅游指南这样描述这座宾馆,和其他大宾馆相比,"这座宾馆位置不佳",略微离最富丽堂皇的街区远了一些。宾馆有 500 个房间,每个房间都有电灯和电话,最昂贵的房间一天要四个法郎,相当于许多工人一天的工资。午餐的花销是五个法郎,内含红酒、咖啡和白酒;晚餐的花销是七个法郎,一天光吃饭得花去十六个法郎。

雅致的歌剧院大街两旁全是饭店、餐馆(尤其是赫赫有名的巴黎餐馆(Café de Paris))、奢侈品店,街上车水马龙,其中包括警车,全部还用马拉车。这条路 650 英码长,3 英码宽,从法兰西剧院广场(place du Théâtre-Français)延伸出来,离希沃利路不远,且与塞纳河平行,直通歌剧院。路两旁没种树,故而站在路上,歌剧院的风姿可以一览无余。

这座宏伟的歌剧院于 1875 年开放,门口刻着"国家音乐学院"(Académie Nationale de Musique)的题词。在当时,这是世界最大的剧院,占地几乎三英亩,但是只有 2156 个座位,比米兰的斯卡拉大剧院(La Scala in Milan)、那不勒斯的圣卡罗歌剧院(San Carlo in Naples)还有维也纳的金色大厅(Opera in Vienna)都要少。一本非常杰

---

① 见 Jean-Pierre A. Bernard, pp. 218-219.
② "A spectacle in itself":指一个被制造的地点(a point made by),蠱于其他之间(among others),语出 Vanessa R. Schwartz, *Spectacular Realities: Early Mass Culture in Fin-de-Siècle Paris*.

出的导游指南这样评价这座剧院:"这里几乎用尽了世界上各种大理石和昂贵的石材",有来自瑞典和苏格兰的绿色和红色的花岗岩、来自意大利的黄色和白色的大理石、芬兰的红色斑岩、西班牙的彩色大理石还有法国各大区的大理石。歌剧院的选址和修建花费巨亿。工匠用了14年时间才让它的主体造型完工。其富丽堂皇的内部装饰包括一个柱廊,里面一共七层拱门,柱子上刻的浮雕,代表着音乐、田园牧歌、抒情诗、戏剧、诗剧、舞蹈和歌曲。再往里,华丽的楼梯通往每一层的包厢和露台,从那里可以看到楼下华贵的人群,还有那座178英尺宽、74英尺深的豪华舞台。每周一和周五晚上的演出被认为是最时髦的,上流社会的人们穿着最好的晚礼服去占最好的位置,而购买那些位置票的花销几乎要比绝大多数工人三四天的工资还要多。①

埃米尔·左拉的小说《巴黎》(1898)中写道,阿贝·皮埃尔·弗罗芒(Abbé Pierre Froment)来到了歌剧院广场,这样描述了这座建筑:

> 在此处,似乎这座伟大城市的心脏都开始跳动了,这宽阔的广场四周延伸着许多大道,似乎无论从多远的街区,城市的血液都会汇聚到凯旋大街上。广场周围延伸出的歌剧院街、加特-赛丹贝路(rue du Quatre-September)与和平路,制造了巨大的沟壑……这里矗立着超然绝世的歌剧院,缓缓沉浸在忧郁之中,拔地而起,神秘得好像一个符号。歌剧院的顶部耸立着手拿七弦竖琴的阿波罗雕像,夜幕低垂,雕像把最后一缕惨淡的日光反射进铅色的天空。此时,剧院正面的所有窗户逐渐亮起,千万灯火闪烁其中,散发出喜庆和快乐。一股让每一种欲望都获得释放、得到愉悦的渴望随着逐渐深沉的暮色扩散开来。在幕间休息

---

① 对大剧院的描述,参见 Karl Baedeker, *Paris and Environs*, *with Route from London to Paris* (1896).

时,巨大的球状电灯霎时亮起,其光辉堪比这城市万里无云的夜空中的月亮。①

歌剧院街与歌剧院本身是这座巨大消费城市的核心地带。在这些宏伟大街上漫步的都是志得意满的银行家、工业巨子、红极一时的商人还有身穿黑色大衣、头戴高顶礼帽的政府要员,他们的女伴都娴静高雅,穿着长礼服,裹着奇紧无比的紧身褡,带着大号的女式礼帽。门卫见了这些要人都立正跺脚致以讲究的敬意,警察跟士兵则立正行注目礼。富人们在这里显现出的气势仿佛在告诉穷人,"你们就是伺候我的"(I live at your expense)。②

"遛马路的花花公子"(*boulevardier*)这一概念于是就用以形容那些"在合适的时机出现在合适的饭店里"里的人们③。于勒·克拉勒蒂④所著《1896 年巴黎的生活》一书中,有更夸张的描写:"每天,在大街上每个人都能撞见爱情、金钱、胜利或失败,花花公子就像这城市水族馆里的鱼,城市动物园中的动物,而你最好是只年轻的鱼或年轻的狮子。"⑤对于上流社会而言,炫耀是都市生活的一部分,他们不断确认、庆贺着别人和自己的社会差距,比如说跟高级餐馆里的侍者比,侍者给他们一盘一盘地端着精心烹饪的佳肴,每盘佳肴还有追随着时下口味的美酒相佐。

每个报亭都卖报纸,小贩也沿街叫卖,甚至可以直接寄送到家,巴黎在这样一个美好时代以前,报纸从没有如此繁盛过。19 世纪 80 年代以前,巴黎只有 20 份日报,但是到了 19 世纪 80 年代,因为造价

---

① 引自 Émile Zola, *Paris*, p. 91.
② 参见 Roger Shattuck, *The Banquet Years: The Origins of the Avant-Garde in France 1885 to World War I* (New York, 1968), pp. 5-6.
③ 参见 Roger Shattuck, p. 10.
④ 于勒·克拉勒蒂(Jules Claretie 1840—1913),法国作家,法国大剧院的导演,1888 年被评为法兰西院士。——译注
⑤ 参见 Jean-Pierre A. Bernard, pp. 208-209.

低廉并且巴黎在飞速地发展,报纸的数量翻了倍,另外还有许多种类的周刊,这大都是拜印刷技术的飞速进步所赐。划线机在19世纪80年代从外国引进,让写作变得更加方便。平版印刷术让读者可以在出版物上看到色彩和照片。曾经,很多主题的消息报纸不敢报,现在也成了家常便饭:轰动性的丑闻(在第三共和国的头十年已经闹出了不少)、娱乐新闻的连载、大案要案或者小打小闹,还有进一步筑造消费文化的迷人广告,这一切都吸引着公众的阅读。

在这一时期,报纸在大众政治化方面扮演了关键角色。人们当时所知的新闻几乎都来自报纸,这种状况有助于公共意见的形成。政府花钱雇佣记者,让他们支持政府的政策;同时,一些政客也在一些主要报纸上写专栏文章。左拉这样形容:"新闻记者们就像是由蒸汽提供动力一样,20分钟就能匆匆弄出一篇稿子,之后飞快地编辑,在饭店的桌子上一笔十行地写作。"①《晨报》(Le Martin)1882年开始发行,有时被认为是法国第一份美国风格的报纸。相对温和一些的《小巴黎人》(Le Petit Parisien)在19世纪90年代印刷数量接近50万份,而《小日报》(Le Petit Journal)则有高达100万份的印数。据报社称,为了宣传《小日报》在1892年9月的发行,广告贴得满巴黎都是,而这份报纸居然打算弄上200万份的印量。有钱人都读右翼的《巴黎回声报》(L'Écho de Paris)还有更加温和一些的、共和主义的《时代报》(Le Temps),他们考虑的是报纸的质量,还有就是更严肃一些(特别是在法国在殖民地扩张方面),比如说比起派头更足的《费加罗报》(Le Figaro)来说。君主制主义者们有他们自己的报纸,比如《太阳报》(Le Soleil)和《高卢人报》(Le Gaulois),这些在政治上偏右的报纸还包括《不妥协报》(L'Intransigeant)、《出版报》(La Presse)、《帽徽报》(La Cocarde)、《国旗报》(Le Drapeau)、《闪电报》(L'Éclair)、《祖国报》(La Patrie),还有带有排犹主义的《自由语言报》(La Libre Parole)。右翼报刊当时支配着巴黎的舞台,而且之后

---

① 参见 Vanessa R. Schwartz, p. 28。

在参与犹太军官阿尔弗雷德·德雷福斯上尉①的事件报道与大争论过程中达到其全盛——这位犹太军官被错误地指责秘密地向德国出售军事机密。

巴黎的现代荣光在1889年巴黎举办的那次盛大的世界博览会上得到极度彰显,这场世界性的盛会肯定了共和制的胜利、法国在欧洲突出的地位以及法国在东南亚和非洲不断扩张的殖民统治。这一殖民帝国无疑已经使当地人民付出了巨大代价,然而按时任外交部长于勒·费里(Jules Ferry)的说法,那些人不过是次等民族。这种声音实际在世博会上就有所反应,比如在"黑人村"(Negro Village)里,数百名非洲人就被直接"展览",任凭游客参观。这次博览会沿着塞纳河两岸在西部巴黎延伸开去,同时也在庆祝科技的进步(到处都有东西提醒着我们法国和巴黎是美术中心),超过3200万游客漫步在巨大的机器走廊(Gallery of Machines),他们中的大多数人都会在小道上向下凝视这座科学带来的奇观,尤其是以消费品的形式呈现的奇观。托马斯·爱迪生自嘲是"门罗帕克②的巫师",来看看庆祝他的发明的展厅。此时距电灯首次照亮巴黎的一个大饭店仅仅过了十年。

埃菲尔铁塔成为革命与法兰西第三共和国的纪念标志。铁塔高300米,是当时全世界最高的建筑。这座高塔由铁铸成,象征着建筑工程学与工业时代的整体荣耀。

然而,都市生活被资本主义支配的经济与社会后果在19世纪晚

---

① 阿尔弗雷德·德雷福斯上尉(Captain Alfred Dreyfus),法国炮兵军官,法国历史上著名冤案"德雷福斯案件"的受害者。德雷福斯当时在陆军参谋部任职,由于身为犹太人,被怀疑参与出卖军事情报,并在1894年12月22日被军事法庭判决犯间谍罪。法国当局长期采用各种手段掩盖真相,激怒了民众,而后这发展成为一场声势浩大的要求重审此案的社会运动。当时法国从上到下,包括政府、军队、教会、报界、政党、团体,几乎都分裂为赞成重审和反对重审的两派,斗争异常激烈。在12年之后他才得到平反。——译注

② 门罗帕克(Menlo Park),美国加利福尼亚州圣马特奥县东南部城市。——译注

期的巴黎留下了深刻的烙印。这座城市已经变成了"资本的符号"。这一切带来的转型显而易见,毫无疑问,就是那些宽阔的大街、百货商店、宾馆和饭店。但这些变革同样也导致了原子化和失范①。人们很容易就迷失在拥挤的人群中。传统上个人与家庭、教会、邻里或村庄形成的纽带因为人口向大城市移民而纷纷解体。资产阶级占据了巴黎最繁华的休闲去处,包括那些高雅的咖啡厅、隆尚马场(Longchamps),还有布洛涅森林。② 资产阶级中的一部分人日益产生一种分离感甚至是孤立感,毫无个性且软弱无助,这也正说明他们为什么会寻求这些新的都市快感。人们尤其可以从早期印象派画家的作品中发现这种倾向,古斯塔夫·卡耶博特③的帆布画作中体现得格外明显,在这些画作中,资产阶级的一对伴侣或者一些人共处一室,此外则无所事事,或者从安全而隔绝的露台上向下呆望,从他们自己的公寓凝视下面的街道。

天主教诗人与作家夏尔·佩吉(Charles Péguy)曾有过这样的感慨:"自基督耶稣诞生开始算起,世界的变化还不如过去30年的变化多。"④然而,现代社会看似变化无穷的奇观同样也导致了贫困的产生。奥古斯丁·雷耶尔(Augustin Léger)是一位无政府主义者,他以穷人的想象描述了歌剧院广场的景象:

> 夜晚,当我从富人区逡巡而过时,我看到了什么!有一天,我正走到歌剧院附近。那里正上演着什么晚间的盛会(occasion),我看到奢侈的马车,那里的男女众生一个个都珠光宝气,

---

① 失范(anomie),法国社会学家涂尔干的著名概念,指社会中的个体和群体在剧烈的社会变革中丧失对社会规范统一理解和认同的状态。——译注

② 参见 Bourgeois disconnectedness:See T. J. Clark,chapters 3 and 4。

③ 古斯塔夫·卡耶博特(Gustave Caillebotte),19世纪法国著名印象派画家,其画作题材清一色地取自他那个时代的生活,积极响应当时从左拉到莫泊桑和胡斯曼的自然主义文学主张。——译注

④ 参加 Roger Shattuck,p. xv。

衣着光鲜,手里拿着名贵的花束,同时我也想起那些可耻的画面! 实在让我太震惊了! 每年国家花费四百万法郎给歌剧院当津贴,就是为了让它变得更美观,而穷人们正为了养家糊口在大街上和其他地方疲于奔命,而且还无处栖身……富人老爷们整杯整杯的香槟往肚子里灌,搂着女人们,大把大把给她们钱,而这些女人的兄弟们在社会底层正死于饥寒交迫——这是个什么样的社会!①

要是有游客肯一瞥繁华艳丽的巴黎中心之外的地方,他就会看到"在遥远的某处,在地平线之上(on the horizon),穿过淡紫色的迷雾,坐落着轮廓不甚清楚、烟雾缭绕的郊区,在那后面,尽管什么都看不见,但我们仍可以幻想巴黎。在另一边,是一大片郊区,它拥挤在高地之上,就像随时准备倾泻而下的军队,充满了悲伤和恐怖。"②这位旅客肯定是在向北方和东北张望。尽管在巴黎西部大片地方都是高档街区,但毕竟,巴黎显然还是一座工人之城。手工业生产的场所对于这座奢侈之都来说仍然非常重要,但是相对而言它的地位正在下降。在第二次工业革命的推动之下,巴黎出现了一大批生产橡胶、钢铁和机器的大企业,生产的产品通过海关出口海外,而在以前,海关的主要功能是向输入巴黎的商品征税。巴黎北部和东部的郊区正在大规模工业化,那里曾是菜农的地盘,而现在正在缓慢地但是趋势非常明确地向工人居住区转变——不管是暂时居所还是长期居所。这些工人中有技术性工人,比如铁匠、翻砂工和修理工;半技术性的工人,比如机器看管员,还有无技术的产业工人;成千上万的妇女;还有服务员,他们住在城市外围但是经常在城市西部或中心的高档社区上班。"肮脏"的工业,比如说肥皂和化学品制造业,越来越多地转

---

① 参见 Augustin Léger, *Journal d'un anarchiste*, (Paris, 1895), pp. 308-309.

② 参见 Norma Evenson, *Paris: A Century of Change* (1878—1978), p. 13, 转引自 Edmondo de Amicis, *Studies of Paris* (1882).

移到城市外围:那里容纳了市中心不想要的人和事。在城市之外,红酒和其他饮料非常便宜,廉价小酒馆生意红火。

在19世纪后半叶,绝大多数工人的生活状况稍有提高,至少从工资和生活成本方面考虑是这样的。然而,经济的不稳定、体力的透支、频繁的失业、经济上的脆弱以及社会保障缺乏,依然能够定义工人阶级的处境。巴黎东部挤满了身穿蓝色工作服的苦力,巴黎西部则繁花似锦,而巴黎外围与中心的差距渐渐也快与巴黎东西部的差距相当。奥斯曼修筑的大街加剧了赤贫者从城中心向巴黎东部和东北部的贫民窟的迁移。在19世纪80年代中期,在12个类似的街区,工人阶级占总人口的比例一跃升至超过70%,而首都的工人阶级比例只有25%。其他街区膨胀得更夸张。从外省不断迁移来的人口促使在郊外生活的工人阶级更快地滑向城市生活的边缘。①

事实上,巴黎的总人口从1872年的180万猛增至1891年的250万。移民的迁入使得一个新的阶层——新巴黎人正在不断膨胀,这些人之中,如果不是绝大多数也是很多人都是因为在法国的乡村永远难以糊口而被赶进城市生活中的。农产品价格的不断下跌意味着不管农民种什么也只能换得很少的金钱。而且,葡萄根瘤蚜(phylloxera)灾害还在乡村的无数葡萄酒庄肆虐。在巴黎,工艺产业已经饱和。新的工人都是无产阶级,许多人都在新兴行业上班,比如说冶金业。在1898年,现代工业在巴黎有两千多家工厂,每家工厂至少雇佣20个工人。巴黎外围的街区比起城市中心的街区发展得要快得多。那些拥有大量工业人口的郊区不久之前还是村庄和农田。工人大都来自非常不发达的乡村地区。

如果说在19世纪70年代巴黎工人的工资和生活水平有所提高,失业和不充分就业则让巴黎一半的工业人口都处于经济灾难的边缘。在萧条的岁月里,尤其是1883年到1887年,1889年和

---

① 参见Lenard R. Berlanstein, *The Working People of Paris*, 1871—1914 (Baltimore, 1984), pp. 11–12。

1892间，主要行业的失业比例少则25％，多则50％。在这些年头里，也许有半数左右的产业工人都生活在贫困中，因为有些行业中工资大幅下降。挣够填饱肚子的工资一直都是普通的工人们的头等大事。

在城市的范围之内，成千上万的工人都挤在老旧的房舍、地下室、阁楼甚至牛棚马厩里，就连这些牛棚马厩也被隔开，然后再分成更小的小间。很多住处只有巴掌大的一点地方，几平米的面积，从地板到天花板还没有两英码高。只要有可能，楼上就能被生硬地加几层楼，或者地窖、阁楼，这些极小的、卫生条件非常差的房间，一般都缺少自来水和取暖设施。甚至数千名工人都住在一幢出租楼里。这里的住宿条件基本只有一张床，不论是在单人小间里还是在多人间里。多人间里的条件更差，床铺一张挨着一张。

"人民的巴黎"在许多方面仍然是一个非常不适于居住的地方，因为这里很不卫生，比如让它声名狼藉的棚户区。婴儿出生死亡率和肺结核致死率在巴黎周边一直居高不下——在遥远的、贫穷的东北部第二十区，肺结核的致死率比巴黎歌剧院所在的街区要高五倍之多。而且，在工业郊区，随处都是化学工厂、冶金工厂、制革厂、货运火车站，还有运河以及各种豆腐渣工程建的棚户区，这些棚户区逐渐连成一体，形成了最早的贫民窟，它们周围全是烂泥和污水。如果说当时巴黎中心的水都是可以饮用的，但这绝不意味着工业郊区的水也是可以饮用的，比如说在圣-乌昂区（Saint-Ouen），妇女们每天早早起来，拿着水桶去大街上的水龙头里打过滤过的水，而这些水本来是给扫街的清洁工用的。在郊区，三万多眼井就打在污水池的附近，而那些污水池可是经年不干涸的。①

有钱人从巴黎周边进城，可以乘坐小公共马车、有轨马车、巴士马车或者私人马车。当时巴黎的小公共马车是长方形的，有封闭的车厢，有窗户，由两三匹马拉着。全巴黎一共有34条公共马车线路，

---

① 参见 Lenard R. Berlanstein, pp. 58-59。

从早上七点直到午夜过后，公共马车穿行在巴黎的大街小巷，一般来说，每过五分钟就能等来一辆车。公共马车实际是有轨马车的补充。有轨马车有更大的车厢，每节车厢可以容纳50个人，马拉着沿着轨道走。每天有几千匹马用于公共交通，而这些马显然也把拉出的"联系名片"留在巴黎的大街小巷。然而更穷的人连付车费的钱都没有，基本靠走。

在19世纪80年代中期，有几个郊区通了有轨电车，包括圣-德尼斯，热那维耶（Gennevilliers），维特利（Vitry）还有凡尔赛——但是这地方和前三个区不一样。但是有轨电车的价格——50生丁——让绝大部分人都望而却步。在1867年，人们开始乘船（Bateaux-mouches）穿过巴黎，载着塞纳河两岸的旅客。一共也不超过100条船——但是，船票的价钱也要10到20生丁。私人马车价钱更贵，根本不在普通人考虑范围内。于是每天一大早，成千上万的工人和仆人从第18、第19和第20区步行到巴黎市中心上班，到了夜里再走回去。人们从一个郊区到另一个郊区去也得走路，因为根本没有其他办法，巴黎地区的公共交通就像车轮上的辐条，正如铁路线只有到首都和从首都出发的两个方向一样。

简而言之，这个"美好时代"对法国绝大多数男女而言，并不怎么美好，因为这些人对于未来没有什么理由保持乐观，也并不多么关心。成千上万的人一天一天都过的是卑贱苦难的日子。富人与穷人之间的鸿沟日益扩大。一本叫做"小册子"（livret）的宣传册是当时工人需要随身携带的，上面写着以前的一些工作经历（也方便把激进分子列入黑名单），然而这种小册子在1890就消失了。在一个条件最好的一家四口的工人阶级家庭中，假设四个人都有工作，父亲一年工作300天能给家里挣出大概450法郎来，母亲能挣180法郎左右，两个孩子每人能挣差不多65法郎，那么加在一起有760法郎。不幸的是，一家四口一年得需要860法郎才能勉强度日。

住在巴黎城中心尤其是西部地区的精英们认为，巴黎边缘的郊区现在变得越来越危险，尽管他们对那里如何水深火热知之甚少。

作为这个保守的共和国里的一员，他们认为宗教的缺失（他们这么说倒不为错）、犯罪和政治上的激进主义和城市的边缘有关，甚至已经废弃的边境尤甚（"完全就是个红色区域，散发着死亡与血腥"）。的确，巴黎外围的区，和巴黎西部不同，那里的人支持社会主义的候选人参加国家和城市的选举，这些候选人承诺将努力推动改革。1890年5月1日，工人发动了大规模的游行，要求推行八小时工作制，因为法国当时在这方面的改革立法远远滞后于其他国家。自此，每年5月1日仿佛都很有可能爆发大决战（Armageddon），尽管事实上这种游行全都是非暴力的和平游行。

在工人阶级的聚居地区，小酒吧数量之巨——这是一个惊人的数字，在19世纪80年代，在巴黎有营业执照的售酒场所达25000处①——引起了上层阶级的忧虑，乃至恐惧。亨利·雷莱（Henry Leyret）是一个记者，他在美丽城②附近买了一个很破旧的小酒馆（estaminet），为的是方便自己观察巴黎普通人的生活。在那个地方，"没什么家具，只有一些必需品，几张木头桌子，上面铺着蜡染的桌布，实在是太寒酸了。在这种地方，工人们却感觉像在家里一般自在。他们轻松愉快，一边胳膊支着桌子，一边聊天、闲扯、讲着自己的小故事……"。③ 一杯苦艾酒的价钱和餐馆里的一小杯咖啡价钱相当，用同样的价钱也能买上几杯红酒。雷莱算过，在他的酒吧周围方圆200英码以内竟有25处喝酒的地方。饭店里，人们操着村言俚语喧嚣鼎沸，或者庆贺什么，当然也有束手无措与伤心欲碎的绝望。

雷莱在他的酒吧里看到了普通人之间的紧密团结，知道他们需要一些短期的借贷，还有他们对警察、政商大佬和小资产阶级的轻蔑。他指出，他们认为那些小资产阶级很多人很轻易就忘了本，忘了

---

① 参见 Henry Leyret, *En plein faubourg* (Paris, 2000, originally published 1895), p.8.

② 美丽城（Belleville），位于巴黎北部，19世纪末是工人阶级的聚居地区，曾经在巴黎公社期间扮演相当重要的角色。——译注

③ 参见 Henry Leyret, pp. 20-21.

他们的工人阶级出身。如果说他们对工人还算不上是反感,至少表现得非常轻蔑。从他们身上,发散出"人人为己"这种理论的臭气。①

工人们总是害怕挣的钱不能养家糊口。正如雷莱指出的:"活着不易(life is not just a bowl of cherries)。人是铁,饭是钢,别的什么都得先服从这个。"②在巴黎,大概有20万失业的工人。当他们的孩子哀嚎着"爸爸,我饿!"的时候,一些普通的工人就得去偷盗,一些女人就得在工作之余经营皮肉生意,为的是能在月底把账单付清。在这个业余酒吧老板来看,普通工人快对遭受的苦难忍无可忍了。他们对第三共和国彻底失望,因为后者几乎成了财政丑闻的代名词。然而,工人中只有一小部分加入了工会,一部分还在怀疑,其他人在一个行业干得时间也不长,所以说工会的影响还不大。另一些人则冷漠麻木,或者萎靡不振,但同样也怨愤不平。他们根本不在乎选举,因为这对他们的生活压根没有丝毫改善。工人们都对代议制政体嗤之以鼻,尤其对国民议会,嘲笑那里就像个"水族馆"。

根据雷莱的回忆,他曾经和一个很强壮的工人有过一番对话,这个工人声称"该死的! 巴黎城里有种的人就该端起步枪,抄起工具,举起镐头,随便拿个什么,好好敲打敲打这个王八蛋政府,还有政府里那些脑满肠肥的议员——原来就有过革命啊!……可是后来,他们就光会叫唤,光会叽叽喳喳地讨价还价,结果弄完蛋了!"③政府以一种典型的镇压方式查封了巴黎的职业介绍所时,工人阶级行动之迅速让雷莱大为震惊,正如那句话,"从拉丁区发展到巴士底广场(place de la Bastille),从穆白尔广场(place Maubert)到梅丽蒙坦(Ménilmontant),到美丽城则发展到顶峰,让那些辛苦工作却饱受苦难的巴黎斗士唤醒了他们斗争的本能"。④ 但也仅此而已。那些暴

---

① 参见 Henry Leyret, pp. 142-46。
② 参见 Henry Leyret, p. 67。
③ 参见 Henry Leyret, p. 114。
④ 参见 Henry Leyret, pp. 115-116。

力行动的游击队员错过了一个"绝佳机会"！没有能够领导人们的领袖。不过,学习小组和政治组织却在激增。公共集会和公共辩论在巴黎周边的许多礼堂里进行。社会主义者现已经组成了政党,他们受惠于此,这也使其规模膨胀起来。对一些人来说,这些社会主义者干的事好歹能带来些希望。

然而之后,那些人依然沉入绝望。他们对那些有钱人充满仇恨,有钱人四处走跳,却似乎忘了那些工人阶级正身处水深火热,或许根本就是视而不见麻木不仁。M.L. 是一个陶瓷工人,他在医院的病床上写了一封信,为劳苦大众说话。① 他得了肺结核,已经是在耗灯捻子,医生也束手无措,只能干看着。他不知道自己还剩下多少日子,最好也就是一年的光景。他觉得自己离死不远,胸腔里灼痛难耐。"这遭瘟的世道！"他写道,"你该为我的病负责！"在他死之前,他想"吐露的仇恨"是法国社会害死了他,"正是因为你,那些不幸的人才悲惨死去,除非他们一开始没有冒着生命危险走那条懦弱而无用的道路"。一个出生在工人家庭的工人,很年轻的时候就进了工厂,就算卖给这份"损害健康的工作了"。后来他得了病,就被一脚踢开,让卷铺盖卷儿走人,老板还跟他说："你这坏了的破机器！"资产阶级政客和社会改革者只是不断在口头上说说要改善工人的境遇,要和贫困作战,他们还鼓励"储蓄"。

按 M. L. 的说法,唯一的办法就是毁灭,如果必要的话就得使用暴力,毁灭一切现存的制度,为了消灭这个旧社会,迎来一个新社会,这个新社会"没有资产阶级的谎言、法律、法官、警察和刽子手。讽刺的是,统治阶级成功地说服了群众,让他们相信财产是不可变的,权威是必不可少的,还有就是想改善生活得慢慢来。他们让群众没了种,掐灭他们健康的感情,号称这都是事物发展的一般途径,而且总是这样发展"。那些因为资产阶级社会的存在而实在活不下去的人最后会干出什么邪恶的事情,资本主义社会知道吗？不应该怀疑"一个已经下

---

① 见报纸 *Le Libertaire*,February 4,1895。

定决心、掌握自己命运的人身上的力量……无知而残忍的资产阶级啊,我能把自己变成一个能改正错误的人,一个为你所屠杀的无数生命复仇的人,一个为了那些起义的人、被你们称为歹徒的人还有那些受折磨被消灭的人雪恨的人,这一切你能感觉到吗?"毫无疑问,他即将死去,但是他不是一个人!"资产阶级……你们这些应该为我的死负责的人啊!我死时至少也得捎带上你们!"

在埃米尔·左拉首次出版于1885年的小说《萌芽》(Germinal)中,俄国无政府主义者苏瓦林(Souvarine)炸毁了一座煤矿。左拉警告道,"那些社会的主人们可要注意了……当心,好好看看地下面,看看那些受累受苦的穷人们。可能还有时间来避免那最终的大灾难……(然而)这就是危险:地面将打开,国家将被淹没于史上最恐怖的滔天巨浪中……"[1]

---

[1] 参见 Eugenia Herbert, *The Artist and Social Reform, France and Belgium*, 1885—1898. 另见 *New Haven*, 1980, p. 153, from Zola, *Oeuvres*, 50, 650 (December 1885)。在19世纪90年代埃米尔·亨利所在的巴黎,这个预言似乎就要实现了。

第二章 流放者的次子

25 埃米尔·亨利出身于政治激进分子家庭,而非恐怖分子的后人。埃米尔的父亲,希克斯特-卡斯·亨利(Sixte-Casse Henry)(又名福尔迪奈[Fortuné]),是一个皮匠的儿子,1821年生于尼姆(Nîmes)。在他九岁左右,他的老师,一位牧师,指控他偷了一条面包,管他叫"小贼"。这个男孩把那条面包拿了回来,用这条面包扇了牧师一个耳光。16岁上,他离家出去闯荡,他就在1848年革命中加入了巴黎的街垒。在第二帝国时期,福尔迪奈是一名共和党人,然后成为一个社会主义者。他加入了1864年于伦敦创建的国际工人联合会,也称第一国际(First International Workingmen's Association)。1857年,福尔迪奈与萝丝·高蓓(Rose Caubet)结了婚,他的妻子也是法国中部人,从法属加泰罗尼亚(French Catalonia)的比利牛斯东部地区(Pyrénées-Orientales)来。夫妻俩都有浓重的南方口音。福尔迪奈有一张玫瑰色的脸庞,一头白发,他优雅、正派、睿智、有教养,还写诗歌。他在卡尔卡索纳(Carcassonne)创办了一份激进的报纸,并因

26 为"反对天主教"和"反对公共道德",于1861年在当地被捕,同年又在蒙贝利尔(Montpellier)被捕。之后,他搬去巴黎南部一个叫作布勒瓦那(Brévannes)的村子,在村里的采石场打工度日。1863年,他再次因为是政治激进分子而被捕,在狱中呆了好几个月,1867年又一次被捕。

福尔迪奈·亨利在巴黎公社中变成一位杰出人物。他被选举进

入公社的领导层,代表平民聚居的第十区(包括巴黎北站和巴黎东站),他签署命令,授权把机关枪和军需品送到西部郊区纳伊(Neuilly)去(住在纳伊,就好像被发了"赤贫证"一样,那里是最穷苦的人住的地方),为公共安全委员会(Committee of Public Safety)征用100支后膛步枪(Chassepot),并且下令"对人质的判决生效",以及另一项命令,要求巴黎西部的火车站"禁止任何人去凡尔赛"。他还在一项命令上署了名,内容是,为了所有被侵略者的炮火杀死的巴黎人,处决三名属于教会、地方政府、军队或资产阶级的人质。

巴黎公社失败之后,凡尔赛的部队开始大肆枪杀巴黎人民。这时福尔迪奈试图化装成一名画家逃跑。他成功了,到了西班牙的扎拉戈萨(Zaragosa),又跑到巴塞罗那,他的妻子在那里已经找到了避难所。而凡尔赛的政府因他参与暴动而缺席判决他死刑。

一开始,亨利一家在西班牙一度富裕起来。福尔迪奈在加泰罗尼亚的铜矿上工作,之后又在离卡塔赫纳(Cartagena)不远的巴雅克(Bayarque)的一座煤矿工作。他曾经在一个矿上升任经理一职。在异国他乡,生活艰辛,还要学习一门新语言——加泰罗尼亚语(至少福尔迪奈得学,萝丝·高蓓因为有当地的血缘,略通加泰罗尼亚语)。养家糊口在当时对福尔迪奈·亨利而言是个不小的挑战,他还怀着重返法国的梦想,因为他的长子,让·查理·福尔迪奈(Jean Charles Fortuné)——后来也被称为福尔迪奈——就是1869年在法国诞生的。而本书的主人公,埃米尔(全名是约瑟夫-埃米尔-菲利克斯(Joseph-Émile-Félix))是福尔迪奈的次子,1872年生于普罗旺斯地区的圣-马蒂(Sant-Marti-de-Provensals),此地是珀博努(Poble Nou)的一部分,靠近正在工业化的巴塞罗那。埃米尔接受洗礼时正式的见证人是一位焊接工和一位钳工。巴塞罗那的发展使得珀博努自然就变成了加泰罗尼亚城市的一部分,把当地的纺织品和化学企业纳入快速工业化的发展之中。福尔迪奈的第三个儿子于勒后来于1879年出生。

埃米尔6岁的时候,他在圣马蒂的小学上学,在必修课考试中表现出色，还因此获得一张奖状，表彰他在公立小学考试中勤恳努力，很有潜力。这份奖状是1878年6月1日以西班牙国王阿方索十二世（King Alphonso XII）的名义由巴塞罗那市长颁发的。

然而，对于亨利一家，事情变得很糟糕。"那么多的变故要压垮我们了"，亨利夫人以后可能会这样回忆起这段时间。当时，君主主义在西班牙愈发盛行，尤其是加泰罗尼亚，来了一位叫吉塞普·法那利（Guiseppe Fanelli）的意大利君主主义者，他到处宣扬他的信条。老亨利被诬陷参与了加泰罗尼亚的君主制政府，参加了卡塔赫纳穆尔西亚（Murcia）的暴乱。于是西班牙政府没收了亨利一家的财产。①

随着1879年对巴黎公社社员的大赦，亨利一家返回法国②，在布勒瓦那村安定下来，在那里，一家人拥有一片不太大的土地。巴黎公社时期，为了防止政府夺取土地，福尔迪奈的一个表兄③，让·博尔德纳夫（Jean Bordenave）把这片土地过户给福尔迪奈的嫂子，她有点驼背，与福尔迪奈的姐姐尚博朗侯爵夫人（Marquise de Chamborant）住在巴黎西边富庶的帕西（Passy）地区。亨利一家本可以重新获得这片土地的所有权，尽管在这么干之前，他们不得不威胁使用法律手段对付他们的亲戚。

---

① 关于福尔迪奈·亨利和埃米尔·亨利父子的早年经历，参见档案 Archives Nationales, BB24 853; Archives of the Prefecture of Police, Ba 1115, telegram of February 16 and report of March 13, 1894; 另见报纸 *19ᵉ Siècle*, February 20, 1894; *La Paix*, February 18, 1894; *L'Intransigeant*, February 17, 1894; 另见 Charles Malato, "Some Anarchist Portraits," *Fortnightly Review*, 333, new series, September 1, 1894, pp. 327–328。

② 关于亨利一家返回法国的情况，参见档案 Ba 1115, "notices sur Emile Henry," February 13, 1894; 另见报纸 *Le Petit Temps*, February 16, 1894; *Le Figaro*, February 16, 1894; *Le 19ᵉ siècle*, February 20 1894; *La Paix*, February 18, 1894; *L'Éclair*, February 17, 1894。

③ 原文是 an uncle，说是福尔迪奈的叔叔，但后文又说是埃米尔的叔叔，且姓氏不一样，疑错讹。故此处翻译为福尔迪奈的表兄，后面翻译为埃米尔的表叔。——译注

布勒瓦那曾是利梅尔-布勒瓦那（Limeil-Brévannes）社区的一部分，这两个村子相隔不过两英里。在利梅尔的山顶，巴黎城可以尽收眼底。但是从布勒瓦那就看不到，因为有一座大山挡着。利梅尔有一座13世纪建的教堂，但是布勒瓦那只有一座小的礼拜堂，有一位专职牧师做住持。直到1867年之前，布勒瓦那一直都没有公立的学校。在1870年9月，也就是1870到1871年的战争中，因为普鲁士部队开始围困首都，几乎所有布勒瓦那的居民都逃到了巴黎。1871年1月底，法国投降之后，他们才回到了布勒瓦那，但发现他们的房舍已经被抢掠一空。

1881年底，福尔迪奈·亨利出版了一本儿童歌曲舞蹈集的第一卷（事实上也没有后续作品）。他把这本书献给母亲和教师。在这本书中"农民和工人们"欢唱着庆祝法兰西田野和工厂中的富足，歌曲的结尾是："正是劳动让我们走到一起/劳动让明天可以/给整个人类带来幸福！"福尔迪奈激进的政治立场和对军队的轻蔑——毕竟是军队残杀了数千的巴黎公社社员——在"两个马尔堡人"（The Two Malbrough）这首歌里表露无遗，这首歌的曲调与一个法国士兵写来嘲讽一名正与法军作战的英国将军（是温斯顿·丘吉尔的一位先人）的歌一模一样。[1]

福尔迪奈·亨利从西班牙回来的时候已经水银中毒，因为他曾经接触过在铜矿中发现的水银矿蒸汽，要不然就是因为他曾在一家制帽厂工作过。他开始受到"脑膜炎"的折磨。他联系上一位名叫古比（Goupil）的医生，古比是他的故交，也曾经是巴黎公社社员。古比看他穷困潦倒，但是工作勤勉，就雇他作为自己的秘书。然而，福尔迪奈还是在1882年去世，那时，埃米尔只有十岁。两年之后，埃米尔感染上了伤寒病。他几个月看不见东西，所幸，他最后康复了。

丈夫去世之后，亨利夫人拼尽全力养家糊口。一开始她当了一

---

[1] 福尔迪奈的这首歌，参见 Fortuné Henry, *Les chants de l'enfance* (Paris, 1881)；另见报纸 *L'Echo*, February 16, 1894。

名裁缝。古比医生答应她组织公共募捐来帮助亨利一家。亨利夫人的大姑子,尚博朗侯爵夫人让她不要同意古比的意见,她是怕这事传扬出去面上无光。但是事情越来越糟,这位寡妇和她的三个儿子在布勒瓦那已经到了衣食无着的境地。通过一个在巴黎市政委员会工作的人说情,亨利一家得到 100 法郎的公共援助。

好几次,萝丝·高蓓·亨利提起娘家那些有钱的亲戚们都满心怨愤,因为这些人从来不顾她一家的死活,不肯伸出援手。她的几个儿子"被那些我们家的人抛弃了,而这些人本来可以帮助他们,但却幸灾乐祸"。然而,和她丈夫家亲戚的关系倒是变得融洽了,总体上她的孩子们对他们的亲戚没什么可抱怨的。尚博朗侯爵夫人很关心她的侄子们,她纵容甚至溺爱他们。尤其是埃米尔,经常在学校放假时到她姑姑家里住。

布勒瓦那是个只有不到 1000 个居民的村子①,有几座小的瓦厂和棉纺织厂,但依然还是穷乡僻壤。马铃薯田一直延伸到拉布朗夏特大街(Avenue de la Planchette),然而葡萄根瘤蚜病已经把村里那些不幸的种植园里的葡萄都害死了。萝丝·亨利的银发裹在羊毛头巾之中,这打扮让她看上去就是个十足的农民。她拥有的土地在主路道旁,在上面自己建造了一所小房子。她把这房子弄成一个小旅社,起名为"充满希望"(À l'Espérance)。② 旅社旁边的牌子告诉路人,这里出售山羊奶。旅社的后面是一个小院子,四周围着篱笆,里面系着一根晾衣服的绳子,养了几只鸡,还有一头到处找吃的的山羊。小旅社就只有三个房间。里面的陈设十分简陋:一个柜台,一张白木头打的桌子,上面铺着棋盘格的桌布,还有几张椅子。工人们围着桌子坐下,要是天气好,就坐在小院子里。第二个房间权当是个小

---

① 关于布勒瓦那的情况,参见 Marie F. de la Mulatière, *Regards sur Limeil-Brévannes*, p. 41. 1896 年的人口普查资料显示:人口为 1234 人,(算上医院,总共 1527 人),其中利梅尔 259 人,布勒瓦那 975 人。

② 关于此旅社参见档案 Ba 1115, police report, August 23, 1893; *L'Intransigeant*, February 17, 1894.

商店，卖点饮料杂货之类。第三个房间是厨房。在小旅社后面，小园子的尽头，有一栋小房子，亨利夫人把里面的几间房租给工人们。这些工人们大都是建筑工人，在一家住着老弱病残的收容所工作。收容所跟旅社隔着一条马路，是在一所老城堡的地基上建的。这所老城堡早就卖给了"巴黎公共援助组织"（Assitance Publique in Paris），那是一个给巴黎穷人开的医院。

埃米尔在 10 岁的时候得到一笔奖学金，是巴黎东部一个叫冯德纳-苏-布瓦（Fontenay-sous-Bois）的地方的一所学校发的。1882—1883 两个学年，埃米尔一直在那里学习，到 1883 年，奖学金还有两年到期。他成绩非常优秀，那儿的一个老师说埃米尔智力出色、性情超群。在校长的建议之下，他到巴黎的一所高级学校去参加了入学考试。1884 年，他得到了一份半奖奖学金①，去位于巴黎市西界的奥特伊（Auteuil）一个叫让-巴迪塞特-塞（Jean-Baptisete-Say）的地方读高级初等小学。在那里，他学习了四年。侯爵夫人则负担了他另外一半学费。其他小学生戏称埃米尔为"微生物"（microbe），因为他个子实在是小。第一学期，他在班上成绩名列第三，学习报告上称赞他举止出众、判断正确、想象生动。每个科目埃米尔都成绩优异，除了化学。第二份学习报告甚至更加热情洋溢地称赞了他，说他举止完美，"在每个方面都堪称优异的小学生，非常聪慧，勤奋刻苦，性情温顺。日后必成大器"。满分 5 分，而他得到 3 分的好成绩，因为他用拉丁文回答了恺撒的《高卢战记》中的问题，这是一部截取自经典戏剧篇章中的阅读材料，涉及 1659 年皮尔尼斯（Pyrenees）条约（该条约规定了与西班牙的边界）的历史，讨论法国海岸的地理，还有对三段论的理解。而且，埃米尔在化学方面也取得了可圈可点的进步，这本来是他最弱的学科。他的老师补充说："对于这个小学生，他

---

① 参见报纸 *L'Echo de Paris*，February 18, 1894；*Le Journal*，February 17, 1894；*Le Petit Temps*，February 16, 1894；另见 Jean Maitron, *Le mouvement anarchiste en France*, I (Paris, 1975), pp. 239-240; Charles Malato, "Some Anarchist Portraits," p. 328.

在性格、举止和表现方面，就算是唱颂歌来赞扬他也不过分。"他的另一位教师，菲利普（Phillippe）先生记得自己从未呵斥或者惩罚过埃米尔。埃米尔是他所知最有才华的小学生。埃米尔的同学回忆，埃米尔才华横溢，另一位同学认为他"是一个完美的年轻人，是能遇到的最诚实的人"。

第二年一整年，埃米尔在学校的表现依旧优秀过人。因为表现优异，1885—1886学年他获得了二等奖学金，同年又获得了一等奖学金，来年获得二等奖学金，并且在1887—1888学年获得二等荣誉奖。在十六岁生日的四天前，埃米尔通过了物理、数学和化学考试，荣获了科学类的高中毕业文凭（baccalauréatès sciences）。当日，考官考了他三氟化氯（chorine）的爆炸性能。埃米尔的前途之光明，似乎非人能比。

在让-巴迪塞特-塞（J.-B. Say），埃米尔是"摩尔"（moles）的一员，这是一群在准备高等学校入学考的学生，他们希望进入的那些高等学校都是法国著名的学府，竞争非常之激烈。学生们支付很少一点会员费，偶尔也交一些罚款（有时是交着玩的），并且，到了年底，大家集资办一场宴会，为那些获准进入那所久负盛名的"巴黎综合理工大学"（École Polytechnique）的学生们庆贺。在礼拜天，有时候埃米尔会请几位他在巴黎的朋友和他一起去布勒瓦那的乡下呆一天。

由于在学校学习优秀、表现突出，埃米尔有资格申请那所由拿破仑创建的巴黎综合理工大学。如果能在该校毕业，他就能在军队中担任军官，或者做一名工程师。他成功地通过了笔试，却在口试中失败。在口试过程中，另外一名学生往老师大厅里扔了一种臭弹。埃米尔之后称，口试的教授为了报复这个小插曲，故意给他出了一道奇难无比的试题，要不就是非常不公正地给他打了低分。伊芙里的奥吉尔公爵（The Comte Ogier d'Ivry），是尚博朗侯爵的女婿，他是一位"饱学之士"（homme de lettres），也是一位军官，认为埃米尔是"一个有魅力的孩子，但有一点爱幻想，是个梦想家"，他鼓励他这位远房亲戚再申请一次巴黎综合理工大学。他说他在军中的煊赫地位或许能帮埃米尔一把。但是埃米尔没有接受他的帮助。

十七岁时,埃米尔急需一份工作,因为布勒瓦那的小旅馆收入微薄,已经让亨利一家难以为继。1889 年,埃米尔的表叔让·博尔德纳夫①——一位工程师——雇佣了埃米尔。埃米尔工作努力,并且接受了各种困难的任务,有时还会介入他表叔的工作。不久,博尔德纳夫就给他升了职,并且打算让他陪自己去威尼斯。这位工程师手里掌握几项新的专利,签署了一项为威尼斯提供新排水系统的合同。埃米尔接受了这份工作。

1889 年 12 月 28 日,埃米尔从维也纳写信给他在让-巴迪塞特-塞的化学老师菲利普先生,为自己在 11 月 4 日唐突地从学校不辞而别道歉。在意大利,他干得顺风顺水。他在那几乎什么都干,为计划的工程画草图、执笔写回信、计算建筑材料的电阻之类。为表叔工作,他非常开心,而且自信满满,他说道:"我希望为自己建设一个美好的未来,如果说不上光辉灿烂,至少是确定无疑,从事这项伟大的新工程,肯定在今后大有发展"。② 他的表叔又接到了来自法属圭亚那的卡宴(Cayenne)、阿尔及利亚、比利时、瑞士、甚至是俄罗斯的合同,让他建造石油管道或者储油罐。埃米尔希望不久他就可以到这些国家,并且非常高兴看到他自己可以最终在民间工程公司的分支道路桥梁工程公司(Ponts-et-chaussées)工作,该公司当时正在负责国内道路系统的施工。

当时,再次申请巴黎综合理工大学的机会还有,但是埃米尔向菲利普先生坦白,他担心上这所学校到底能给他的未来提供什么,尽管他的申请已经得到同意。当时他补充说,"我的品位和我捉襟见肘的经济状况让我无法投身军事生涯。我发现自己离开了学校却在社会上无一席之地,白白懂得不少的一般知识,但却实在没有一项专业"。

---

① 让·博尔德纳夫(Jean Bordenave)即上文把埃米尔父亲的土地继承权转给他嫂子的那个人,故而译为埃米尔的表叔。——译注

② 参见档案 Le 19ᵉ siècle,April 27,1894。

他向菲利普先生表示感谢,感谢他给自己上的许多堂"好课",与自己进行过许多坦诚的交谈,并且请他答应为自己在学校的朋友指明方向,自己永远不会忘记他们,如果他回去,一定会去拜访他们。

1890年9月,邮递员把埃米尔写的三封信投递到布勒瓦那。这三封信签署的日期是8月24日和9月1日,地点是在威尼斯城外的梅斯特尔(Mestre)的一个叫"月亮旅店"(Albergo della Luna)的地方。埃米尔在信中表示,他非常高兴四天之前收到他哥哥和弟弟的信,信里提到了许多好消息,大家都身体健康,他的长兄福尔迪奈找到一份好工作,还有在学校里,"我们的小于勒获得了令人瞩目的成功"。在许久未接到家里的音信之后,埃米尔收到了这几封家书。他知道他的长兄福尔迪奈已经走上了他父亲曾经走过的左翼政治路线。埃米尔写了一封信给他的长兄,祝贺他生日快乐,此信托他"政治上的朋友"转交,但是埃米尔怀疑,这封信可能一直没有送到。他希望能很快回到法国,给家人一个惊喜。9月,他"满脑子想的"都是在回乡的火车上的场景,或者走在他母亲的小旅馆周围的小路上。①

在给于勒的信中,埃米尔先写了写他想象中邮递员对于从这么老远寄一封信感到的惊讶,然后他对弟弟通过小学之后的升学考试表示了祝贺。要是于勒再多得几个奖,家里为他热情祝贺的声音还不得把小旅馆的房顶子掀了? 他希望他的弟弟能赶快给他回信,只是"别再有那么多拼写错误,还有就是用比德·赛维涅夫人(Madames de Sévigné)教的过去时、现在时和将来时还要好的时态"。他描述了威尼斯的水道,圣马可广场(Piazza of Saint Mark)还有旁边那座著名的飞狮雕像,还有总督府,他写道,"这地方真是和时间一样古老,全是大理石造的,所有建筑的第一级台阶都泡在海水里"。这一切都值得好好看看,但是他一直在忙工作,没什么时间留给自己。他要于勒告诉母亲很快他会给她寄些钱去,但是寄钱的办法却

---

① 关于威尼斯的情况,参见 Henri Varennes, *De Ravachol à Caserio* (Paris,1895), pp. 229-231; 另见报纸 *Le 19ᵉ siècle*, February 20 and April 27, 1894。

不好找。同时,他要于勒替自己亲吻母亲,告诉她自己时常想念她,让他向哥哥和所有他们的朋友问好。他使用意大利语逗于勒,让他写信把家里的消息告诉在梅斯特尔的"埃米里奥·亨利先生"(al signor Emmilio Henry)。在信的最后,他这样署名:"爱你、守护你的哥哥"。

9月1日,埃米尔还留在意大利,像一位孝顺儿子一样给他母亲写信,祝愿母亲斋戒日快乐,这个斋戒日正好是为了纪念圣罗莎①的。他向母亲保证,他和他们兄弟几个都会尽其所能让母亲更幸福,尽可能报答她为孩子们付出的一切。虽然他现在经常在烈日下工作,以至于脸庞、脖子和手臂已经晒得像烧砖的颜色,他恳请母亲不要为自己的健康担心。他还随信一并寄去100法郎。②

之后,埃米尔突然就离开了威尼斯。他突然离开可能是因为博尔德纳夫让他对两个工人秘密实施监督。这两个工人在来威尼斯的路上就对分配的任务颇有微词。后来博尔德纳夫解释说,里面可能有一些误会。但他的侄子太幼稚了,"人情世故上太不成熟,把人说的话当成科学一样的精准确定"。他表叔打了个比方,想让他明白交给他这项任务背后的意思,说要是他是财政督查员,如果让他监督钱怎么用,他会不会觉得这是不可接受的呢? 但是在埃米尔看来,监督——甚至可能是监视——会让他扮演的角色像个不受欢迎的酒店领班,他可不愿意这么干。于是埃米尔就撇下对他失望了的表叔,去了巴黎。

回到巴黎,他在一个姑姑家呆了一阵,然后就搬到他哥哥家了,他哥哥住在圣马丁运河的瓦尔米(Valmy)码头,那里离共和国广场不远。他暂时考虑修习更多的预备课程,以应付巴黎综合理工学院的入学考试,这样就可以继续他的学业。他回到让-巴迪塞特-塞,去

---

① 圣罗莎(saint-rose[santa Rosa]):16世纪出生于秘鲁利马城的多明我会圣女罗莎,和埃米尔的母亲同名。——译注

② 这些信件参见档案 *Le 19ᵉ siècle*,February 20,1894。

见了他以前的导师,这位导师了解他,而且很欣赏他。但是,他的想法也就到此为止,也许因为他没有经济上的支持让他完成课程。失业几个月之后,在 1890 年的 9 月,埃米尔在鲁贝尔的纺织局(*maison de tissus de Roubaix*)找到了一份年薪 800 法郎的差事。维隆(Veillon)先生是这个企业的经理,是埃米尔以前一个同学的父亲,为他在企业里弄了一个职员的差事,并推荐他来。正如这位经理希望的,埃米尔干得非常好。

当时,埃米尔已经 19 岁了,个子比较矮,大概有 5 英尺 4 英寸高①。他很瘦,总是面色苍白,一头栗色的头发,下巴上留着一小撮微红的金色胡须。他并不显得高傲,倒是给人以一个冷冰冰的、跟人有距离的,甚至有些超然世外的知识分子的印象。②

那时正逢埃米尔开始对一些宏大的问题产生纠结,"这些都是最为难解的哲学思辨:什么是物质?什么是精神?精神的现象是不是也像物质现象一样受到普遍规律的制约?死亡是否是自我的湮灭?"③他开始浸淫于通灵术,试图和自己父亲的灵魂交流。甚至,埃米尔的朋友查理·马拉图(Charles Malato)说埃米尔"失足陷入了通灵术的深渊,甚至变得[可以领会某一灵魂的人格,还能替他或她说话],他毫不犹豫地把自己的健康浪费在各种令人筋疲力尽的实验上,因为他热切地渴求知识"。

考虑到埃米尔对他病逝的父亲有深刻的记忆,对父亲有强烈的感情,也就不难理解他为什么仿佛能和逝去的灵魂交流。然而埃米尔与通灵术的暗通款曲,也正合乎巴黎许多年轻知识分子的世纪末波西米亚唯心论腔调。私人举办的通灵群体和有正式组织的通灵群体之数量与日俱增,这反映出时人对现代性的批评——那是一个科学物质主义似乎大获全胜的年代。这些诉诸通灵术的人看到了信仰

---

① 约 167 公分。——译注
② 对埃米尔外貌的描写,参见 Charles Malato, *Some Anarchist Portraits*, p. 330。
③ 参见上书,p. 329。

与理性之间的张力,并且试图将二者加以调和。比如,心理学新的观念就强调了催眠术造成的肌肉张力的功能下降。通灵者相信,他们可以证明那些在哲学玄思的领域中的形而上学概念。

不过,埃米尔很快发现那不过是骗人的玩意,于是很快就抛弃了通灵术。他认为这玩意和他曾经学习过的科学相比,太缺少确定性和精准性。后来,他很看不上这段时期,认为过得太草率了:"我竟然曾经是一名通灵者!好吧,一个被神秘科学吸引的朋友曾经邀我参加过几次实验,这的确不假。我立马看出,这不过就是庸医诈骗的又一种把戏,并且后来我就没再弄过这玩意。只有数学才能给予我对事物积极和准确的感觉。"①

对于萝丝·亨利太太而言,埃米尔的生活变得非常神秘。他变了。只要他出现在布勒瓦那,他就着急要回巴黎。有一回,他妈妈骂他成了什么样子,他回答道:"妈妈,你知道,我爱你亲爱的妈妈,但是我逃不出我的命运,这甚至比我对你的感情还要强烈。就让我干我觉得合适的事吧。"那些他曾经喜欢的书籍如今已经不再吸引他。什么娱乐活动他都觉得没劲。他显得很难过,郁郁寡欢。在她母亲看来,他已经被"一种不幸的激情"压垮了。

1891年,埃米尔迷恋上一名叫艾丽莎·戈泰(Élisa Gauthey)的女子。她当时已经结了婚,丈夫是一个住在巴黎东部伏尔泰大道(Boulevard Voltaire)的无政府主义者。埃米尔的哥哥福尔迪奈也是一名无政府主义者,他经常造访戈泰一家在阁楼上的住处。他把他的弟弟埃米尔介绍给这对夫妇。根据艾丽莎的回忆,这是个"安静而羞涩的青年,一个梦想家,似乎对周遭发生的一切视而不见,听而不闻"。

艾丽莎是一个高挑、出众的女子,面庞坚毅,留着一头长长的卷

---

① 参见报纸 L'Intransigeant, February 16, 1894; Le Temps, February 20, 1894; 档案 Le 19ᵉ Siècle, February 20, 1894; 另见 Charles Malato, "Some Anarchist Portraits," p. 329.

发,生着一个"拜占庭式的大鼻子",黑色的大眼睛,双唇丰满而"性感",下颌非常结实。总之,她的面容长得"与其说是优雅不如说很有力量",但是同时,显得既"沉默谨慎又风情万种",再加上她那对"丰满的乳房",至少对埃米尔来说,她简直就是"爱情所寄托的造物"。①

一天,亨利兄弟来访,艾丽莎一时突发"女人的奇想",问福尔迪奈,在无政府主义者圈子里,谁写诗的名气最大,如果他能写几首诗给她就再好不过了。埃米尔无意中听到这句话,当晚上兄弟俩要告辞的时候,他问她是不是愿意他写几首诗给她。她很吃惊地看着他。他也看着她,直勾勾地看着她的眼睛。艾丽莎强忍着没笑出来,跟他说:"好啊,为什么不呢! 来吧,来为我写几首!"

于是他就写了,因为他已经坠入了爱河。他写了一首又长又杂乱的诗,反映出他通灵术的心态,又说了很多宇宙论的观点。在诗歌的终章部分,他表达了"对魅力的统治"②的想法以及一种能够自我净化的精神,这都受到阿兰·卡甸③的影响。这个人 1869 年在巴黎创立了"通灵者社团"(Spiritis Social),并且在之后很多年中掌控着通灵术运动。

另一首写给艾丽莎的诗则更直接大胆:

> 我在身边看到了天使
> 还有爱情的神娥
> 她们都匆匆而过,每个人
> 都来给我唱她们的赞歌
>
> 但她们都默念着"希望"
> 而我,我知道她们在欺骗

---

① 参见报纸 Le Journal,May 17,1894。
② 参见报纸 L'Intransigeant,February 19,1894。
③ 阿兰·卡甸(Allan Kardec),这是教育家、哲学家 H·雷昂·里瓦尔用的笔名,他是通灵术的发明者。——译注

感受着我抱憾的重生
因为她们都在嘲笑我的悲惨

我不能有希望
完成这几首诗我将重归寂然
但我将一直爱着你
我将献祭我经受的苦难

我只有默默地忍受
而你将永远是我的女郎
我灵魂中那些美好的观念
梦想着爱情之上的天堂

　　埃米尔的这些诗"逗乐"了艾丽莎，但是她没有过多在意这些诗。不久之后，她与她丈夫到布勒瓦那的乡下呆了几个礼拜。福尔迪奈和艾丽莎的丈夫一起畅谈无政府主义，这次旅行看上去正常无比。而在这段时间，备受打击的埃米尔待在艾丽莎身边，不断寻找机会跟她搭话或是别的什么。根据一个朋友回忆："不知他在花园里呆了多少个下午，躺在草地上，躺在那个他爱的那个风骚女人身边，默默地盯着她，就像一个真正的信徒面对神祇的塑像一样。"有一次，趁她丈夫不在身边的时候，他甚至试图去亲吻她的脖子。后来，她跟别人大谈他跟埃米尔之间的过往，要是她能记住一千件事，那其中肯定有这么一出：有一天，在花园里，艾丽莎躺在她丈夫的怀里，亲吻她的丈夫，埃米尔看了脸色变得煞白，一溜烟就跑了。不一会，他睡觉的时候就发起了烧。他的母亲压根不知道是怎么回事。艾丽莎去看他，问他怎么回事。他奇怪她怎会不明白他为什么生病。她居然当着他的面亲吻她的丈夫。这深深地伤害了他，并且他坦白，他绝望地爱着她。而作为他单相思激情的对象，艾丽莎听了禁不住大笑起来。埃米尔责备她把他当成孩子来对待，并对她说，"过不了多久你就能了解我有多么爱你"①。

1891年9月,埃米尔给艾丽莎寄了好几封信。他的字迹清晰俊秀,在信中恳请她原谅之前那些语无伦次(incoherence)的话。当时,许多许多想法在他的脑子里打转。他写到,可惜,她不明白"我的爱的程度……我是多么渴求感情、安慰还有情意绵绵的爱抚,以至于我感觉我自己是如此孤单寂寞,陷入人类的自我中心的巨大泥沼中无法自拔。"有时,生活本身让他充满了恐惧。在那些时候,"我甚至简单地想消失,让自己湮灭,这样才能摆脱那令人窒息、压碎心灵的永恒伤痛。如此爱一个人却不能得到她的爱……"②

然而,残存的判断力让埃米尔看清,他当时的处境实际上荒唐无比。他乞求她不要对自己不耐烦,并且原谅他"痛苦地沉思"。"这神秘的亲密关系"到底是什么,能把一个人推向另一个人,"不用任何强制就能把他扔到他的征服者脚下?"他试图去理解"这可恶的激情,它竟能让一个人的全部能力都湮灭,竟能占据整个脑子,竟能把一个最有人性的人变成他爱慕的那个人手上的玩具。"他憎恨这股激情,因为他"招致太多的伤害、苦楚、眼泪、幻灭和气馁。"他想要从她身边逃走,希望能疗愈他的心灵与思想,因为现在他除了睡觉、发呆什么也干不了,"就像一只毫无意识的野兽"!然而,就这样分离会损害他本身的存在。他必须得结束这封信,因为他写得越多,他的理性就变得越少,"如果我放任我的想法,我就会被这样的疯狂所控制"③。

然而,埃米尔已经开始不再在意艾丽莎·戈泰。在巴黎,他越来越对无所不在的、令人难以忍受的贫困感到震惊。每一天,他都能遇见悲惨的穷人、失业者、挨饿的人,有时还有走投无路的人。他们变成了他的激情。一个朋友回忆到,当"他看到一个可怜的穷人,可是他手里没有什么能给他的时候,他就会去偷东西",甚至有一次,他给

---

① 参见 Charles Malato, *Some Anarchist Portraits*, p. 330。
② 参见报纸 *Le Journal*, May 17, 1894; *Le Gil Blas*, May 9, 1894。
③ 参见报纸 *Le Gil Blas* and *L'Intransigeant*, May 9, 1894; *Le Journal*, May 17, 1894。

一个要饿死的女人偷了一头牛。一个住在伏尔泰大街的工人回忆,埃米尔给那些不幸的人钱财,还给他们提供庇护,而且他尤其爱孩子。有一次,他让一个给房东赶出来的人住在他的房间里,直到那个人找到了别的住处。①

直到1891年年中,埃米尔·亨利一直尊奉着他所谓的"当下的道德",包括"国家、家庭、权威和财产"的原则。然而,他的老师忘记教会他一件事,就是"生活的痛苦挣扎和失望不幸,生活的不正义和不公平,都让无知的人睁开双眼,看到了……现实"。这碰巧就发生在他身上。原来人家告诉他,生活是"充满智慧的、精力充沛的",但是他在第三帝国的巴黎的所见恰恰说明了生活的另一面。他之前相信社会制度都是建立在正义和公平之上的;但他现在却发现,在他身边只有"谎言和背叛",这是一个充斥着肮脏的财政丑闻的共和国,一边是赤贫大众,另一边却是巨贪国贼。上层阶级"占用着一切,从其他阶级那不止掠夺了维持生命的营养,还掠夺着启迪智慧的营养"。②

1887年,传来了法国总统于勒·格雷维(Jules Grévy)的女婿丹尼尔·威尔森(Daniel Wilson)的消息:他把代表法国最高荣誉的荣誉军团勋章卖了一大笔钱;而且他毫无廉耻地宣称,他的做法根本没出圈,一个名副其实的政客都是这么干的。他和一些国民议会议员因为支持一家公司而收了一大笔贿赂,这家公司刚开始参与开凿巴拿马运河不久就遇到了令人却步的困难,而后1889年就濒临破产了。上面说的这些黑钱,都让这些人在高级酒店餐厅里大吃大喝挥霍光了。在严厉的批评家眼里,公然的腐败还有浪费的殖民地冒险,使得政府合法性尽失。

一种深深的不公正感折磨着这位极端敏感的年轻人。每一天,

---

① 参见 Joan U. Halperin, *Félix Fénéon*: *Aesthete and Anarchist in Fin-de-Siècle Paris* (New Haven, 1988), pp. 269-271.

② 参见 Daniel Guérin, ed., *No gods*, *No Masters* (Oakland, 2005), pp. 398-401.

每个小时,这个资产阶级的国家无视甚至虐待着弱者。埃米尔在巴黎见到的社会反差实在令人发指。在社会看来,一个通过剥削工厂里穷工人的劳动而积聚大笔财富的工厂主倒是个诚实的人,而一个收受贿赂的政客或部长倒被视作"献身于公共福祉"。人们说那些拿非洲儿童来试验新式步枪的军官们是在为国尽责;其中一个军官甚至在国民议会受到总统的祝贺。埃米尔感觉这个国家的所作所为让他对以往相信的东西抱以深刻怀疑,恨不能全都抛弃。巴黎是欧洲之都,现代的中心。但是现代性给普罗大众带来的东西却少得近乎没有。埃米尔挚爱着人性,但却深深憎恶着在身边看到的一切。

一开始,埃米尔把自己算作一个社会主义者。后来,在 1891 年底(最迟到 1892 年初),埃米尔变成了一个无政府主义者。最重要的影响来自他的哥哥福尔迪奈,他哥哥 1885 年离开学校,在巴黎的"中心大药房"(Central Pharmacy)找了份工作。福尔迪奈比埃米尔还矮,但他结实健壮,脸庞黝黑,一头棕色头发,留着莲蓬胡子。他由于胳膊强直,免除了兵役,在和他的老板发生了一场"争论"之后,他离开了药房,这可能起因于政治方面的问题。福尔迪奈是一个社会主义者,并曾短暂地在一份社会主义报纸工作。在 1889 年,他就在警方挂了号,在几次社会主义者的集会中露面,其中一次集会的主题是建立以"坚决的斗争"为目标的"所有无产阶级的联盟",因为这样就可以终结资产阶级共和国。在 1891 年初,福尔迪奈和社会主义者们决裂,声称自己是一个无政府主义者,并且声称这个国家无法因为或社会革命而发生改变,这个国家只能被摧毁,这样人类才能重新开始。福尔迪奈成了在无政府主义者集会和辩论中一名卓越而雄辩的演说家。他在反对爱国者在圣昆廷(Saint-Quentin)、布尔日(Bourges)和卢瓦尔河谷(Loire)矿产盆地举办的集会上发过言。在比利时边境的阿登高地(Ardennes),一位名叫让-巴蒂斯特·克莱芒(Jean-Baptiste Clément)的工会领袖公开谴责一份无政府主义报纸,因为那份报纸支持福尔迪奈在一天晚上的讲话内容。福尔迪奈在身上揣了一把手枪和一把刀,生怕自己让克莱芒或他的手下干掉。

天底下的兄弟，有不少关系都很复杂，埃米尔和他哥哥也没例外。他们之间经常因为意见不合发生争执。福尔迪奈作为家里的长子，总是摆老大哥那一派有权威的架子，这让埃米尔很受不了。埃米尔后来说，甚至有一次他特想杀了他哥哥。但是，经过好几次不愉快之后，他们两个变成了最好的朋友。讽刺的是，无政府主义倒让亨利家的两兄弟重归于好。

此时，埃米尔到了服兵役的年龄。一个宪兵带着封信去了布勒瓦那的小旅社，信里有一张征兵彩票，要征埃米尔入伍。埃米尔的母亲给宪兵看了一封她儿子来的信，信上说他正在柏林为一个批发商工作。可是警察压根没法在巴黎找到他。埃米尔的母亲相信，他去那肯定是希望去出售巴黎带过去的货物。但是埃米尔其实根本不在德国。这封给他母亲的信很可能是德国的一个无政府主义者在柏林寄的。在这封信里，埃米尔明着说自己根本没有打算在军队里服役，而且近期没有返回法国的计划："你知道，如果我从法国逃走，那是因为我绝对不会进军队！"在彩票里，市长为埃米尔编上了51号，要求他从1893年9月开始到第148步兵师服役。而到了1892年的2月，埃米尔才正式宣布当一名逃兵。①

大概在同一时间，埃米尔把社会主义思想抛在脑后，他相信，这一主张内在的等级逻辑（比如说，肯定要有一个党的领袖），导致它根本不可能改变现存事物的秩序。他的理科出身逐渐地把他引向唯物主义和无神论。在他看来，内在于所有宗教和政治哲学中的结构与权威，统统应该消失。为了"革新旧世界、让幸福的人性获得新生"，一个人除了调和道德和自然的律法，还能做什么呢？他认为，他在巴黎遇见的那些无政府主义者是他所知的最好的人，因为他们正直（integrity）、真诚、坦率，还有他们对偏见的轻蔑。在一个无政府主

---

① 参见档案 Ba 1115, February 14, 1892 and February 17, 1894；另见报纸 *L'Intransigeant*, February 17, 1894。埃米尔后来也承认自己去过柏林，但是 "Léon" 在1894年2月23日的报告中表明："埃米尔·亨利所谓在柏林待过一阵的说法完全是想象出来的"。

义的世界,"个人所有制"将被共产主义所取代,"权威被自由取代……这将会大大提升人类的道德标准。男人会理解,他们没有权利去控制一个想跟其他人过的女人,因为她们这样做是依循她们的本性"。那"自私的资产阶级家庭"注定会被消灭。①

埃米尔回到布勒瓦那时,他脑子装满了无政府主义的理论。德纳普勒夫人(Madame Denaples)是亨利一家的朋友,她在巴黎的一家餐厅工作,试图劝埃米尔放弃这股他新发现的激情,可是白费唇舌。于勒,亨利兄弟里最小的弟弟,很快也接受了他哥哥的新想法,开始阅读无政府主义的小册子。在1892年,于勒在学校因为表现出色获得奖励,在上台领奖的时候,他高喊——"巴黎公社万岁!"②

在半个世纪之前的1840年,世界上有了第一个把自己称为无政府主义的人——皮埃尔-乔瑟夫·蒲鲁东(Pierre-Joseph Proudhon),他是一个印刷工,来自法国东部弗朗什孔泰(Franche-Comté)山一个叫做贝桑颂(Besançon)的地方。蒲鲁东书卷气很浓,可是他开始求学的时候,脚上穿的是木屐,兜里连足够买书的钱都没有。这个痛苦而腼腆的人,总是寻求与人隔绝,但蒲鲁东在里昂和巴黎的所见,那些代表着"皇家的黄金统治"("royal rule of gold")的奢侈中心,让他感到无比震怖。他恨这个国家。他坚称,"无论谁伸手来统治我,他都是一个僭主,一个暴君。我宣布,是我的敌人"③。据蒲鲁东说:

> 被统治(governed)就是被那些既没有权利、没有智慧也没有德行的人看管、审查、监视、指导、用法律驱遣、编号、管制、登记、灌输、告诫、控制、估计、评价、责难、指挥。被统治就是在每

---

① 参见档案 Ba 1115, Emile Henry, 27 février 94, cellule double nos. 1 & 2, conciergerie.

② 参见档案 Ba 1115, reports of March 12 and 14, 1894。

③ 参见 K. Steven Vincent, *Pierre-Joseph Proudhon and the Rise of French Republican Socialism* (New York, 1984), p. 17。

个行为、每次交易的时候被标注、被登记、被计算、被课税、被盖章、被测量、被编号、被评估、被批准、被授权、被警告、被制止、被禁止、被改革、被改正、被惩罚。在公共效用的借口下,以大众利益的名义,被放在贡献之下,统治就是被训练、被欺诈、被剥削、被垄断、被敲诈、被压榨、被愚弄、被追捕、被虐待、被棍子打、被缴械、被束缚、被窒息、被关监狱、被审判、被定罪、被枪毙、被驱逐、被变卖、被背叛,并且尤其是被嘲笑、被嘲弄、被讥笑、被惹怒、被羞辱。这就是政府;这就是正义;这,就是道德。

因为一本被搬弄是非地称作"财富就是行窃"(Property Is Theft)的小册子,蒲鲁东声名鹊起。(实际上是有人挑拨,他的原意本来是过多的财富是行窃)。蒲鲁东和他的信众把普遍选举权视作宪法的暴政,因为人民名义上能够统治,但实际上并不真的统治,选举权不过是被有权力的人维护的一个赝品。无政府主义看上去是无序混乱的,但实际上会通向一种自然经济秩序,这种秩序建基于平等社会关系,而将被组织成合作的互助协会,免于受国家的阻碍。并且,因为人基本上都是善良的,所以能够创立一个真正正义的社会,允许个体发挥他的全部潜能。如蒲鲁东指出的,"无政府状态才是秩序,政府统治反而是内战。"[1]

我们可以从中看到启蒙思想的影响,尤其是哲学家让-雅克·卢梭作品的影响,正是卢梭盛赞了原始人,把他们当做某种理想状态。他设想,通过拥抱自然,人们相互学习,之后就能自由合作并一直幸福地生活。蒲鲁东主张,无政府状态是一个"有组织的,生机勃勃的社会",可以提供"自由的最高程度和人性所渴求的秩序"。每一个人都能能够充分地和谐相处。[2]

---

[1] 参见 George Woodcock, *Anarchism: A History of Libertarian Ideas and Movements* (New York, 1962), p. 276。

[2] 参见 Daniel Guérin, *Anarchism: From Theory to Practice* (New York, 1970)。

在19世纪,民族国家的建立导致政府权力飞速的扩张,而在某种程度上,以上的无政府主义观点都是对权力扩张的反动。一方面,对越来越多的法国普通人来说,民族(nations)成为一种需要效忠的对象,这是法国大革命和拿破仑统治的结果之一。在长期说其他语言和方言土语的法国地区,小学校开始教授法语。而在同时,国家在财政汲取和征兵方面则能力倍增。日趋膨胀的官僚机构、警察机关、还有军队本身就是国家权力的表现。而像普鲁士、俄罗斯、奥地利和法国这些保守国家,联手粉碎了1848年的革命,这场革命曾经是为了民族主义、政治自由主义和工人的利益而爆发。

诚然,就像前几个世纪中发生在欧洲的历次运动一样,无政府主义绝对具有千禧年主义(millennarian)的气质,还有明显的乌托邦主义的影子。无政府主义者坚信一个进步的新社会某一天会出现,但是他们相信这需要暴力革命。1789年到1799年的法国大革命让他们看到了希望。普通人推翻了君主政体。而且,几个激进分子(包括雅克·鲁(Jacques Roux)和格拉修斯·巴贝夫(Gracchus Babeuf))之后要求社会革命,其中包括财产的重新分配。在他们相对短暂的一生中(前者自杀而后者被处决),他们也留下了这样的遗产,即可以密谋煽动一场真正的革命。

蒲鲁东的追随者们对法兰西第二帝国和巴黎公社期间的手工业工人的影响非常大,而且影响持续极久。在巴黎公社期间,如果一个劳动者向一个无政府主义者宣称,这一次,工人们不会像1848年一样,胜利果实被窃取,那么这位无政府主义者会回答,"他们其实已经夺取了你的胜利。他们不是任命了一届政府吗?"① 而紧接着巴黎公社的残酷镇压让无政府主义者在法国处境非常艰难。

让埃米尔全身心投入其中的原因,实际上主要是两位俄国人物,米哈伊尔·巴枯宁(Mikhail Bakunin)和彼得·克鲁泡特金(Peter Kropotkin)。而他们将会在未来几年影响到世界舞台上的重要事

---

① 参见George Woodcock, p.276。

件。他们两个都是贵族出身,"良心受谴责"的俄国贵族的典型,他们意识到他们很富有而其他人很贫穷的事实。巴枯宁生于1814年,他是最高等级的贵族,是个留着大胡子的凶暴男人,他纵情暴饮暴食,一刻不停地抽着雪茄。在1840年离开俄国之后,他是一个足迹遍布四方的革命者,去了德意志诸国和瑞士,然后到了法国,因俄国大使对他的活动感到不满,他被驱逐出法国。在1848年的二月革命把路易-菲利普二世赶下台之后,他又去了巴黎。跟临时共和政府借了一笔钱之后,他又前往波兰会议王国(Russian Poland),去那里煽动革命。在"人民之春"(Springtime of the Peoples)时期,也就是1848年在德意志诸国、哈布斯堡王朝和意大利还有法国爆发的自由主义和民族主义革命之后,普通大众感到乐观的时期,他被警方四处追捕。在俄国的监狱中度过六个艰苦春秋之后,他建立了好几个无政府主义者组织,尽管一些是实际存在的,另一些是想象出来的。他则继续他作为职业革命者的事业,勇往直前。

巴枯宁相信群众的革命本能,但是对他们能够自发起来对抗国家则持保留意见。他认为,一些零星的革命火花应该就能激发革命。巴黎公社给了他希望,因为巴黎公社的倡导者之中已经有无政府主义者,并且他对于国家最终被废止的愿景在他俄国和西欧的门徒中造成了广泛反响。尽管巴黎公社没有成功,但在国家发动大规模镇压之后,恐怖主义的袭击——虽然他没有特别推荐——也不可避免地发生了,这会让群众的不满激增,从而让革命尽快来临。

不同于卡尔·马克思和其他革命的社会主义者,巴枯宁并不指望一个受到启蒙的工人阶级来引发革命,而是认为农民阶级能引发革命。在他看来,农民就是革命者,而农民自己却压根不知道。米尔①组织有一种自然的、和谐的社会设定,但是村庄却饱受代表国家、保护自己利益的贪婪地主和士兵的摧残。在前几个世纪里,毕竟,俄国的农民曾经起来反抗过沙皇,或是反对代表伪沙皇的那些

---

① 米尔(mir),沙俄时代的一种村社组织。——译注

人。革命者们应该为一场更加伟大的革命做准备而狂热地工作:"革命者是一个郑重发过誓的人。他自己应该充满一种独一无二的激情:革命……他只有一个目标,一种科学:[就是]摧毁……在他与社会之间,只有战斗到底,永不停息,绝不妥协。"①巴枯宁这样定义自由这个概念:"世上的每一个人都具有的绝对权利,去寻求自己的行动只受自己的良知支配而不受到其他的制裁,去寻求只按照自己的意愿去决定这些行动,因他的首要义务应归于他自身……我能够自由只有通过别人的自由才能达成。"于是,摧毁/破坏变成了"一种创造性的激情"。②

巴枯宁不相信马克思,并与之发生了激烈的争吵,因为马克思本人认为这还远远不够。毕竟,马克思对摧毁国家并不感兴趣,而是希望将之替换成一个由社会主义者执掌的国家。无政府主义者和社会主义者之间充满仇视的观点之争,让马克思于 1876 年创立的国际工人协会(即第一国际)在费城召开会议之后不久就走到了尽头——费城是马克思本人选择的地点,因为他知道欧洲的无政府主义者没有经费穿过大西洋来参加会议。"让我们不要变成一种新宗教的领导人",③同一年,在他去世前不久,巴枯宁如此警告他的竞争对手。这个俄国人曾说要做一个真正的革命者,要做有肉身的恶魔(devil in the flesh),他继续影响着无政府主义的发展,首先是在西班牙和意大利的发展。在法国,无政府主义者和社会主义者最后的决裂发生在 1881 年。无政府主义者我行我素地走自己的道路,拒绝选举政治,认为它是一种支撑资产阶级国家的方式。他们采用黑色的旗帜作为自己的象征,并且拒绝"马赛曲"作为国歌,说这是资产阶级共和国的象征。

另一个有着不同面目的无政府主义者——彼得·克鲁泡特金,

---

① 参见 Alexandre Varias, *Paris and the Anarchists: Aesthetes and Subversives During the Fin-de-Siècle* (Paris, 1996), pp. 41-42。

② 参见 Daniel Guérin, *Anarchism: From Theory to Practice*, p. 33。

③ 同上书, p. 3。

是一名地理学家,同时是一名亲王,一个俄国贵族军官的儿子。克鲁泡特金被指控煽动造反,因为他写了一份声明来描述未来无政府社会的结构,他在监狱里呆了两年的时间,直到1876年,他才逃离俄国。在第一次去伦敦之后,他在瑞士的侏罗山脉(Jura Mountains)住了一段时间,在那里,钟表匠们看上去过着和谐完美的生活,丝毫不受国家的侵扰。而且,瑞士实行联邦制,是红十字会的发祥地,无政府主义者相信红十字会是那种在国家被摧毁之后会自发产生的志愿协会。克鲁泡特金深信,地方组织既通向一种更好的生活,也以自身为目的,因为它充满了让个体放任自流的道德。到最后,对财产的占有将会极大丰富:所有人都将拥有足够的生活物资。这就是克鲁泡特金的无政府主义共产主义的基础。(而蒲鲁东则相信革命将不会消灭所有的私有财产。)克鲁泡特金的乐观主义传播很广,连很多并不赞同他的人都对他崇敬有加,并且他的国际主义颇具影响。英国作家奥斯卡·王尔德曾经说,克鲁泡特金是他所见过仅有的两位生活得完美的人之一。①

而革命是如何形成的呢?巴枯宁相信,农民的叛乱激情可以促成革命。而克鲁泡特金相信,英雄般的无政府主义者的先锋能够完成这一使命,他们能够宣传他们的思想并领导受压迫的群众投身革命。在1869年出版的《革命者问答》(*Catechism of the Revolutionary*)一书中,俄国虚无主义者谢尔盖·涅恰耶夫(Sergei Nechaev)把革命者描述为"一个注定失败的人",②连一个身份也没有:"他没有个人的利益,没有个人的事物,没有情感,没有社会关系,没有财产,甚至连自己的姓名也没有。他的一切全部灌注进独一无二的利益,一种思想,一种激情——这就是革命⋯⋯对他而言,任何事情只要是有助于革命胜利的就是道德的;一切阻碍革命的就是不道德的和罪

---

① 参见 James Joll, *The Anarchists* (New York, 1979), p. 142。

② 参见 Marie Fleming, "Propaganda by the Deed: Terrorism and Anarchist Theory in Late Nineteenth-Century Europe," in *Terrorism in Europe*, eds., Yonah Alexander and Kenneth A. Myers (New York, 1982), p. 13。

恶的。"尽管他不是一名无政府主义者,涅恰耶夫勾勒了无政府主义者未来的形象:悄悄地组装他的炸弹,把它藏好,直到一天夜里带着它一起消失。涅恰耶夫建立了一个恐怖主义组织:"人民意志"(Narodnaya Volya)。但是这并不是一个无政府主义者组织。人民意志是一个社会主义的组织,等级分明,并且要求普遍选举和政治自由,还要求所有人能够拥有土地。其成员策划过针对国家官员和政治要人的暗杀行动,希望这样能增加社会对群众困境的公共意识。最后,巴枯宁和其他的革命者,都起来反对涅恰耶夫,认为他是一个杀人犯,一个声名狼藉的狂徒,不值得信任。

而在这些俄国革命者的斗争中,殉难(Martyrdom)思想扮演了重要的角色。这几乎成为革命传说中的重要部分,比如说薇拉·妃格念尔(Vera Figner),人民意志的一位领袖,被判处了死刑缓期执行(判决在最后一分钟才得到减刑),她一直幻想着她的殉难,想起那些牺牲了的革命者:"死去的人的画面在我的记忆里浮现,我的想象力从未如此丰富。"尽管这个描述可能永远不会被证实,但是被处决的场景本身变成无政府主义者集体记忆中的一个重要部分。

沙皇俄国的警察摧毁了人民意志组织,但是这个组织的策略被世界范围内的无政府主义者广泛采纳。并且在西欧,19世纪80年的一系列事件让无政府主义者深受鼓舞,尤其是在西班牙和意大利的赤贫农村地区。艾力格·马拉泰斯塔(Errico Malatesta),就是那些乐观主义、积极行动并且有影响的人中的一个。马拉泰斯塔生于南意大利的一个地主家庭,后因为参与一场游行而被医学院开除。他变成了一个无政府主义者,学习电工的营生,并且把自己从父母那继承的所有财产都给了住在那里的房客。无政府主义吸引了南意大利的大量贫困的农村劳动者,那些人怀着极大的不公正感,并且饱受警察的摧残。马拉泰斯塔领导着卡布里亚(Calabrian,位于那不勒斯东北部的贝内文托[Benevento])的农民于1877年4月进行武装起义,他们烧毁了教区和课税记录,分发了从国民警卫队抢来的步枪,分了从一个征税官保险箱里找到的钱,并且要求没收所有土地,然后再进行集体化。这些起义分子得到了临近叛乱村庄的支持,起义持续了十天,之后被镇压。

1883年,巴黎的警察粉碎了一次由无政府主义者激起的失业者游行示威;其中一些游行者洗劫了一个面包房,之后警察逮捕了这些人。同一年,在西班牙南部的安达卢西亚(Andalusia),农民们杀死了一个客栈老板,因为他们相信他是警察的密探。公民警卫队(Civil Gurad)进驻,可能是使用了伪造的证据,说有一个秘密组织密谋杀死富人,以便摧毁安达卢西亚的无政府主义势力。1884年,在勃艮第(Burgundy)的蒙梭-雷-米那(Montceau-les-Mines),罢工的工人成立了一个组织,自称"黑带"(Black Band),他们四处横行,洗劫了法国的小镇。另有几个小事件让法国当局进一步陷入停滞。大概在同一时候,一名叫做路易斯·沙外(Louis Chavès)的园丁开枪打死了雇佣他的女修道院长,然后向警方开枪,最后被警方击毙。其时,他已经向一份无政府主义报纸寄了一封信,信上写道,"老话说得好,千里之行始于足下。所以我愿意光荣地走出第一步。我们想要改变现存的状况,光靠言辞和报纸可不行。给一个真正的、活跃的无政府主义者最后的忠告就是,弄一把好的匕首,还有一盒火柴。"①一份无政府主义报纸开始集资买一把手枪,要给沙外报仇。同一年,有一个人宣称自己是无政府主义者,向巴黎证券交易所(Paris Bourse)扔了一个装满爆炸化学品的瓶子。瓶子爆炸了,然而无人受伤。之后,他漫无目的地开了三枪,也没有任何伤亡。一个名叫克莱芒·杜瓦勒(Clément Duval)的窃贼,曾经在巴黎的富人宅邸行窃,后来加入了无政府主义组织,摇身一变成了"杜瓦勒同志"。他解释道:"警察以法律的名义逮捕我,我以自由的目的打警察。要是社会不给你存在的权利,那你就必须把它夺回来。"②在一些无政府主义者——尽管不能说是全部——的眼中,任何可能加速"社会解体"并且最终加速

---

① 参见 George Woodcock, pp. 301-303。

② 参见 James Joll, *The Anarchists*, p. 114。

革命的行为,都是合法的,包括行窃和破坏私有财产。一个意大利的窃贼名叫维多里奥·皮尼(Vittorio Pini),他声称,在他在巴黎受审的时候,他不是一个贼,而只不过把资产阶级夺取的那些财富夺回来而已。①

埃米尔不能自已地融入了世纪末巴黎的氛围。而普通大众的困境则愈陷愈深。一些人甚至不得不用蒲鲁东和巴枯宁的空想主义当精神的鸦片。

---

① 参见 George Woodcock, pp. 300-303, 366-367; Jean Préposiet, *Histoire de l'anarchisme* (Paris, 2000), pp. 391-392; David Stafford, *From Anarchism to Reformism: A Study of the Political Activities of Paul Brousse* (Toronto, 1971), p. 84; 另见 James Joll, *The Anarchists*, pp. 112-114。

第三章 "因爱生恨"

在19世纪70年代晚期到19世纪80年代早期这段时间，埃米尔·亨利所在的巴黎城里出现了一些无政府主义组织。在1882年，大概有13个无政府主义组织，200名成员。11年之后，根据警方统计，已经有超过2400名无政府主义者，其中852名被认为非常危险。大多数法国无政府主义者都是普通的工人——比如冶炼工人、砖瓦工、油漆工，还有许多来自19世纪法国其他行业的工人。①

在巴黎，这类组织聚集在一些特殊的街区，因为从他们的无政府主义立场上看，革命的成功要靠局部动乱促成。通常，无政府主义组织是一条街一条街组织起来的。他们沟通的方式是无政府主义的印刷品、集会还有辩论，而且他们还张贴色彩鲜亮的海报来为一些事件做宣传。无政府主义者组织流动厨房来赈济挨饿的人，并且设立了好几个无政府主义图书馆——图书馆里的书都是一些无政府主义者家里的藏书。下层民众的亚文化，包括大街上和酒吧里的粗言俚语（还有黑话暗语），把某种活力融入了这场运动。②

在巴黎的东北部，无政府主义者根本无需费力去赢得新成员的青睐。贫民聚居的美丽城注满了工匠（尤其是黄铜工匠和首饰工匠）

---

① 关于无政府主义者的数量，参看档案 F712506，December 1893。

② 参见 Richard D. Sonn,"Marginality and Transgression: Anarchy's Subversive Allure,"in Gabriel P. Weisberg, ed., *Montmartre and the Making of Mass Culture* (NewBrunswick, 2001), p.132。

和劳动者,这里位于首都的边缘,穷苦百姓绝大多数都对现状感到不满。40年之后,莫里斯·切瓦利亚①和艾迪特·皮雅芙②将会在这个地方一炮走红。这里充满了一种不属于精致的巴黎西部和中部街区的感觉,制造了一种强烈的地区认同。巴黎公社之后,美丽城比巴黎其他地方遭到更为血腥的镇压,这部分是因为这里充斥左派的政治倾向。在巴黎公社时期,这一街区的突出角色就是加强了——至少是在巴黎的精英阶层和政府当局眼里是这样——整个美丽城和那些"危险阶级"的联盟,让这个地方名声变得很坏,变成了一个犯罪猖獗地方。③

在当时巴黎的第12区,仅在19世纪80年代,就出现了以下许多无政府主义组织:"自由论者"(The Libertarians)、"黑旗帜"(The Black Flag)、"老虎"(The Tiger)、"沙罗那的弃儿"(Deserters of Charonne)、"美丽城无政府主义小组"(Anarchist Group of Belleville)。并且像"美丽城无政府主义小组"、"第12区无政府主义小组"(the Anarchist Group of the Twentieth Arrondissement)这样的组织存在了很多年。"炸药"(dynamite)、"左轮在手"(Revolver in the Hand)、"饥荒"(The Starving)、"憎恨"(Hatred)、"社会战争"(social war)还有"贫困"(The Indigent),林林总总的无政府主义组织纷纷兴起。在塞纳河右岸的玛莱斯(Marais),有很大一批从俄国来的移民,也从俄国带来了无政府主义的思想,用意第绪语阅读和出版。

无政府主义在郊区的工业地带也颇具吸引力。甚至有一份短寿的无政府主义报纸,1891年创刊,它的名字干脆就叫《郊区报》("The Suburb")。在拥挤无比的圣-德尼斯(住了超过了50000人,在1861年到1891年间翻了一倍还多),超过三分之二的住房都没有自来水。成千上万的人住在棚户里,说是被扔到一起也丝毫不夸张,这些棚户

---

① 莫里斯·切瓦利亚(Maurice Chevalier),法国著名演员。——译注
② 艾迪特·皮雅芙(Édith Piaf),法国著名歌手。——译注
③ 参见 Gérard Jacquemet, "Belleville ouvrier à la belle époque," *Le Mouvement social*, 118 (January 1982), pp. 61-77.

有的是砖垒的，有的是用随便什么能弄找到的材料垒的，顶子上盖着各种金属片，甚至就铺一层沥青抹过的纸版。

无政府主义者经常在酒吧或咖啡厅低调地集会，有时集会地点也设在租来的房子后面或楼上，有时也不在这些地方（照例是无政府主义组织出钱买喝的）。或者他们租个小礼堂，为街区举办晚会。到了付礼堂的租金或是付酒钱的时候，那些有点钱的人就付清，然后确定下一次集会的地方。要是租更大的礼堂，就是要召集几个无政府主义组织商量投弃权票的事、宣传招募新人的事、或是计划游行的事、巴黎公社的纪念日，因为这样可以鼓舞士气，也可以为行动提供指南。两个最重要的地点是美丽城的法维耶礼堂（Salle Favié）和位于礼拜堂郊区路（rue du faubourg-du-Temple）的商业大厅（the Salle du Commerce）。比如说，在1883年3月30日星期五，就贴出海报说将举办一次盛大的公共集会，由"无政府主义青年的复仇"("Vengeance of Anarchist Youth")小组负责组织此次集会，地点就在东部巴黎的沙朗东路（rue de Charenton）。讨论的话题是"工人的危机、修正主义的煽动和革命运动"。参与集会还要收门票，但是价钱非常便宜，所得钱款用来支付礼堂的租金和其他相关的费用。

然而无政府主义组织想找一些房间或者酒吧来开会极为困难，因为警方经常向那些愿意把地方租给他们的人施压。另一方面因素是，街区里的其他居民对于无政府主义者在集会上高喊口号和唱歌感到厌烦。比如，在1893年的11月，一个叫做"孤峰之子"("the lads of the Butte [Montmartre]")的组织在酒吧集会。然而，酒吧的主人告诉他们不能过来，因为最近这些人被同一条街的另一个酒吧赶了出来，理由是他们让当地的店主感到害怕。

绝大多数的无政府主义集会规模都相对较小，如果要是请其他组织的人来发言，或是讨论方案（有的时候和社会主义者一起讨论），那规模就会大很多。1886年6月，当"拉雪兹神父小组"（Group du Père Lachaise）集会的时候，只有11个成员参加了；又如1888年6月末在美丽城路（rue de Belleville）的布尔戴尔礼堂（Salle Bourdel）

参加会议的人数也只有 11 个人。而当时,整个首都有大约 20 万名失业工人。和社会主义者的集会不同,无政府主义者开会不用选主席。即便仅有一次集会产生了要有一个主席的打算,这也会被算作违背无政府主义的"个人主动性"原则。

无政府主义者经常在周日的晚上组织"家庭晚会"和"大众讨论"。有的时候,他们会给听众发汤或其他食物来吸引人听他们的演讲。在喧闹的歌声中,他们往一个传来递去的帽子里放些小额的硬币,来帮助那些在生存线上挣扎的无政府主义者或是他们的家人,比如说丈夫被抓进监狱的妇女或是父亲被抓进监狱的孩子。这种情况发生的时候,能聚集上百号人,四百号人甚至更多也不少见。1892年 12 月,在法维耶礼堂(Salle Favie)举办的一次带汤会议(*soupe-conférence*),一共下发了 2000 碗汤还有无数无政府主义的报纸,集会中人群高喊着"条子们去死!"(Death to the Cops!)和"蠢猪们去死!"(Death to the Pigs!)等口号。①

越来越多的听众接触到无政府主义者的歌曲,并愿意接受。阿得里安娜·沙耶(Adrienne Chailley)是一位非常知名的无政府主义歌手。她 26 岁年纪,人称"玛丽·皮热"(Marie Puget),这个可怜的人在巴黎左岸的许多啤酒馆里唱歌为生,住在一个左岸离塞纳河不远的便宜旅馆的阁楼上。一份保守主义的报纸骂她是"歇斯底里的疯女人"、"无政府状态的女祭司"。她留着棕色短发,狮子鼻,唱着粗野庸俗的反资产阶级歌曲,"她衬衫大开,头发随风扬,喝了点酒,眼睛很亮……在大厅中间使劲扭,在一片喧嚣中精疲力竭,最后随便跟谁睡"②。

亨利·雷莱(Henry Leyret),那位美丽城地区里一间酒吧的"老板",他从来不相信"这帮人"是无政府主义者,尽管有那么几次

---

① 参见档案 Ba 77,December 13,1892。
② 参见档案 Ba 1115,report of March 14,1894;*Le Matin*,February 23,1893。

看见他们在读一些无政府主义的报纸。然而雷莱却很清楚地记得,有两个工人站在柜台边上,喝着苦艾酒,头脑冷静、思虑周全地讨论并比较着两个无政府主义记者的文学才能、优点和缺点。这两位客人总体上根本不像是什么和权力有关系的人,或是对法律运用的不公正表示憎恨的人。他们恨警察,恨不能跟他们白刀子进去红刀子出来。所以警察的敌人也就变成了他们的朋友。虽然他们对无政府主义根本一无所知,但是他们会支持无政府主义斗争的原则,他们把无政府主义者看成是铲奸除恶之人,会原谅他们的行为。

此时,埃米尔正全身心地投入到巴黎的无政府主义世界中。很快,他就明白了,当然其他人也明白——尽管运动强调个人的自主性,但是无政府主义者应该精诚合作来共建革命。因此,无政府主义者是一种非正式的团体(*compagnonnage*),能够给加入其中的伙伴提供精神上的,有的时候还有物质上的帮助——伙伴(*compagnons*)这个词的本意就来源于分享面包①的意思。有些无政府主义者提供"半夜搬家服务"②,在房东或看门人睡着之后,他们就帮那些穷苦的家庭从租的房子里搬出,搬到他们家去,这样就不用付房租了。无政府主义者奥古斯丁·雷热(Augustin Léger)有一次在夜里让人帮忙以迅雷不及掩耳之速搬了家。他跟他的伙伴事先商量好碰面的时候,时候一到,伙伴就来了,还拉着一辆小马车,这辆马车他们事先停在了小巷里以免引起别人注意。然后他们悄悄地爬上了楼梯,把家当搬下来。至少有过一次,房东或是看门人被塞住口,绑了起来,放在他的床上。这样的午夜搬家经常是非常快的,因为大多数无政府主义者都没什么家当。

报纸为无政府主义事业提供了很多凝聚力,比如强调他们的国

---

① 法语词伙伴(copain),由表示分享的词头(co-)和表示面包的(pain)组成。——译注

② 参见 Augustin Léger,p. 291。

际主义品格,强化无政府主义的非正式网络联系,并且让伙伴们随时获知对理论或策略的讨论。先贤祠①后面的穆菲达尔路(rue Mouffetard)上,一份报纸的总部就设在这里,这里离圣马赛(St. Marcel)这个悲惨的郊区不远,在这里,让·格拉夫(Jean Grave)出版了《叛乱报》(La Révolte)。格拉夫的父亲是一名磨坊工人,后来又在法国中部当农民。格拉夫自己在完全投身于无政府主义事业之前是一名鞋匠。他1883年在日内瓦接管了这份报纸的前身——《叛乱者报》(Le Révolte)的出版,而这份报纸的创始人正是彼得·克鲁泡特金,当时他已经被瑞士永久驱逐出境。格拉夫在瑞士受尽了当局的骚扰,之后,他就把报纸迁到了巴黎。标题被稍作改动之后,《叛乱报》(La Révolte)在1886年3月变成一份周报。从"穆菲达尔路的教皇的工作坊"也流传出无政府主义的小册子,在无政府主义的书店售卖,尤其是在蒙马特地区,也在拉丁区卖,在那里,1890年成立了第一个学生无政府主义组织。

格拉夫的办公室在那栋楼的顶层。爬上四层之后,有一架只有四级的梯子,上去就是阁楼。门上有一个很小的标志,表示报社就在此处,但是门上没有门铃,得敲门。有一间大屋子原来是晾衣服的地方,现在用来堆放纸张和报纸。格拉夫的书桌就是在两根柱子上搭了一块板,旁边就是他放鞋的地方。《叛乱报》印制的纸张非常不错,一共有四页,包括一个文学副刊,每周六发行。

格拉夫苦苦支撑着报纸的发行。想从本就贫困的读者那挣钱实在是不容易;每周要印刷6500—7000份报纸,花费320法郎。有几个知识分子和艺术家一起帮衬着格拉夫,给他一些现金。这份报纸还开辟了一个论坛,人们可以在此阐述无政府主义的哲学,发一些关于"财产"、"无政府主义和恐怖主义""工业化的危害""无政府状态与秩序"等类似主题的文章。还有一些文章讨论在法国发生的镇压事

---

① 先贤祠(Panthéon),始建于1791年,位于巴黎市中心塞纳河左岸的拉丁区,本是一座教堂,后被用于永久纪念法国历史名人。——译注

件、驱散游行或者其他针对无政府主义者的行动，包括在工人阶级的街区突然袭击无政府主义者，把他们抓进押送犯人的马车。

就算是这样，《叛乱报》和埃米尔·普热（Émile Pouget）办的《佩那尔老爹报》（Père Peinard）①比起来实在是平和多了。佩那尔老爹实际是一个被虚构出来的补鞋匠，说话直白，洋溢着人民群众的智慧，挥起他那威风凛凛的皮鞭，以正义之名抽向那些腐败的政客、官员和法官。普热当时有 22 岁，受过良好的教育，生在西南部省份多尔多涅省（Dordogne），父亲是一个公证人。他试图把百货公司的雇员组织起来，然而却因"煽动抢劫"的罪名被判处监禁（这件事就发生在 1883 年的巴黎面包房事件之后）。三年之后，他被释放，然后他加入了一个叫做"革命哨兵"（The Revolutionary Sentinel）的无政府主义组织。在 1889 年，他着手创办《佩那尔老爹报》。

普热在报纸里大量使用挑衅的、亵渎的俚语脏话，因此非常成功地激起普通大众的情绪。好些说法都是常用的俚语——但往往外人根本无法理解——用这些说法大有好处。普通工人的语言与精英阶层的语言完全不同，这加剧了这座灯火之城中穷人和富人之间的隔阂，不管是文化上的还是地理上的。有一些黑话直接就是罪犯用的语言，因为此时这个城市的犯罪情况已经达到了顶峰。于是这份报纸让许多巴黎上层阶级看到了一幅他们普遍相信的图景："危险的阶级"位于巴黎的边缘，且随时准备罢工。同时，普热的报纸使用的语言加强了普通大众的团结，也增强了一种被国家以及城市精英所排斥，却与之鲜明对立的意识。花上五个铜板（five round one/cinq ronds，五枚硬币，现在依然流行这么说），就能买上一张八页的《佩那尔老爹报》。在 1892 年，这份报纸每周要印大概 8000 份，有的时候甚至更多。据警方猜测，每一份报纸至少平均有五个人看。

---

① 关于《佩那尔老爹报》参见 Edward Peter Fitzgerald, "Emile Pouget, the Anarchist Movement, and the Origins of Revolutionary Trade-Unionism in France (1880—1901)". Unpublished paper, Yale University, 1973.

普热自己说话软言细语，但是他手里的那根笔可不是这样。关于"军国主义……一所犯罪的学校"，《佩那尔老爹报》这样评论：可别提什么"教化"越南人之类的漂亮说辞，法国军队在东南亚土地上犯下的粗暴罪行，要比他们在 1870 年到 1871 年在普鲁士犯下的严重五倍。报纸经常把工厂说得跟监狱没什么两样——而且巴黎高等法院(the Palace of Injustice)①说成"非正义宫"，牧师就是"牧师-猪"(clerical-pigs)，富裕阶层被称为"土财主"(les Richards，这个说法现在还在用)，那些共和国的支持者们被称为"共和流氓"(Republicanaille)，形容他们的时候报纸经常用"该死的"、"受诅咒的"或者"kif-kif"这样的说法——意思是"没什么区别"，"都一样"②。最后一种说法是一幅插图的标题，插图上画着一个 1789 年的农民和 19 世纪晚期的工人，这两个人站在共和国的塑像前面，这幅图说明，对于穷人，政府在这两个时代什么也没有做。

《佩那尔老爹报》有一个不变的主题，那就是普通群众需要为自己而行动起来。巴黎公社的社员已经失去了一个好机会，去"烧毁所有统治我们的盗贼住的老房子，还有那些全无心肝的人住的高楼大厦：那些教堂、监狱、政府部门——这些全都是垃圾……很简单，来他一千颗炸弹！……我们期待着"美好的日子"——那美好的日子必将在革命和整个国家摧毁之后到来。在德卡兹维尔(Decazeville)发动的一场矿工罢工过程中，《佩那尔老爹报》宣告："首先，该死的，要是一个人有机会，去干掉一个毫无用处的人也绝对不是件坏事，比如说把德卡兹维尔的瓦特林(Watrin)剁成几块(这个人是那个小镇几个矿场的领班，后来被杀死并阉割)。"在一个工人刺死了为难自己的老板之后，普热在一篇名为"一个还太少"的评论中说到，这次谋杀说明，善意终将实现。归根结底是这样："我们将会没收富人的财产，我

---

① 巴黎高等法院(the Palace of Justice)，字面意思是"正义宫"。——译注
② 参见 Richard D. Sonn, "Marginality and Transgression," p. 131; 另见报纸 *Père Peinard*, March 20—27 1892, etc. Edward Peter Fitzgerald, pp. 194-196.

们将把旧社会扔进垃圾堆,这都要靠暴力革命的力量……土地归农民!工厂归工人!房子、衣服和食物归所有人!!"①从1890年4月到1892年11月,普热的报纸被定罪查抄了一共7次。②

第三种重要的无政府主义出版物是《外在报》(*L'Endehors*),这是一份有头脑的、文学艺术周报。这份报纸是一个名叫邹·德阿克萨(Zo d'Axa)的人创办的。邹在1864年生于巴黎,出生时叫阿尔封斯·加路(Alphonse Gallaud),他的父亲是奥尔良铁路公司(Orleans Railroad Company)的铁路官员。他看上去像"一名文质彬彬的海盗",在阿尔及利亚当了逃兵之后就投身了无政府主义。他逃到了耶路撒冷,被法国驱逐出境,又到了比利时当难民。邹·德阿克萨后来成为一个记者。报纸的名字"*L'Endehors*"在很多方面反映出无政府主义的来历:"在外面"(On the outside)。邹·德阿克萨的风格是讽刺,为罢工做辩护,并且把那些粗暴对待士兵的军官的故事公布于众。这些文章让他一再受牢狱之灾,用个俏皮话来说,他进局子"就像电话响了接电话"那么稀松平常。③

《外在报》每期发行6000多份,由一些编辑自己到大街上去卖。每一期的头版都有一篇社论,"第一声呐喊"(First Shout),经常公布最近的不正义事件:"真稀罕!总统卡诺先生有两个礼拜都没送人去断头台了。"或者是,"里欧尔(Riols),圣-那载尔(Saint-Nazaire)的警察头头,让可爱的海员们扔的石块砸得不轻。前一天晚上,负责马尔索(Marceau)街区的警察也让海员们好好招待了一通。海军真是进步了。"④

1892年春的一天,埃米尔·亨利来到位于蒙马特地区一个地窖

---

① 类似的报道,参见 Roger Langlais, ed. *Père Peinard* (Poitiers, 1976)。

② 关于报纸被查抄的情况,见 Edward Peter Fitzgerald, pp. 242。

③ 关于邹·德阿克萨的生平,见 Zo d'Axa, *Endehors*, présentation par J. P. Courty, Paris, 1974; 另见 Joan U. Halperin, p. 245。

④ 参见 Jean-Jacques Lefrère et Philippe Oriol, *Zo d'Axa : un patricien de l'anarchie* (Paris, 2002), pp. 14-17, 21。

里的《外在报》报社,说他想为无政府主义工作。报纸是艺术家、知识分子和波西米亚人的聚集地。也就是在此处,埃米尔遇见了艺术和文学批评家兼无政府主义者菲利克斯·菲内昂(Félix Fénéon),当时他身穿上等的运动装,一件厚外套,一副披肩,一双暗红色手套和一双黑色漆皮鞋。菲内昂比埃米尔大7岁,和他很合得来。菲内昂眼睛很宽,面色苍白,留着短发。菲内昂被埃米尔年轻的智慧深深吸引,"他的思想有如数学一般精密,他对人民的苦难强烈地认同,同时又保持了冷静的、超然的外表"。有几次,菲内昂就住在埃米尔在蒙马特地区的住处。①

在同一时期,埃米尔与另一位无政府主义者查尔斯·马拉图(Charles Malato)也建立了友谊。马拉图的父亲阿诺瓦那(Anoine)(原名卡尔奈图 Cornetto)出生在西西里,曾经与意大利的爱国者加里波第(Garibaldi)并肩战斗过,而且参加了巴黎公社,后来,他就被驱逐到新喀里多尼亚(New Caledonia)。他的儿子在那里为法国政府工作,他许多同事被本土的卡纳克人(Kanaks/Canaques)杀死,但是他依然坚守岗位。马拉图很聪明,长着一张英国国教教士的面孔,看上去很可靠,他小心翼翼,不排斥任何人。马拉图是一位很好的演说家和作家,会讲四到五种语言。②

马拉图把埃米尔介绍进一个刚成立的、规模不大的无政府主义组织,其中的成员厌倦了"那些吵闹的、索然无味的、不可靠的人,那些人加入大的组织,让所有活动都陷入瘫痪"。③ 年轻的埃米尔成了这个组织最积极热情的成员之一。马拉图还记得,埃米尔与那些新交的无政府主义朋友一待就是一整晚,然后不管多困还要赶去上班。这一段时间,埃米尔刚加入组织,非常狂热,他很少回布勒瓦那。他

---

① 关于埃米尔和菲内昂的关系,参见 Joan U. Halperin, pp. 252-253, 268-270;另见档案 Ba 1115,"Léon," May 15, 1894。

② 关于马拉图的介绍,参见 Jean Maitron, ed., *Dictionnaire biographique de mouvement ouvrier français*: 1871—1914 (Paris, 1973)。

③ 参见 Charles Malato, "Some Anarchist Portraits," p. 330。

的母亲不清楚他究竟在干什么。她所知道的就是，他看上去过得不愉快，甚至都不怎么笑。

马拉图也看到了埃米尔的变化①，这是因为埃米尔每天看到那么多令人震惊的社会不公正。尽管埃米尔看上去很脆弱，但是他"不可屈服的意志"似乎比他"优秀的能力和对崇高理念如火一般的热情"还要杰出。② 美国无政府主义者艾玛·戈德曼（Emma Goldman）声称，不是无政府主义的理论创造了恐怖主义者，而是他们看到的身边发生了那些令人震悚的不公平，压垮了他们敏感的天性，甚至他们本人的灵魂。这对埃米尔来说是确是如此，他曾这样说："那些说'恨不能诞生爱'的人啊，我要告诉你们，正是爱，人类的爱，经常导致了恨的产生。"③

埃米尔变得非常仇视身边无所不在的国家权力，法国的军队和警察代表着这些权力，让穷苦百姓深恶痛绝。当局在巴黎公社之后对 25000 名平民痛下杀手，这次屠杀在第三共和国的头 30 年笼罩着法国政治。这次悲剧对埃米尔而言有切肤之痛：他的父亲，一个好人，幸亏他在重压之下能够保持冷静和勇气才捡回一条命，后来被强迫流亡到西班牙，在那里他染上了水银剧毒，最终命丧黄泉。④

埃米尔在鲁贝尔（Roubaix）的制衣厂工作了几个月之后，他的老板在他的抽屉里发现了一本实施无政府主义行动的手册，还有他翻译的一张意大利报纸里的文章，标题是"窃贼万岁！"。这张报纸也解释了"翻转炸弹"（reversal bomb）的好处——要是一个警察搜出这么一枚炸弹，拿在手里，翻个个儿或者稍微摇晃摇晃，里面的化学物

---

① 关于埃米尔的转变，参见 *L'Echo de Paris*，February 20, 1894。
② 参见 Charles Malato, "Some Anarchist Portraits," p. 328。
③ 参见 Walter Laqueur, *A History of Terrorism* (New Brunswick, 2006), p. 127 的描述："那些无政府主义者的'弦儿'绷得就像小提琴的琴弦，对生活抱怨乃至哭泣，这是如此的无情、残酷，如此的非人性。到了最绝望的时候，他们的'弦儿'就绷断了。"
④ 参见档案 Ba 1115, March 13, 1894。

质就会混合,炸弹就会爆炸。于是埃米尔丢了工作。

在 1892 年 1 月,埃米尔找到个会计员的差事,为一所小公司服务。① 这所公司是一个叫菲利克斯·瓦努特里那(Félix Vanoutryne)的人开的,他在巴黎的服装生产区的桑迪艾路(rue du Sentier)给家具做布罩。埃米尔这位刚出道的无政府主义者把三分之一的工资寄给他的母亲。很长时间,他连吃午饭的钱都没有。他可能一度和无政府主义歌手阿得里安娜·沙耶混在一起。

9 个月之后,埃米尔搬到蒙马特地区那里非常底层的马尔卡戴路(rue Marcadet),住进一幢三层楼里的一个房间。在 1889 年到 1896 年间,光蒙马特地区一处就有至少 25 个不同的无政府主义组织。这些组织和画家、作家及其他艺术家共处在这个小高地上,这里还有波西米亚人,他们在饭店的演唱会上演唱卡巴莱歌舞②,这些饭店的老板一般都同情无政府主义。歌手阿利斯蒂德·布吕昂(Aristide Bruant)有一首非常著名的卡巴莱歌叫"黑猫"(Le Chat Noir),这首歌在罗什舒亚尔大街(boulevard Rochechouart)的一处充满了节日般轻歌曼舞的地方,吸引了很多无政府主义者,他们经常被密探和线人像影子一样尾随。警方的审查制度引发了艺术家的对抗,或说让他们胆子更大了,结果警方暂时地关闭了一些演卡巴莱歌舞的地方。

新印象派画家保罗·希涅克③是许多有无政府主义倾向的艺

---

① 关于埃米尔的新工作,参见 Ba 1115,police reports,May 31 and August 4,1892。

② 卡巴莱歌舞(Cabaret),一种歌厅式音乐剧,通过歌曲与观众分享故事或感受,演绎方式简单直接,不需要精心制作的布景、服装或特技效果,纯粹以歌曲最纯净的一面与观众作交流。这种音乐表演方式在 19 世纪末的欧洲十分盛行。——译注

③ 保罗·希涅克(Paul Signac,1863—1935),法国新印象派点彩派(Pointillism)的创始人之一。作品富于激情,善用红色作为基调,代表作《圣特罗佩港的出航》、《马赛港的入口》等,作品色彩鲜明和谐,使远近产生秩序感。晚年思想进步,同情社会主义和俄国十月革命。——译注

术家中的一员。19世纪80年代,在热衷于表现城市的贫困之前,他最开始是画农民,而且画作被刊登在格拉夫的《暴动报》上。亨利·德·图卢兹·罗特列克①认识许多住在蒙马特地区的艺术家,因为他把这里的卡巴莱歌舞和咖啡厅音乐会栩栩如生地展现在他的画作、石版画和海报里。印象派画家卡米耶·毕沙罗②在1890年参加了维持时间很短的社会艺术俱乐部(Club of Social Art),他当时认为,"尽管无政府主义是乌托邦,但我们得承认'它是一个美好的梦想'"③。过去的乌托邦梦想如今成了现实,而且似乎还有理由感到乐观,除非人类回到"完全的野蛮状态"。④ 毕沙罗在巴黎公社之后被迫流亡,两次给《佩那尔老爹报》提供资金支持,这才让本已资金断链的报纸能够维持下去。他相信艺术具有革命性,这体现在他的画作上,类似的还有亨利·伊贝尔(Henri Ibels)和马克西米利安·吕斯(Maximilien Luce)。象征主义画家阿道夫·莱戴(Adolph Retté)是一名无政府主义者,自然主义和象征主义作家保罗·亚当(Paul Adam)一度也是无政府主义者。诗人劳朗·泰亚德⑤的剧作《人民之敌》声称,"天才、美和德行都是一等一的反社会事实"。⑥ 当时观众里有一位17岁的年轻人回忆道:"这是多么有活力!多么有爆炸性!什么样的炸弹是我们不愿去引爆的,填满了新的爆炸物,一

---

① 罗特列克(Henri de Toulouse-Lautrec,1864—1901)法国后印象派画家、近代海报设计与石版画艺术先驱,为人称作"蒙马特之魂"。——译注

② 卡米耶·毕沙罗(Camille Pissarro,1830—1903)法国印象派大师。高更和塞尚都将其奉为自己的老师。——译注

③ 参见 Kedward, Roderick, *The Men Who Shocked An Era* (London, 1971), p. 112。

④ 参见 James Joll, *The Anarchists*, p. 149。

⑤ 劳朗·泰亚德(Laurent Tailhade,1854—1919),法国19世纪末20世纪初的讽刺诗人,无政府主义演说家,戏剧家。——译注

⑥ 参见 Richard D. Sonn, *Anarchism and Cultural Politics in Fin de Siècle France* (Lincoln, Neb. , 1989), p. 76。

种新的艺术……爆炸了,它将会变成火树银花!"在1892年,作家埃德蒙·德·龚古尔①也表达了几乎相同的意思:"哦!布吕昂(Bruant)的歌和马车门下面的炸弹啊!这两样东西就象征了资产阶级时代的终结!"②无政府主义批评家菲内昂,象征主义的"助产士"之一,认为色彩斑斓的海报"就像炸弹一样生机勃勃"。③

在蒙马特地区,巴黎公社遭到残酷镇压的记忆依然历历在目,这里于是代表了无政府主义和先锋艺术非正式的同盟。"我们都是没扔过炸弹的无政府主义者"④,荷兰的野兽派画家凯斯·凡·东根⑤表示,"我们有那些想法"。象征主义者,尤其是印象派和后印象派——菲利克斯·菲内昂首先使用的这个概念——唾弃那种他们认为是资产阶级的画风陈规,他们坚持按照自己想要的方式表现自己的美学诉求,往往完全是颠覆性的。像无政府主义组织的普通成员一样,他们寻求完全自由地去表达他们的个体性。冲击反动的资产阶级,那个似乎不愿意接受他们的阶级,成为他们画作中的一部分。他们也关心穷人的困境。其中一些人对炸弹感到很矛盾,尽管炸弹似乎能为结束恐怖的社会不公平提供可能性。理想主义者们在梦想着金光灿灿的未来社会。埃米尔融入了蒙马特地区的无政府主义中,但不像那些艺术家,他不会仅仅满足于以艺术为武器。

---

① 埃德蒙·德·龚古尔(Édmond de Goncourt, 1822—1896)法国著名自然主义小说家,与其弟弟于勒·龚古尔长期合作创作小说,代表作有《艾丽莎女郎》、《桑加诺兄弟》等。为纪念去世的弟弟,埃德蒙·德·龚古尔立下遗嘱,将部分财产设立"龚古尔文学奖",以奖励优秀的小说著作,后来成为法国最著名的文学奖项之一。——译注

② 关于布吕昂的歌,参见 Uri Eisenzweig, *Fictions de l'anarchisme* (Paris, 2001), p. 177。

③ 参见 Richard D. Sonn, *Anarchism and Cultural Politics*, p. 168。

④ 参见 Walter Laqueur, p. 111。

⑤ 凯斯·凡·东根(Kees van Dongen),荷兰野兽派著名画家。20岁时定居巴黎,迫于生计干过各种活。1905年结识马蒂斯,是马蒂斯之后野兽主义理论的中坚和领导者。——译注

在大约1876年,彼得·克鲁泡特金、保罗·布鲁斯(Paul Brousse,前公社社员,同样是遭到流放,暂居日内瓦)还有马拉泰斯塔,开始讨论"制造事端搞宣传"(propaganda by the deed)。1878年的一个无政府主义集会上,克鲁泡特金又把这一说法纳入一项计划。俄国恐怖主义者尼沙艾夫(Nechaev)把那些想通过写作与群众沟通的宣传者视作"懒惰的爬字格的人"(idle word-spillers)。① 要的是制造革命、行动或是事端。一个"事端"就是一起暴力行动,甚至是谋杀行动,这样一起行动比一千本小册子要更有价值。事端可以在群众中激发起"反抗的精神",因为事端说明,实际上国家并没有它看上去有的那些力量。事端会给那些被压迫的人们带来希望:"持续不断的反抗要通过演讲和写作。要用剑、用枪、用炸弹……任何与法律相悖的东西都适合我们。"②这样的宣传会影响到农村的受压迫者,还有城市中的工人们。而且,类似刺杀国家领导者这样的事件,会引起国家镇压机器的恐怖反扑,这会使无政府主义的队伍膨胀,故而又能成为革命的起因。一张张贴在巴黎的海报上写着:"是的,我们为践行我们的理论而不择手段感到内疚,靠言辞、靠笔、靠事端——即是说通过革命的行动,不论这些行动是什么……是的,我们大声承认这些行为。我们宣称这些行为就是我们的。我们对之感到自豪。"③1881年在伦敦召开的无政府主义大会正式采用了"制造事端搞宣传"的策略。

在1883年1月,里昂一家破破烂烂的音乐厅里发生了爆炸案。克鲁泡特金与这起案件无关,但是和一批无政府主义者同时被逮捕。

---

① 参见 David C. Rapoport,"The Four Waves of Modern Terrorism," *Attacking Terrorism: Elements of a Grand Strategy*, eds., Audrey Cronin and James Ludes(Washington,2004),p. 50。

② 参见 André Nataf, *La vie quotidienne des anarchistes en France* 1880—1910 (Paris: Hachette, 1986), p. 76; 另见 Ze'ev Iviansky, "Individual Terror," *Journal of Contemporary History*, 12 (1977), pp. 43-63; Daniel Guérin, *Anarchism: From Theory to Practice*, pp. 44-45; 以及 Marie Fleming, pp. 12-13。

③ 参见 Marie Fleming, p. 18。

他被指控参加了第一国际——他否认这一指控——并且因在日内瓦出版的报纸而被谴责,他被判入狱。1886年初,克鲁泡特金被释放,然后返回英国,在那里,他曾经在无政府主义圈子里非常活跃,并且经常造访巴黎。然而,在1890年,他开始反思所谓"事端",因为在这种袭击中无辜受害者的死给他造成了深深的困扰。1891年3月,他站出来反对恐怖主义事件,并谴责1892年发生在欧洲无政府主义中心巴塞罗那的一次炸弹袭击。克鲁泡特金写到,孤立的暴力行为还远远不够。甚至,这些行为似乎还是起反作用的。但是他又说:"我们这些人似乎和人类苦难的哭喊和叹息隔绝了,我们不是那些生活在苦难中的人的法官……就我个人而言,我痛恨那些爆炸,但是我不能站在一个法官的立场上,去谴责那些被推入绝望深渊的人们。"①马拉泰斯塔也反对恐怖主义,他说那将会释放人类的兽性,而且杀一只鸡要比杀一个国王好,因为前者是用来吃的。

在19世纪80年代初,恐怖主义变成了一种在欧洲很普遍的现象,随后迅速遍及世界。在刺杀亚历山大二世(Tsar Alexander II)这位20年前废除农奴制度的俄国沙皇之后,无政府注意到"人民意志"组织在1882年一波镇压浪潮中被消灭了,因为此时为了保卫俄国的独裁统治,俄国建立了一个强有力的国家警察机器。随后的一系列著名的无政府主义刺杀行动在1897年干掉了西班牙首相卡诺瓦斯·德·卡斯蒂略(Cánovas del Castillo),1898年是奥匈帝国的皇后伊丽莎白(尽管她不能忍受他的丈夫弗朗茨·约瑟夫皇帝[Emperor Franz Joseph],跟他分居了),1901年是美国总统威廉·麦金利(William McKinley)。1878年,意大利国王翁贝托一世(King Umberto I)在一次无政府主义者发动的刺杀中幸存下来,他说他认为刺杀可以列入[政治家的]"职业风险"之中了。② 而他本人于22

---

① 参见 James Joll, *The Anarchists*, p. 134; Marie Fleming, pp. 22-23。

② 参见 James Joll, *The Anarchists*, p. 111; Carl Levy,"The Anarchist Assassin and Italian History:1870s to 1930s"。

年后被一个名叫盖塔诺·布雷希的意大利丝绸工人暗杀，暗杀者属于新泽西州帕特森市（Paterson）一个活跃的无政府主义组织。布雷希花7美元买了一把手枪，一直练习使用，之后回到意大利杀死了这位他称为"机关枪国王"的君主，因为其军队于1898年在米兰枪杀了无数示威者。

在西欧，无政府主义者想通过革命向世界发声。对克鲁泡特金而言，"有勇气的人①，不能仅满足于文字，而要把文字转化为行动，对正直的人而言，行动是有想法的行动，对于他们而言，牢狱、放逐甚至是死亡也要比背离他们原则的生活要好……他们是孤独的哨兵②，他们早早就加入了战斗，远远早于大众充分地准备好举起起义的旗帜"。在约瑟夫·康拉德③的《间谍》(The Secret Agent)一书中，无政府主义者卡尔·严特（Karl Yundt）这样沉思着，"我总是梦见……有那么一群人，他们坚定无比，打消了对选择手段的所有顾虑，坚决地称自己为毁灭者，可以免于受到那让整个世界都腐朽的驯顺的悲观主义的渐染。对大地上的一切都毫无怜悯，包括他们自己，为了良善不惜死亡，一切为了人类服务——这是我乐于看到的"。

埃米尔加入了一个在巴黎愈发激进的无政府主义组织，这群人的图谋让警察都很留心。我们接下来就重点谈谈这个组织。他们的目标是私人财产和政府当局，因为这"两种恶毒的细菌"是现代社会的基础。④ 二者都"必须被摧毁，从社会生活中清除出去"，这才能带来"绝对的平等"。埃米尔此时已经对社会主义者失去了所有信仰，对马克思主义者的说法——一旦工人阶级充分意识到他们自己是一

---

① 参见 Marie Fleming, pp. 13-15。
② 参见 Marie Fleming, pp. 13-14。
③ 约瑟夫·康拉德（Joseph Conrad, 1857—1924），英国著名作家，英国现代主义小说的先驱，早年曾当过水手，代表作有《水仙号上的黑水手》《吉姆老爷》、《诺斯特罗莫》、《间谍》等。——译注
④ 参见档案 Ba 1115, February 27, 1894; Émile Henry, February 27, 1894, cellule double nos. 1 & 2, conciergerie。

个阶级,资本主义的毁灭在所难免——埃米尔拒绝接受。和他的无政府主义朋友一样,他不相信社会主义组织的等级性质,这让他感到个人的能动性需要屈服。

对埃米尔而言,国家的镇压对巴黎人民所受苦难的影响正变得越来越大。一份英语报纸后来证实了这一点,"没有一个无政府主义者会忘了那野蛮的镇压……亨利的父亲目睹了成千上万的工人、妇女和儿童被枪杀,而此时衣着光鲜的男人和着装讲究的女人正挥舞着手中的手杖和遮阳伞抽打那些被捆绑的囚犯,还一边尖叫着'把他们都枪毙!'"。① 只有一种新的革命才能拯救人性。

路易斯·阿曼德·玛沙(Louis Armand Matha)是埃米尔所在圈子里的一员。玛沙以前是一位理发师,他无畏、忠诚,无政府主义者认为他可以算一个能做好本职工作的人,尽管他还不是总能领会无政府主义的理论基础。通过玛莎,埃米尔遇见了一位优雅而谈吐不凡的高个子无政府主义者兼盗贼,他的名字叫雷昂·奥尔提兹(Léon Ortiz),人称"宝贝儿"(Trognon-Cutie)。奥尔提兹生于墨西哥(就像雷昂·希洛奇[Léon Schiroky]一样),母亲是个波兰人,他支持偷窃的权利。他和他的女友(人称"女宝贝儿"(La Trognette))住在雷匹克路(rue Lépic),这条街在蒙马特地区,那里住着很多无政府主义者。

埃米尔读过克鲁泡特金写的那本最受欢迎的小册子《无政府主义者的道德》(The Anarchist Morality),还有他的《面包与自由》(The Conquest of Bread),②在这些书里,无政府主义者认为,人类中的一小部分已经成功地控制了绝大部分资源,背离了"万物归所有人所有"(all belongs to all)的事实。③ 两个法国无政府主义理论家也影响了埃米尔思想的发展。有几次,埃米尔把无政府主义宣传家赛

---

① 参见 Roderick Kedward, p. 59。

② 关于埃米尔对克鲁泡特金的阅读,参见档案 Ba 1115,"notices sur Émile Henry," February 13, 1894; Ba 1115, Emile Henry, February 27, 1894。

③ 参见 Peter Kropotkin, The Conquest of Bread (New York, 1927), p. 3。

巴斯蒂昂·富尔(Sébastien Faure)带回了布勒瓦那,他看过富尔的很多著作。富尔生在圣·埃提埃那(Saint-Étienne)的一个商业望族,他是一个不知疲倦的、高效率的无政府主义演说家和宣传家。他几乎受到所有伙伴的崇拜,除了那些老婆被他引诱了的丈夫们之外。本来,一个宣传家不愿意参与任何非法或暴力的活动,然而他接受一切可以为无政府主义革命动机服务的行动原则。

埃米尔也承认埃里塞·荷克吕(Elysée Reclus)在自己发展为一名无政府主义者的过程中对他的影响。和克鲁泡特金一样,荷克吕是一个可敬的地理学家和理论家,很多人都崇拜他,因为他身上的团结精神,还有他对热心帮助其他无政府主义者的善意。他是法国西南部一个新教牧师的儿子,最早他是一位民主社会主义者(democrat-socialist)。在1851年路易·拿破仑·波拿巴发动政变之后,荷克吕被驱逐出法国,在之后的六年里他到过英格兰、爱尔兰、美国还有塞内加尔,他在塞内加尔和一个塞内加尔女人结了婚,后来生了两个孩子。在19世纪70年代早期,他成了一个无政府主义者,和巴枯宁一起建立了一个组织。1871年,在巴黎公社之后,他再次被法国驱逐出境。在回国之后,他为几家主要报纸写文章,并且出版了一本伦敦的游记和一本写里维埃拉(Riviera)小镇的书。荷克吕认为,革命是人类发展的天然部分。社会最终会达到一种完美的阶段,这时政府和民族就不必要了。无政府状态于是矗立于"秩序的最高表达"。埃米尔是荷克吕信众中的一员。①

埃米尔依然是一个知识分子,某种程度上脱离于绝大多数人,这些人只不过是涌入到无政府主义者集会中。埃米尔的哥哥福尔迪奈是个天才的演讲者,但埃米尔和他哥哥不同,他远离众人的目光,反思内省、沉默寡言,是一个坚决的个人主义者。埃米尔只是偶尔参加无政府主义者的集会,而且从未公开发表演讲,他是一个独行侠。然而,在一次在巴黎中心开展的集会上,他和一位无政府主义者(后来

---

① 参见 André Nataf, pp. 32-33。

这个人自杀了)发生了激烈的争执,埃米尔指控他缺乏斗争性。

1892年的2月底,发表在《叛乱报》上的一封署名信上,有埃米尔的名字。这封信说的是无政府主义者是否应该参与五一劳动节的游行,尤其是在富尔米大屠杀的后一年。原则上,无政府主义者相信,这次要求如八小时工作制这类改革的游行,只会帮助支持资产阶级的政权,并阻止工人们参与真正的革命事业。但是如果无政府主义者拒绝参与一场真正的工人阶级运动,他们难道不会自绝于工人阶级,失去使他们转向无政府主义革命目标的机会吗?

《叛乱报》的这封信给出四方面支持五一劳动节游行的原因,可以反驳那些反对者,比如埃米尔的朋友赛巴斯蒂昂·富尔:第一,任何情况下,工人们离开他们的车间和工厂上街游行,无政府主义者都应该出现,争取让他们归向社会革命的目标。第二,五一劳动节已经不比其他日子更重要,只是因为"人们有一种在这一天想想革命的倾向,无政府主义者如果建议他们在这一天待在家里,会很奇怪甚至是可怜"。第三,尽管五一劳动节要成为政治示威,在其中,社会主义者的领袖们试图让他们管辖的群众跟随他们的领导,无产阶级仍然有能力继续前进而不是按照那些"所谓的代表"喜欢的方式行动。最后,第四,有一些伙伴害怕周期性的游行可能最终妨碍在其他的日子里的更严肃的行动,这是站不住脚的。① 马拉图和雅克·布洛娄[Jacques Prolo]两个人(让·旁萨德[Jean Pansader]的同盟,是在郊区活动的一个最有影响力的无政府主义组织的领导,在西班牙、意大利,特别是芝加哥都有和他通信的人)也在署名的八个人之中。

这封信让警方大加怀疑,因为警方想阻止可能在五一劳动节发生的武装冲突。警方相信,埃米尔的地址是他亲密朋友康斯坦·马丹(Constant Martin)的,这个人在巴黎中心靠近巴黎股票交易所(Bourse)附近经营着一个卖牛奶和奶酪的小店。和埃米尔的父亲一

---

① 此封信发表在报纸 La Révolte ,February 5—11,1892。

样,马丹在巴黎公社之后遭到驱逐,同样在大赦之后回到巴黎。他迅速投向了无政府主义,变成一个由盗窃嫌疑犯组成的好战无政府组织的大佬。马丹的人格非常复杂,大公无私,随时做好了为革命牺牲一切的准备。不过他生性多疑,所以身边总得有人保护。警方认为这个人非常危险。在一段时间里,他是埃米尔的师父。马丹同情"盗窃的权利"(right of theft),这样一个无政府主义者们热议的话题,有一些人则付诸实践。让·格拉夫的《叛乱者报》在1885年谴责"盗窃的权利"。马拉泰斯塔在1889年时认为,如果无政府主义者们饿了,他们偷盗资产阶级就是"从强盗那抢东西",但是他不支持那些只想弄更多钱的窃贼。无论如何,马丹这样一位开店的人会支持"盗窃的权利"实在不寻常,因为他大概也不会希望有无政府主义者来偷他的东西。

埃米尔现在也和他哥哥福尔迪奈一样,成功地上了警方的名单,因为他认同无政府主义,并且拥护"制造事端搞宣传"的主张。另一个警方非常感兴趣的人叫弗朗索瓦-克劳迪于斯·拉瓦绍尔(François-Claudius Lavachol)。此人会对埃米尔还有他即将在巴黎制造的事端产生重大的影响。

第四章　爆炸案

弗朗索瓦-克劳迪于斯·拉瓦绍尔这个名字后来几乎成了恐怖主义的同义词。他 1859 年出生，家庭赤贫，家所在的小镇在圣-沙蒙（Saint-Chamond），离卢圣-埃提埃那不远，那是瓦尔区迅速发展的工业城镇。他的父亲是一个荷兰研磨工，经常打老婆，最后抛弃了他的法国老婆和孩子一走了之。那里刚开始有工作之后，拉瓦绍尔的母亲就在一家制作生丝的工厂里工作。拉瓦绍尔还是个小孩子的时候，母亲经常打发他出去乞讨。这个小男孩后来被送给一个农民，去给他看牲口，可是第二年又被送回到他母亲那里。直到他 11 岁的时候，拉瓦绍尔才开始上小学，在小学里，因为衣着褴褛他备受嘲笑。一个冬天，他赶着牛羊到去山里吃草，但是他没有暖和的鞋，脚几乎冻僵了。正是这个时候，他的小妹妹因为发烧死去了。

和其他许多同年龄的男孩或年轻小伙差不多，拉瓦绍尔曾在一个煤矿和许多纺织厂里干过活，曾经参加过罢工。他辞去了工作，因为一刻不停的工作压得他连吃饭或上厕所的功夫也没有。在圣-沙蒙，仅仅因为迟到了十分钟，他就被炒了鱿鱼，尽管事实上它经常被迫超时劳动还一无所得。后来他去找一个染工当学徒，期间他的师父根本不教给他生意上的秘诀，在当学徒的三年里，他非常不愉快，后来就去了里昂找工作。在里昂，拉瓦绍尔加入了一个学习组织，这个组织读一些社会主义和无政府主义的报纸，时不时还举办一些系列讲座。失业的周期变得更长了。到了 18 岁，他得了个吵架狂的名声。他阅读欧仁·苏①写的《流浪的犹太人》(The Wandering Jew),这是一部流行小说,19世纪40年代在巴黎的贫民窟引起很大反响。拉瓦绍尔后来声称,这部小说深刻揭露了牧师们"令人作呕的举动",让他彻底抛弃了宗教。他只参加过一次社会主义者的讲座,之后就彻底抛弃了宗教。在讲座上,他了解到了巴黎公社之后的大屠杀。在听了几位无政府主义者的演讲之后,拉瓦绍尔拥抱了这一新的哲学。他一直尝试去制作爆炸装置,可是从来没有成功过。后来他因为给一个年轻女人提供硫酸而被捕,而这个女人声称,这些硫酸是为了把脚上的鸡眼烫掉。事实上,她把这些硫酸泼进了她一个情人的眼里,而这人曾经背叛过她。②

由于无法养活他的母亲和弟弟妹妹,拉瓦绍尔开始去偷鸡,而他的弟弟去偷煤。他在一些小节日上拉手风琴赚几个小钱。他母亲强烈反对他和一个已婚女人的关系,他就和她母亲断绝了关系。拉瓦绍尔后来发掘了一处男爵夫人的墓地,想偷珠宝(可是除了一具腐烂的尸体和一些腐烂的花什么也没发现),后来又伪造证件,非法卖酒,乃至图财害命。

1891年拉瓦绍尔勒死了一个隐居的老修道士,这个人的房子在一个小山顶上的村子里,房子里藏了很大一笔现金。他返回那幢房子五六趟,想拿走更多的钱,这时候修道士的尸体还躺在床上呢,后来他就让警察逮捕了。但是,在送他去监狱的途中,他偶然分散了警察的注意力,成功地逃跑了。

拉瓦绍尔逃到了巴黎,住在圣-德尼斯,化名雷昂·雷日(Léon Léger)。他和一对姓绍马丹(Chaumardin)的夫妇住在一起,这两个

---

① 欧仁·苏(Eugène Sue,1804—1857),法国19世纪中叶著名小说家。他的作品揭露了这个时期法国社会的种种弊端,描绘了下层人民的贫困状况。代表作有《巴黎的秘密》、《流浪的犹太人》和《人民的秘密》。——译注

② 关于拉瓦绍尔的早年经历,参见 Jean Maitron, ed., *Ravachol et les anarchistes* (Paris, 1964), pp. 46-73,这与他在临刑前的叙述一致,参见档案 Ba 1132, dossier Ravachol。

人把他介绍给一些好战的无政府主义者,都是"制造事端搞宣传"的倡导者,这些人已经在首都如鱼得水了。其中就有有查理·西蒙(Charles Simon),人称曲奇饼(Cookie),当时 18 岁,也从卢瓦尔区来。五一劳动节前后的两个事件的狂热很快就涤荡了这四个人,也在整个法国掀起波澜。

富尔米位于法国北部,只有 15000 名居民,是个制造毛织品的小镇。在 1891 年的几个月里,一场危机正在此处悄然酝酿。纺织厂的工资在去年一年里下降了 20%,一场罢工在所难免。1891 年 5 月 1 日的早晨,那些想继续工作的工人和那些想罢工的工人之间,发生了一场冲突。一年之前,法国的工人选择 5 月 1 日来纪念芝加哥的干草市场事件①,并且组织游行来提高工资和工作条件。现在,一年之后,大概晚上 6:00 左右,几百名年轻人和孩子从镇子上走过。这群人领头的是玛丽亚·布龙多(Maria Blondeau),她当时只有 18 岁,手里拿着一捧五月花,独个跳着舞。不久人群走到教堂之前的小广场,在那里,军队已经集结待命,准备阻止游行的人群。玛丽亚开口羞辱那些士兵,有几个游行者向士兵投掷石块,砸中了两个。于是指挥官命令部队开火。玛丽亚当场倒在枪口之下,她的头骨被子弹撕破。一位牧师从教堂里跑出来,抱起受重伤的 17 岁少女菲丽希·佩那丽尔(Félicie Pennelier),进了他的住处。之后他和其他牧师回来乞求指挥官停止射击。九名示威者死于枪击,超过 30 人受伤,其中一些人又挨了士兵的子弹当场惨死。②

在同一天,有一小拨无政府主义者正向在巴黎西北边的克里希(Clichy)行进。四个警察试图阻挡他们的去路,于是在那里爆发了

---

① 干草市场事件(Haymarket events),1865 月 4 日年在美国爆发的镇压工人惨案,由于 5 月 1 日工人参加游行罢工而遭到警方的镇压,5 月 4 日工人代表在干草市场集会,又遭到镇压,导致 200 余人伤亡,对当时国际工人运动影响极大。——译注

② 关于富尔米的情况,参看 Raymond Manevy, *Sous les plis du drapeau noir* (Paris, 1949), pp. 134-136。

小规模的殴斗。有几个无政府主义者停下来想在一间酒吧里弄点喝的,后来警察进来了,可能是抓住了一个"有煽动性"的标志——一面红旗。枪声响起来,很显然双方都开了枪——警方坚称是无政府主义者先开的枪。所有四个警察都过来了,但是三个示威者匆匆离开了。三个工人,德康(Decamp),达尔达尔(Dardare)和雷维耶(Léveillé)则继续留在酒吧里抵抗,但是他们因为受了刀伤最后被制服,之后被扭送到警察局。在那里,警察对他们一通拳打脚踢,还用手枪把打他们,然后把他们送进牢里至少一个半小时,又开始打他们。警察不给这三个囚犯水喝,也不给他们治伤,雷维耶的腿上还留着一颗子弹。

8月,这三个人被带上法庭,被指控对"维护公共秩序的公职人员"(agents of public order)施暴。检察官比洛(Bulot)要求对他们执行死刑。德康辩护自己当时只不过为了抵挡喝醉了的警察。他有四个孩子要养活。当轮到雷维耶说话的时候,他简述了当代社会的无政府主义立场:

> 在社会的上层,有牧师忙于操弄圣礼和宗教仪式的生意,士兵们出卖着国防的秘密,作家在赞美正义,诗人在粉饰丑行,商店的店主用假秤来量产品,工业主大造假货,投机商从人类愚蠢的贪婪之海中钓上了成千上万的财富。而在社会的下层,有无立锥之地的建筑工人,没有顾客的裁缝,吃不上面包的面包师,成千上万的工人因为失业和饥饿而倒下,一家一家的人挤满了贫民窟,刚满15岁的小姑娘就被逼去忍受一身油汗的老头的拥抱或是年轻的资产阶级的性侵——因为她们要赚钱。①

德康和达拉达尔受到了特别严厉的审判,分别被判处五年和三年的监禁,而雷维耶则被无罪释放。

---

① 参见 Roderick Kedward, pp. 54-56。

虽说富尔米发生的惨剧席卷了各种报纸的头版头条,但是克里希事件还是鼓动了巴黎的无政府主义者,尤其是拉瓦绍尔和他的新朋友们。一个在十五区的组织开始自称为"为富尔米复仇"。《外在报》上,邹·德阿克萨描述了德康、达尔达尔和雷维耶在克里希警察局里的"殉难"。① 对于像拉瓦绍尔这样的无政府主义者而言,这三个名字就像一句战争口号一样造成了广泛的影响。

8月初,在克里希对三名工人审判之前,一场在巴黎东北部的商业礼堂举办的无政府主义集会就吸引了700人参加。一个演讲者盛赞了被捕的无政府主义者,又以非常煽动性的口吻说道:"警察的命连一条狗都不值。"②有传言说,有人要安一颗炸弹把克里希的警察局炸上天。而就是在12月,在那发现了三颗小的炸弹,邹·德阿克萨在《外在报》特别提到:"这些炸弹似乎有更好的事要干,是要好好清理这个地方。"③

拉瓦绍尔还有他的年轻朋友"曲奇饼",正打算为了克里希的殉难者复仇。他想要弄一起爆炸,这看上去已经为恐怖主义打击国家当局铺平了道路:炸药。

在1863年,阿尔弗雷德·诺贝尔,这位瑞典化学家和制造者,用硝酸甘油做试验,希望发明一种爆炸力更强的工业炸药。一年之后,诺贝尔的哥哥和其他四个人都死于一次爆炸,当时正在制造硝酸甘油。诺贝尔之后试验把混合的硝酸甘油制成一种精细多孔的黑色粉末。在1867年,他因炸药而获得专利。他改进了一种引信或说雷管,用一层铜包裹上雷酸汞。炸药很快就找到了销路,尤其是在矿业和建筑业里,这些行业用诺贝尔的发明炸开岩石,或是任何挡路的东西。军队同样迅速地找到了炸药的用途。诺贝尔变成了一个非常富

---

① 参见报纸 *L'Endehors*,September 1,1891。
② 参见档案 Ba 77,August 3,1891。
③ 参见报纸 *L'Endehors*,December 27,1891。

有的人。他后来从他的发明收入里拿出一部分建立了一份奖金,来奖励那些被认为推进了"人类福祉"的人。

1870年左右,诺贝尔发明的相关文件就已经被翻译并且可以被阅读。炸药迅速进入了法国的矿场和工厂。国家国防委员会(Committee on Fortification)的主席推动了对炸药原理和应用的研究①,而法国的海军也开始研究把炸药应用到鱼雷上的可能性。

然而炸药的危险性很快也引起了重视。稍微一疏忽,或是提早爆炸经常会让工人们丧命。1875年,法国签署了一项法律②,批准了炸药的生产和销售,但是认为"最终,科学可能会发现一种新的炸药"。这些法条给炸药的生产和运输制定了一些规定,至少在民用方面,规定了在什么样的地方可以储存炸药。铁路公司担心这种爆炸物的危险,并且极不情愿运输炸药,尽管1879年的法律认为铁路公司有此义务。几份统计事故的年度报告和一份议会对法国使用炸药情况进行的研究,罗列了许多可怕的爆炸事故,这些爆炸都是在炸药投入使用三个世纪之前发生的。另一份独立报告已经嗅到了其他风险,列举了各种使用火药(gunpowder)的暗杀和策划阴谋,这一漫长的历史至少可以追溯到1605年针对英格兰王詹姆士一世(James I of England)的袭击未遂案。1882年出台的新规定进一步限制了炸药运输、存放和使用的条件。其他国家也开始颁布类似的法律来针对使用炸药的犯罪。

不久之后,关于美国制造出非常致命的新型"定时炸弹"的报告就送达了法国的外交部部长手里。③ 据传,费城的一个发明家制造出了一种名为"滴答"(ticker)的炸弹,里面装有900磅的炸药粉末,用一个时钟做定时器,可以在预期爆炸的36小时之前定时。在别的

---

① 关于炸药的理论和实践,参见档案 Archives Nationales (A. N.), F7 12830-31。

② 关于1875年的法案,参见档案 F7 12830-32。

③ 参见档案 F7 12830-31, Ministre des affaires étrangères to the ministre de l'intérieur, June 18, 1883, 图片来自 *Sunday Herald*, May 27, 1883。

地方,有人发明了一种邪恶的"八天机器"(eight-day machine)炸弹,可以装 3000 磅的炸药粉末,也用一个类似的钟表结构做定时器。还有一些更可怕的炸弹被发明出来的故事:"小小灭鼠人"(Little Exterminator),只有两英寸高,能释放出致命的蒸汽;"炸弹瓶子",里面装满了酸性粉末;还有最新的玩意儿,"那个'渣药'"(That Explodir 原文如此)。这些谣言从墨西哥、意大利、奥地利、德国、当然还有俄国来的恐怖分子大量涌入法国,在法国当局圈子里到处流传。

"炸药的信徒"是一个叫做约翰·莫斯特(Johann Most)的德国装订商人。莫斯特生于 1846 年,他后来作为一名社会民主党人被选入国会。但在 1878 年俾斯麦颁布了反对社会主义者的法条之后,他就退出了社会主义,并和其他人一起被迫逃亡。他转向了无政府主义,在伦敦出版了《自由报》(Freiheit)。大众传媒能够极大增强无政府主义在全世界的吸引力,莫斯特算是第一个认识到这点的人。在 1880 年,他主张"摧毁资本主义制度的力量就在炸药的粉末中,就像从大地上扫尽封建主义的力量就在火药粉末和步枪里一样"①。炸药变成了一种秘诀。莫斯特为菲尼安斯(Fenians)制造的爆炸事件欢呼,因为后者在 1867 年炸毁了一座监狱,炸死 12 个人,炸伤超过 100 个人,目的是让爱尔兰摆脱不列颠的统治。在俄国,无政府主义组织"人民意志"在一个科学家的帮助下,把炸药变成他们的首选武器。莫斯特盛赞对亚历山大二世的刺杀行动,沙皇被炸弹炸成碎片。莫斯特在伦敦锒铛入狱,出狱后就去了美国。

莫斯特鼓吹针对国家机构采取直接而暴力的行动,他承认可能有些"无辜的人"会在过程中受伤,正如在爱尔兰发生的爆炸事件一样,但那次用的炸弹还不是炸药做的。当莫斯特作为政治难民避难到美国时,革命组织热烈欢迎他,把他当成英雄。他在纽约继续出版《自由报》,四处演讲,并且对美国的无政府主义者产生了重要的影响。他一度在新泽西州的一个制造爆炸物的工厂里工作,真可谓是

---

① 参见 Walter Laqueur,pp.56-61。

"得其所哉"。莫斯特曾经想象过邮寄炸弹(尽管1895年就首次被应用)还有从天上往下扔的炸弹,他写到:"让我们依靠不可遏制的破坏和毁灭的精神吧,它们是新生活的永恒精神!"莫斯特之后出版了《革命之战的科学——使用和准备硝酸甘油、炸药、火药棉、雷酸汞、炸弹、导火线、毒药等的教材》(The Science of Revolutionary Warfare——A Manual of Instruction in the VSE and Preparation of Nitroglycerine, Dynamite, Gun Cotton, Fulminatiy Mercury, Bombs, Fuses, Poisons, etc., etc.),这本小册子于1885年和1886年分别在芝加哥和克利夫兰付印。为了准备好革命,还有比炸药之"电光火石"更好的方法吗?爆炸物可以"揣在兜里携带而没有任何危险……对付军队、警察和密探是非常强大的武器,这些家伙总想压抑住被掳掠的奴隶们要求正义的呼声……这是对被剥夺者的一份慷慨的大礼,它给那些强盗们带来恐怖和惧怕……我们的立法者们也会如坐火山口或刺刀尖上,他们得拼命试图阻止炸药的生产和使用。"①一份无政府主义报纸在1885年称赞炸药"真是个好东西!把几磅这绝妙的玩意塞进一个只有一英寸长的小管里……把两头都堵死了,插进一个连着导火索的盖子,把这家伙放到靠剥削别人劳动生活的那群游手好闲富人周围,再点上火……只要一磅这样的好东西就能打败一蒲式耳的选票——你可千万别忘了!"②《社会革命报》(La Révolution Sociale)里有一个栏目,叫"科学研究",这个栏目描述了怎么制造炸药,还有其他各种爆炸物。

下面摘录为炸药大唱颂歌的诗中的一篇:

  最后,为科学干杯
  炸药就是力量

---

 ① 参见 Louis Adamic, *Dynamite: The Story of Class Violence in America* (New York, 1931), p. 45。
 ② 参见 Louis Adamic, pp. 45-48, James Joll, *The Anarchists*, p. 123。

> 这力量就在我们手上
> 这个世界会一天天变美①

在巴黎,《佩那尔老爹报》在制造无政府主义者对炸药的狂热信仰方面也发挥了重要作用。听上去好像容易无比,"你想来点炸药么?",报纸这样问,"要不了几个钱……你就能买上一升"②。一个在伦敦召开的国际无政府主义者集会号召"从其革命价值方面去深入研究这种新的技术和化学科学"。在19世纪80年代的巴黎,一些无政府主义组织满腔热情地给自己的组织起上"炸药"的名字,包括"爆破者"(Dynamitards)。③ 在法国西南部的多尔多涅省,一种酒的名字叫做"炸药",1888年上市出售。在蒙马特地区的红猫卡巴莱歌厅(Cabaret du Chat Rouge),《炸药夫人》(Dame Dynamite)高居最喜爱歌曲榜上。甚至有人去跳《炸药波尔卡》(Dynamite Polka)。④

1886年于芝加哥发生的干草市场事件中,炸药扮演了重要角色。在19世纪80年代,无政府主义对芝加哥的工人运动的影响与日俱增,尤其在日耳曼工人和波西米亚工人里获得了许多信众。一波组织性日益强大的劳工斗争,带来一些重要的胜利。这些胜利伴随大量的罢工而来(特别是1886年发生的"伟大变乱"(The Great Upheaval),这次运动的成果是缩短了工作日),许多行业的工人,不管是技术工人还是非技术工人都参与其中。金融和工业大亨们,处在一种上层阶级的恐慌中,他们发动了针对劳工斗争激进分子中的猛烈反扑,这些激进分子中就有阿尔伯特·帕森斯(Albert Parsons)。

帕森斯出生在得克萨斯,是美国国内收入署(Internal Revenue Service)的前雇员,他娶了一名叫露西(Lucy,娘家的姓氏可能是冈萨雷斯[Gonzalez])的黑人女子为妻,她有墨西哥和印第安血统。

---

① 参见 Walter Laqueur, p. 56。
② 参见 Marie Fleming, p. 16。
③ 见档案 Ba 75, July 9 and October 17, 1886。
④ 参见 Alexandre Varias, p. 39。

他编辑一份无政府主义的报纸，名叫《警报》(Alarm)。这份报纸主张，一个手握炸药的人，其威力相当于一整个团。对露西·帕森斯而言，"炸药的声音就是力量的声音，这是暴政迄今唯一能明白的声音"。奥古斯特·斯皮斯(August Spies)是一位在德国出生的劳工领袖，他编辑一份德语无政府主义报纸。在一次演讲中，他拿着一截看起来可以做炸弹的小管子，说道："把它带给你的老板，然后告诉他，我们还有9000多个跟这个一样的家伙——不一样的是，里面都是装着炸药的！"无政府主义者计划炸掉商务部大楼的传言不胫而走。

1886年5月3日，芝加哥的警察袭击了在麦克考米克收割机制造厂(McCormick Reaper Works)外面罢工的工人，开枪打死了六个人，用警棍打伤了其他人。这是那时工厂老板和警察对付劳工斗争的典型手段，有钱人都为之欢呼。而无政府主义者的领导们都为之后的警察袭击做好了武装反击的准备。

第二天晚上的7点30分，在干草市场广场附近的德斯普雷恩街(Desplaines Street)召开了一场大型的集会。斯皮斯和其他演讲者正慷慨激昂火药味四射地演讲，这时拿着武器的警察进来了，有一个人——可能是一个德国无政府主义者——往警察大致的方向扔了一枚小型的炸弹。一名警察当场毙命，可能是当时的爆炸造成的。接下来警察开了枪，导致四名警察身亡，几乎可以确定是死于己方的枪下。生意人和报纸都要求复仇。帕森斯当时已经出走，躲到了威斯康星州，后来又(愚蠢地)返回来和其他七个人接受了审判。检察官证明，当时没有类似要发起社会革命或者炸弹袭击警察的预谋，这七个人与炸弹之间也没有联系，但这种说法对陪审团基本没什么作用。陪审团认为七名被告正如被起诉的一样，犯有谋杀罪；判处他们死刑。其中三人获得减刑，但是路易斯·灵格(Louis Lingg)，一个暴力的德国无政府主义者，成功地把一个炸药管弄进了牢房，然后点燃炸弹自杀了。尽管有不少人向最高法院和伊利诺伊州政府请愿，请求宽大处理，但是帕森斯、斯皮斯还有其他两人于1887年11月在库克郡监狱被执行绞刑。①

在过去的几年中干草场市场暴乱仍然是欧洲和美国的无政府主义者不断效法的参照。爱玛·戈德曼(Emma Goldman)是一个俄国移民,在听说这些审判和随后执行的死刑之后,变成了合众国的一个无政府主义好战分子。在芝加哥发生的这些事件让无政府主义者们明白了三件事:无政府主义具有国际范围的诉求;无政府主义者能够发动广大工人;来自于国家的镇压力量,是为大金融资本和大商业资本效力的,而且仍然非常强大。四个无政府主义者的尸体在合众国的风之城②里被吊死的场景③——在一个似乎最进步的共和国里被吊死——牢牢铭刻在无政府主义者的集体记忆中。正如巴黎公社一样,干草市场让他们懂得,考虑到资产阶级共和国颇具实力和决心,革命将会是腥风血雨。

而此时,弗朗索瓦-克劳迪于斯·拉瓦绍尔也做好了采取行动的准备。他想为在1891年被克里希的警察虐待,之后又被判入狱的三名无政府主义者复仇。在1892年2月14日到15日的晚上,拉瓦绍尔和其他几个无政府主义者偷了很大份量的炸药,这些炸药被称为"垃圾"(La Camelote)。他们是从一个叫做斯瓦希-苏-埃迪奥勒(Soisy-sous-Étiolles)的小村子里的采石场里偷来的,这个地方在巴黎的东南边,离布勒瓦那不远。毕竟,三公斤炸药、1400到1500个炸药管还有200米长的引信一夜之间都消失不见了。所以这些伙伴们在那里留下了许多"装满了炮仗"的袋子。在2月29日,在优雅的

---

① 有关干草市场事件,参见 James Green, *Death in the Haymarket:A Story of Chicago,the First Labor Movement and the Bombing That Divided Gilded Age America*, pp. 141,169-172,203-208. Walter Laqueur 在第59页写道:这是一个暴力的时代,竟能随便形成公众舆论,要杀死那些为了提高工资和减少工时而罢工的工人。

② 风之城(Windy City),芝加哥的别称。——译注

③ 关于芝加哥执行的绞刑,参见 Félix Dubois,*Le Péril Anarchiste*(Paris, 1894), pp. 55-59。

圣-多米尼克路(rue de Saint-Dominique)上的一所高级住宅前发生了一次爆炸,尽管没有造成什么伤害,但是让全城为之震惊。

在3月7日,在"曲奇饼"的帮助下,拉瓦绍尔在圣-德尼斯的一个仓库里用一个煮锅组装成了一枚炸弹。这枚炸弹有50个炸药管,里面还放了一些铁片。① 他的目标是克里希的警察局,为三个在那里惨遭虐待的无政府主义者复仇。可是,警察局周围都是警察,拉瓦绍尔没有办法离得足够近去安放炸弹。他转而决定杀死博努瓦(Benoît)法官,因为由他负责审判克里希那几个无政府主义者。在3月11日,"曲奇饼"到这个法官位于巴黎左岸圣日耳曼大街(Boulevard St. Germain)的住所踩了点,之后,拉瓦绍尔还有另外两个人坐着有轨电车进入了巴黎。在通过巴黎周围的海关检查哨的时候,几个人一度很紧张——他们把炸弹藏在一个名叫罗萨利·苏拜尔(Rosalie Soubère,人称玛丽埃特[Mariette])的女人的短裙下面,后来就进入了巴黎。这个女人完成了任务,就下电车回家了。而三个男人则留在车上继续往巴黎走。在圣日耳曼大街,虽然不知道哪间公寓是博努瓦住的,拉瓦绍尔身上藏着两把子弹上膛的手枪,还是走进了那幢建筑。他把炸弹放在建筑中部二楼的位置,点燃了引信,之后溜了出去,没让别人发现。在他走到人行道上的时候,炸弹爆炸了——一次巨大的,可怕的爆炸。可是这次爆炸没有炸死人,只让一个人受了轻伤。博努瓦法官住在四楼,毫发无损。

四天之后,在靠近市政厅的娄保兵营(Lobau barracks)发生了一次爆炸,震碎了圣杰尔维教堂(Saint-Gervais church)里不少窗户玻璃。放炸弹的人名叫蒂奥杜尔·莫尼埃(Théodule Meunier),是一名家具工人,他之前因为另一项罪名入狱,出狱之后成功逃去了伦敦。查理·马拉图称他是"革命空想启蒙者(revolutionary visionary

---

① 关于拉瓦绍尔的炸弹的描述,参见档案 Ba 1132;F7 12504;George Woodcock, pp. 310–311。

illuminst)里最值得记住的一个,是一个苦行者,像圣-茹斯特①一样充满热情地追寻他理想的社会,并且在寻找他的道路时毫不留情"。许多无政府主义者都盛赞《外在报》的这种说法,说这是一次最有象征意义的爆炸。

而拉瓦绍尔和"曲奇饼"这伙人又要干一票,弄了一枚炸弹,这次在炸弹里放了120个炸药管。这次的目标是比洛,他是克里希案件里的检察官。在3月17日,由于警方密探的报告,绍马丹(拉瓦绍尔的主人)和"曲奇"被逮捕。但是拉瓦绍尔本人已经逃到了圣-芒戴(Saint-Mandé)的郊区去了。在3月27日,他把那枚炸弹放置在检察官比洛在克里希路上的住处,之后的爆炸把整条街都掀翻了。七个人因此受伤,可是检察官本人和他的家人却安然无恙,因为他们那时正好出门了。拉瓦绍尔爬上一辆沿着克里希路走的公共汽车,让他能够俯瞰他的炸弹造成的巨大破坏。过了一会,他在位于马杨塔大街(boulevard Magenta)一家叫做"勒·维里"(Le Véry)的餐馆下了车。他跟一个名叫雷浩(Lhérot)的服务员聊了几句。当时,这个服务员正抱怨服兵役的事情,拉瓦绍尔就跟他大谈无政府主义。服务员此时发现这名食客左手上有一块伤疤。三天之后,拉瓦绍尔又来到这个餐馆吃饭。那个服务员正好看见报纸上对拉瓦绍尔体征的描述。服务员没顾上给他上菜,就赶紧找到了他的老板,不一会,老板就把警察带来了。拉瓦绍尔被逮捕了,但是过程中他奋力反抗。十个警察一起上才制服了他。

拉瓦绍尔被捕成为当时无政府主义圈子里热议的话题——一个警察发现,无政府主义者们"期待甚至正在策划采取暴力行动实施报复"②。有一些人为拉瓦绍尔极端的轻率行为扼腕叹息,他们觉得要是他在开枪打死一个警察之后死于枪口之下,可能都要比因为多话

---

① 圣-茹斯特(Saint-Just,1767—1794),法国大革命雅各宾专政时期的领导人之一,罗伯斯庇尔最坚定的盟友,是公安委员会最年轻的成员。由于圣-茹斯特的美貌与冷酷,而被称为"恐怖的大天使"或"革命的大天使"。——译注

② 参见档案 Ba 77,March 13 and 31,1892。

而被逮捕好些。警方知道,那个叫雷浩的服务员可得好好留心自己。在 3 月 12 日,在一个大概有 50 人参加的无政府主义集会上,发言人建议虔诚的无政府主义者们,袭击那些"大剥削者"的时候到了——银行、交易所,还有那些高级私人住宅。外国游客开始逃离这座灯火之城。一些无政府主义出版物明目张胆地介绍如何组装炸弹,甚至建议使用化学武器甚至毒剂,这些情况在公众中造成了极大的恐慌。

1892 年 4 月 22 日早上 5 点,12 个警察用力砸开了《外在报》的主编邹·德阿克萨的门,在他的公寓里搜查炸药。他被拘留了 15 天,之后成功地离开了法庭,不久后,他因侮辱一位地方法官和煽动谋杀而获刑(18 个月的监禁和 2000 法郎的罚款)。他去了伦敦,最开始和查尔斯·马拉图一起待在离摄政公园(Regent's Park)不远的地方。① 埃米尔·普热和艾力格·马拉泰斯塔这时也在英国的首都,同时在这里的还有其他被流放的无政府主义者。

就在拉瓦绍尔的审判要在巴黎举行之前,4 月 25 日,维里餐馆发生了一起爆炸。炸弹被放在一个临时买来的小手提箱里。两个人被炸死,包括餐馆老板维里先生自己,于是《佩那尔老爹报》编造了一个非常粗野的双关词:"*Vérification*"(证实)②。由于拉瓦绍尔正在狱中,那么理论上有两个嫌疑人,两个人都属于一个由家具工匠组成的无政府主义组织,"平足"蒂奥杜尔·莫尼埃和让-皮埃尔·弗朗索瓦(Jean-Pierre François),朋友们经常称弗朗索瓦为"弗朗西斯"("Francis"),他是一个非常强势的人,留着黑色的胡须,脸上老是露着一幅要含愤辞职的表情。弗朗西斯陪着莫尼埃一块来到餐馆,莫尼埃把炸弹放在手提箱里,然后放在了柜台下面。一个在伦敦工作的法国警察密探注意到,据他所知,弗朗西斯之前还从没杀过人,还有就是他成天酗酒。有好几年弗朗西斯常进局子,这样的行迹是激

---

① 关于邹·德阿克萨被捕的情况,参见 Jean-Jacques Lefrère and Philippe Oriol, Zo d'Axa: Un patrician d'anarchie (Paris, 2002), pp. 46-47, 55-61, 66。

② 饭馆的名字是 Le Véry, 此双关语是对饭馆名字的变形,并表明其被"证实"发生爆炸。——译注

进的无政府主义者典型的状态,为了避开警察和房东之类的人。①

4月26日,对拉瓦绍尔的审判在位于巴黎西岱岛(Ile-de-la-Cité)上的巴黎高等法院的巡回审判法庭(Assize Court)举行。审判庭外有士兵把守,在法官、陪审团和被告之间甚至都站着警察。检察官比洛,就是拉瓦绍尔一个月之前放炸弹想炸死的那个人,轻蔑地把这个无政府主义者称作"炸药俱乐部(dynamite club)的一个骑士",而这种说法被拉瓦绍尔认作是一种恭维。另外四个无政府主义者,都是工人,一同受审,其中包括"曲奇饼",这个拉瓦绍尔忠实的、危险的助手。当被特别问及他是否曾帮助过拉瓦绍尔,"曲奇饼"沉着地回答道"一点不假"(absolutely)。陪审团判决拉瓦绍尔和"曲奇饼"在苦役监狱里终身监禁。(后来,在法属圭亚那的恶魔岛(Devil's Island)上,"曲奇饼"在参加一次监狱暴动时被杀。)

6月,拉瓦绍尔又在离埃提埃那不远的蒙不利森(Montbrison)镇上接受了审判。② 由于当时盛传无政府主义者会在那弄一次爆炸,当时的安保措施做得极端严密。在当地法院(从前是一座修道院),拉瓦绍尔说的话让法官和陪审员大惊失色,"看见这只手了吗?",他在法庭上说道,"他杀过几个资产者,就有几根手指头"。③至于谋杀隐修士一案,拉瓦绍尔解释道:"如果我杀了他,这首先是为了满足我的个人需要,然后是为了帮助无政府主义事业,因为我们为了人民的幸福工作。"唯一让他后悔的是他在身边所看到的这个社会。由于谋杀隐修士、在一个名叫圣沙蒙(St. Chamond)的工业小镇谋杀两名妇女还有几桩他可能不会承认的谋杀罪行,拉瓦绍尔被

---

① 关于莫尼埃和弗朗索瓦,参见档案 Ba 140,Extract of report:December 17,1892;Ba 1115,Thanne,August 16 and September 2;"Thanne",2-9-93,1893;police report October 26 (or December),1893;Ba 085,report of October 14,1892;另见报纸 La Révolte,December 3,1892,September 25 and December 8,1893;February 24 and March 13,1894;档案 Ba 1509,September 16,1894。

② 对拉瓦绍尔的审判,参见 Henri Varennes,pp. 8-27。

③ 参见 George Woodcock,p. 30。

判处死刑,于1892年7月11日被送上断头台。临刑时,拉瓦绍尔面带微笑,自信满满,放诞无礼,把他那"狼一般的下巴"始终坚定地朝着前方,一个牧师手里握着十字架朝着他走过来,他于是这样跟牧师打招呼:"别他妈跟我提你们那个基督,我从来不拿正眼瞧他。别给我看这孙子;要不我啐丫一脸吐沫!"军队在断头台周围拉起警戒线,严防死守,当他走上断头台的时候,他唱道,

高高兴兴上路啦,他妈的
把那些有钱人都弄死,
高高兴兴上路啦,他妈的
把那些牧师砍两截,
高高兴兴上路啦,他妈的
把那个好人儿上帝倒屎里……①

首席刽子手路易斯·戴博雷(Louis Deibler)熟练地操作着断头台的闸刀,一刀下去,都没让拉瓦绍尔把一句"革命万岁!"(*Vive la Révolution!*)喊完。

无政府主义批评家保罗·亚当(Paul Adam)在"致拉瓦绍尔的悼词"里发出警告,"对拉瓦绍尔的谋杀将会开启一个新时代"。② 拉瓦绍尔所宣扬的主张让他深受感动:"那古老的宗教要为世间所有的福祉而献身,为了让穷苦大众扬眉吐气而放弃自己。这是多伟大的想法!"拉瓦绍尔成了"雷声的轰鸣,他继承了阳光和平静天空的欢乐"。亚当把拉瓦绍尔描绘成"一个救世主",③把他的"牺牲和受难"和基督耶稣所受的折磨相提并论,认为这两个都不是随波逐流的人,都对当时社会的通行价值嗤之以鼻,并且代表了崇高的理想。而两

---

① 参见 Henri Varennes, p. 47。
② 参见 Richard D. Sonn, *Anarchism and Cultural Politics*, pp. 17, 165。
③ 参见 Alexandre Varias, pp. 84-85。

个人被杀时都是三十三岁。基督受到了犹大的背叛,而维克托·巴吕冈(Victor Barrucand)在《外在报》上把拉瓦绍尔说成是一个"暴力的基督",①维里餐馆的服务员背叛了他(还有他以前的朋友绍马丹,因为这个人给法官提供了针对拉瓦绍尔的重要证据,而后自己被无罪释放)。一位名叫查尔斯·莫林(Charles Maurin)的艺术家为拉瓦绍尔雕了一幅木版画模板,画作把拉瓦绍尔表现成一位殉道者,细致地刻画了他站在断头台前时那写满了轻蔑的、英雄般的面容,无政府主义的各种印刷物经常复制这张画。

断头台本身造就了这幅新画,同时它也极大地帮助了无政府主义者的事业。一般的犯罪可能是可鄙的、各色各样的,或者是可怜的,是命运或可怜选择的牺牲品。然而拉瓦绍尔不同。他就义之前那几乎是"高尚的举止",还有他在最后一刻,依然坚决维护无政府主义,这都是有目共睹的。② 他似乎是在嘲笑断头台,他坚信,最终,他的事业一定会胜利。《佩那尔老爹报》报调侃道:

  拉瓦绍尔的头滚到他们的脚下;他们还害怕它会爆炸呢,因为它就像一枚炸弹……看在老天爷的份上,更甭提你们这个社会大妓院(whore of society)了吧;这根本用不着去辩护——它正发出死前的哀鸣(it's at its death rattle)……你们说把他送上断头台是让他赎罪。好吧,那为什么你们干这场把戏的时候都像土匪一样躲起来?为什么让几千名步枪在手、刺刀出鞘的士兵把监狱围个水泄不通?为什么只有一个地方你们听之任之,就是拉瓦绍尔要被杀害的地方?……你们这些断头台的跪舔者(guillotine-lickers)在那里围着他,你们可一直不错眼珠地盯着他呢。只要他有一瞬间的虚弱,只要他的眼神有一两下变得不那么坚毅,你

---

 ① 参见 Richard D. Sonn, *Anarchism and Cultural Politics*, p. 260; *L'Endehors*, July 24, 1892。

 ② 参见 Daniel Gerould, *Guillotine: Its Legend and Lore* (New York, 1992), pp. 94, 195-197。

们就会在你们那些婊子报纸上满嘴放屁说:"拉瓦绍尔怂了。"

拉瓦绍尔当时想继续说话,但是首席刽子手戴博雷的助手们把他扔到断头架上,按住他的头,扭住他的耳朵,放进断头台的那个没有玻璃的窗里,因为他还在不停地叫喊。

拉瓦绍尔在断头台上最后的时刻唱的那首歌,《杜设斯那老爹之歌》(Song of Père Duchesne),被《叛乱报》刊印出来,流传甚广。无政府主义的各种出版物都盛赞他那"伟大的性格"。普热在1893年出版的年鉴中刊印了拉瓦绍尔的画像,这位无政府主义的新闻工作者称颂他"完美地把煮锅①改造成解决社会问题的利器"②。这篇短小的评论发行了5000多份,评论的标题是,"拉瓦绍尔是一个无政府主义者吗?绝对没错!"③——这是"曲奇饼"在法庭对法官的回应。而这份评论福尔迪奈·亨利也看到了。菲内昂宣称,在宣传的效果方面,无政府主义者制造的"事端"比克鲁泡特金或是荷克吕20年以来印的那些小册子管用得多。无政府主义的报纸和报道此类袭击的主流媒体都在用这些事件进行宣传,然而这似乎证实了恐怖主义的存在。于是对无政府主义者的刻板印象就形成了:身穿黑夹克、行踪诡秘、躲在阴影中,怀揣着一枚炸弹,这是一幅约瑟夫·康拉德会在小说《间谍》一书中捕捉到的画面。④

无政府主义报纸号召复仇,欢迎对殉难者拉瓦绍尔的纪念。对《外在报》来说,炸药"开口说话"时,人们就会倾听,"悄悄的密谋根本没用"。⑤ "在资本家们盲目的镇压面前",想和平革命纯粹是幻想。

---

① 煮锅是拉瓦绍尔组装炸弹时所使用的容器。——译注
② 参见 Edward Peter Fitzgerald, p. 242, from *Père Peinard*, January 1—8, 1893。
③ 参见档案 Ba 77, July 20, 1892;另见 Jean-Jacques Lefrère and Philippe Oriol, p. 70。
④ 参见 Uri Eisenzweig, pp. 155, 279。
⑤ 参见报纸 *L'Endehors*, November 27—December 4, 1892。

这只不过是那些从没有挨过饿的人的梦想而已。无政府主义者用在法国大革命时期左派唱的歌曲《卡马尼奥拉歌》(Carmagnole)的调子来唱这首"拉瓦绍尔之歌":

> 在伟大的巴黎城里
> 住着饱食终日的资产阶级
> 而那些饥肠辘辘的赤贫者
> 他们牙坚齿利
> 让我们跳起拉瓦绍尔舞,那声音万岁!
> 让我们跳起拉瓦绍尔舞,爆炸的声音万岁!
> 就快了,就快了
> 所有的资产阶级就快尝到炸弹了
> 就快了,就快了
> 这些资产阶级,这些资产阶级,就快把他们炸上天了!①

一个裁缝写了一首向《炸药夫人》(Dame Dynamite)致敬的歌:

> 我们的父辈曾经起舞
> 伴着过去那炮火的轰鸣
> 现在这支悲情的舞蹈
> 得放更强的音乐来听
> 让我们炸,让我们炸!
> 副歌:
> 炸药夫人,我们起舞飞旋!
> 让我们歌舞相伴!
> 炸药夫人,我们起舞飞旋!

---

① "拉瓦绍尔之歌",参见 Jean Maitron, ed., *Ravachol et les anarchistes*, pp. 75-76;另见 *Almanach du Père Peinard*, 1894。

让我们一边歌舞一边把它炸上天！①

　　这一系列袭击史无前例且令人震惊，让巴黎城陷入了真正的恐慌。所有人都知道，有一大批炸药现在不知在巴黎什么地方藏着。拉瓦绍尔无比自豪地拒绝透露他还剩下多少炸药管。而且，拉瓦绍尔自己保证别人会为他复仇。这实在让人提心吊胆。在工业郊区，生产爆炸物和化学品的工厂比比皆是。当局怀疑工人们正在从工厂、作坊或是矿场把炸药和炸药管偷出来。矿工尤其容易获得炸药。

　　炸药留在了上层阶级的想象中，对于无政府主义者而言，袭击造成的恐惧本身让巴黎人有了生活在一个新的时代的感觉。这让人以为那些袭击是连贯有序的，并且让人去猜想那是一个有组织地反对社会的图谋，这种破坏的力量是人们从未见过的。报纸的头条进一步点燃了巴黎人的焦虑。各种日报如饥似渴地争相给每一起无政府主义袭击添油加醋，只要能让读者感到忧虑不安。这些袭击把共和国的参政丑闻都挤下了头版头条，这倒让那些经常遭到报纸攻击的政客们松了口气。有钱人都不敢再去好餐厅或是剧院，要是政府不实施坚决的措施保护社会以应对那些似乎迅速增加的威胁，他们甚至都打算把家人送到外省去。② 一些在高档社区有房产的人们现在对于是否把房子租给法官显得犹豫不决，因为他们害怕房子被炸了。比洛指出，地方法官日益成为袭击的目标："真是这么回事！"他抱怨道，"法官的职业变得越来越不可能，就是因为那些无政府主义者！"③让·格拉夫在《叛乱报》报上回应说，一个靠判别人死刑为生的公务员居然想不到干这营生最终是要还的，也算够神的。拉瓦绍尔让那些上层阶级吓破了胆，以至于他的名字一度成为一个法语动词：lavachol*iser*——意思就是弄死某人，特指拿炸药炸死某人。

----

　　① 关于"炸药夫人"，参见 Natat, La vie quodidienne, p. 141。
　　② 参见档案 Ba 508-10。
　　③ 参见 Jean Grave, *Quarante ans de propagande anarchiste* (Paris, 1973), pp. 280-282。

与此同时,数百封字迹潦草的信被放在邮箱或是被当做平信寄出,让收到的人非常焦虑。这些信威胁那些被认为是贪婪的房东或是待人不公的看门人的人,信上经常有这样的署名,"为拉瓦绍尔复仇的人"、"拉瓦绍尔的伙伴"或是"街区里的一名无政府主义者"。一个"剥削普罗大众的人"收到一封信,告诉他"下周六,5月1日,你将会被炸上天!"信上署名"炸药"。一个无政府主义组织发誓要把那些剥削他们的资产阶级斩草除根。可是该怎么办?没什么比这再简单了——"只要一枚小小的炸弹,你就和你那些靠压榨工人的血汗积聚起来的财富说拜拜吧!"某个名叫布保娜(Boubonneaud)的女人,有点小财产,收到了别人的警告,这些人自称是"拉瓦绍尔学派的门徒……我们会把你'lavacholiser'了!"①

在法国的下议院,一位议员指责无政府主义者干的事情是"把人类六千多年的成果都一扫而光,让这个世界倒退回穴居人的时代,他们看不见人类可能会再次蒙受几个世纪的野蛮的痛苦……他们野蛮的仇恨和暴烈的愤怒,除了想毁灭一切存在的东西,没有其他任何目标!"②

警方针对无政府主义者展开行动,不管他们是否支持"制造事端搞宣传"——事实上,绝大部分无政府主义者并不支持这种主张。警方利用现存法律驱逐外国人,包括德国人、奥地利人、比利时人、意大利人(其中就有马拉泰斯塔),而且至少驱逐了一个西班牙人。4月底的一天,警方逮捕了66名无政府主义者,其中大部分被认为是宣传者。警方在辖区内添设了许多便衣警察和花钱雇来的密探。警方四处打探、查封报纸、搜查通信,找茬或根本不给理由就逮捕人,并且威胁雇主把那些可能有无政府主义嫌疑的工人开除。政府给了巴黎警方自由行动的权力,实际上就是毫无限制。"对炸弹的恐慌"似乎

---

① 关于这些恐吓信,参见档案 Ba 508-10。
② 参见 Jean-Pierre Machelon, *La République contre les libertés*? (Paris, 1976), p. 407。

让一切对个人权利的侵害剥夺都变得正当合法。

一开始,埃米尔不认同拉瓦绍尔的所作所为。"这样的行动",他说,"只能给我们的事业带来很大的破坏……一个真正的无政府主义者是要打击他的敌人,但是他不该去炸那些里面还住着妇女、儿童、工人和佣人的房子。"①但是埃米尔不久就开始深深赞同拉瓦绍尔实施革命的策略。甚至埃米尔和他的哥哥去过蒙不利森,打算把检察官的房子炸了。警方在火车上遇见过他们,但是兄弟俩谁也没在蒙不利森或是圣-埃提埃那让人发现。②

由于埃米尔现在很清楚国家正变得越来越强大,完全有能力保护富人的特权,而赤贫者正为了生存而苦熬苦挣。拉瓦绍尔的炸弹让警方警醒,开始大肆镇压,这都反映出法国政权的势力。革命似乎需要强硬的、暴力的行为去号召普通群众。

埃米尔住的那个街区让他对人类的热爱变成了对有钱人毅然决然的仇视。他住在位于巴士底狱和塞纳河之间的莫尔朗大街(boulevard Morland)10号的小屋里(一个月之后,他没有付房租就走了)。埃米尔除了在此短暂休息,绝大部分时间是在蒙马特地区和美丽城的贫民窟里度过。从1891年11月25日到1892年10月8日,他住在第八区马尔加戴路(rue Marcadet)101号楼三层的一个房间里。在他的街区里,埃米尔每天都面对着穷困和悲惨。③

埃米尔住的那幢建筑掩映在蒙马特山的阴影中,现在山上是圣心教堂(basilica of Sacré-Coeur),而当时教堂还在建设中。埃米尔走到他所住街区的时候,不可避免会看到教堂绰约的轮廓。

---

① 参见 Jean Maitron, *Le mouvement anarchiste en France*, I, p. 240;另见 Pierre Miquel, *Les Anarchistes* (Paris, 2003), p. 206。

② 参见档案 A. D. Loire, 1M 533, telegram June 23, 1892; Ba 1115, June 22 or 23, 1892,以及 police report February 15, 1894。

③ 参见档案 Ba 1115, Prefect of police, August 4 and police report October 26, 1892。

圣心教堂出现在蒙马特地区让无政府主义者备受折磨,让其他那些在社会底层的组织也是如此。石匠蒂奥菲勒-阿力克山大·斯蒂恩朗(Théophile-Alexandre Steinlen)是一个无政府主义者,他想象了一起由革命者发起的对教堂的袭击。这个人在蒙马特地区的音乐会饭店"黑猫"里,当众唱道:"因为一座教堂的负担,我们这老旧的蒙马特地区已经变了很多,因为这座孤峰上的建筑。"①据传,有人已经预备下100根炸药管存放在圣-德尼斯。7月,一些无政府主义者在一次集会上放出风去,说这些炸药将会被分配给一个名为"矿工的复仇"的无政府主义组织,用于摧毁这座圣心教堂。一年之后,一次无政府主义集会抗议教会的"挑衅",这是在蒙马特地区占主流的力量。1893年,一个人称"布洛涅船长"(Captain Boulogne)的人在一次无政府主义集会上提议,他支持炸掉圣心教堂。②

在左拉的小说《巴黎》一书中,纪尧姆·弗罗芒(Guillaume Froment)想要为无政府主义而奋斗。他首先考虑炸掉大剧院。但是他最后得出结论,这个世界"就处在愤怒与正义的旋风之中,却毁掉了享乐者们的小小欢愉"。为什么不是交易所呢?但是要是"在这个金钱的地方,腐败的最大场所爆炸一下",也不会有什么大影响。他既不会袭击"最高法院",也不会袭击凯旋门,后者象征着战争和"征服者血腥的荣耀"。他决定去炸掉圣心教堂。他恨这座建筑,这座建筑让他抓狂,它在巴黎影影绰绰,它为了巴黎公社的"忏悔"而修建。纪尧姆·弗罗芒能够想象到这座建筑的毁灭:"所有一切在都会霹雳和地震之下,一座火山喷发,射出火焰和浓烟,它们将吞没这座教堂还有在其中顶礼膜拜的信徒们……这次雪崩将要多么可怕:破碎的脚手架像树林一样散布,碎石如冰雹一般砸下,穿过尘土和浓烟,翻滚着冲向底下那些房子的屋顶。"③

---

① 参见 Richard D. Sonn,"Marginality and Transgression," p. 125。
② 关于摧毁圣心教堂的情况,参见档案 Ba 77,July 18,1892;Richard D. Sonn,*Anarchism and Cultural Politics*,p. 82。
③ 参见 Émile Zola,*Paris*,p. 451。

从蒙马特的山顶，台阶把阿拜斯路（rue Abbesses）连到山下的维隆路（rue Véron），这是一条窄小的道路，就在圣心教堂下面，现在路上铺着鹅卵石。1892年10月初，埃米尔住进了维隆路31号楼顶层的一个小房间，这所建筑破旧不堪，和周围其他建筑没什么两样。现在可以在这座建筑上看到一个老旧的记号："每层楼都供应煤气"，但是这并非埃米尔住进去的原因。建筑的门左边是一个商店，右面是看门人住的地方。在那几个月，埃米尔唯一为人所知的访客是一个名叫朗博尔（Lambert）的人，他是一个外省的学法律的学生，他们俩是朋友，时不时地来跟他住在一起。但是他认识雷匹克路（rue Lépic）附近的无政府主义者，其中包括菲利克斯·菲内昂和雷昂·奥尔提兹，他们就在街角住。对于圣心教堂及其代表的一切，他们同样深恶痛绝。①

　　1892年5月28日，一大群人挤进了圣堂区路（rue faubourg du Temple）94号的商业礼堂。② 殉难者拉瓦绍尔的影子到处都是。一个月之前，在那里发生了一次冲突，当时一群工人正在召开选举会议，一些无政府主义者跑进来搅了他们开会，大喊工人们应该放弃选举政治。几百人试图挤进入这栋建筑。两扇玻璃门在这次骚乱中被打碎，同时外面的一大群人在怒号。一个演讲者发表了口吻极端暴力讲话，其中包括这样的说法："让我们去偷，去杀人，去制造爆炸——这些都是为了摆脱那些糟粕的好办法！"后来轮到福尔迪奈发言。他盛赞了拉瓦绍尔的理论，然后谴责了"政府和资产阶级"。拉瓦绍尔干了正确的事情。所有人都看到了，他留在住处的那"两三块石头"造成的"普遍的恐慌"。如果这能持续十五天，"我们就能掌控住局势"。与此同时，那些老板们任由穷人饿死，而肮脏的财政丑闻

---

　　① 参见档案 Ba 1115, officier de paix, April 13, 1893, police report, March 24, 1894.

　　② 此次集会的情况，见档案 Ba 78, prefecture de police, April 20, 1893；另见 Jean-Jacques Lefrère and Philippe Oriol, p. 51; Ba 1115, "Notices sur Émile Henry," February 13, 1894.

一幕接着一幕地上演。当群众面对在富尔米射杀游行者的枪口时，抵抗变得更困难了。之后福尔迪奈大喊："我们有更好的东西，你们知道结果如何……让那些统治者去死吧！让那些资产阶级去死吧！"他从他的兜里掏出一个炸药管来，挥动着向听众说："这就是我们的武器，我们需要它来炸飞资产阶级！让那些土匪们都去死！"①

一个警察的线人草草记下了福尔迪奈说的话，特别标注了关于炸药管的部分。两天之后，5月30日晚上，四个警察砸开了埃米尔的房门，当时他还住在马尔加戴路上那栋楼的三层。这几个人拿着枪，还带着一张警务总监签字的逮捕令，上面标明了有"可疑的化学品"出现。警察相信福尔迪奈可能躲在这，但是兄弟俩都不在这里。事实上，亨利兄弟正在蒙马特地区大街上参加另一个集会。警察找来一个钳工，让他打开了埃米尔的房门。警察在一张桌子里搜出了20件东西，还找到一个信封，已经在壁炉里烧得只剩下一半。一把8毫米口径的左轮手枪，里面装着5发子弹，放在壁炉上；手枪旁边有一个盒子，里面盛着25发子弹；还有一把灌了铅的手杖，要是用这玩意儿和人打架肯定占尽先机。他们又发现一枚戒指，上面刻着名字的首字母"T. M."，还刻着"REVOLUTION"（革命）的字样，还有一张路易斯·玛沙（Louis Matha）的照片。警察还拿走了5份无政府主义报纸，包括一份《外在报》，还有各种小册子。这些印刷品里还包括一份意大利报纸的剪报，上面给出了如何制造一枚炸弹的说明。

第二天，当埃米尔回到他的房间时，就被逮捕了，被控告"私藏爆炸设备"，尽管在他的住处没有发现什么可疑的东西。他说他的职业是"一个商业雇员"，从1892年1月8日为菲利克斯·瓦努阿特（Félix Vanouytre）工作，上班的地方就在桑迪埃路（rue de Sentier）。他带着点自豪地承认自己是一名无政府主义者，但是没有跟警察说任何关于同伴的事。至于他的哥哥，他说他在巴黎，还说他希望他们

---

① 参见档案 Ba 77, May 30, 1892; Ba 1115, May 30—31 and June 4, 1892 以及 "Notices sur Emile Henry," February 13, 1894。

能理解他无法透露他哥哥的行踪。但是警察还是在没收的信件中发现了福尔迪奈的地址。

警察在同一天很早就去了福尔迪奈的家。福尔迪奈住在圣马丹运河(Canal St. Martin)上的瓦尔米码头(quai de Valmy),离共和国广场(place de la République)不远。福尔迪奈宣称自己借住的是朋友的房间,但是他房间里的租房收据却表明这房间是他租的。警察只在他的房间里搜出了一些报纸和信件。福尔迪奈跟预审法官解释说,那天他拿出来的看着像炸弹的东西不过是装铅笔的一个小盒子,看上去跟炸药管很像。他坚称自己从没说过"这是我们的武器,炸药",而说的是"这是我们的武器……笔,(用它)我们可以写下我们的思想"。

在进行了一些调查之后,警方在当天就释放了埃米尔(尽管他后来记得是被拘留了"好几天")。福尔迪奈被控告"煽动谋杀和掠夺",但马上也被释放了。当天晚上,亨利兄弟和他们的无政府主义伙伴来到了拉雪兹神父公墓的菲代海纪念墙(commemorative wall of Fédérés),在1871年,巴黎公社的社员曾经在此处被处决。尽管在埃米尔的房间里发现了很多可疑物品,但是警方在访问过他的看门人和雇主之后还是承认,从他们收集到的信息来看,埃米尔的行为和道德还算过得去。

第二天,也就是6月1日,《时代报》(*Le Temps*),巴黎发行量最大的报纸之一,用很短的篇幅报道了亨利兄弟被捕的事情。这次逮捕让埃米尔在第二天就丢了工作。他的老板瓦努提尔那(Vanoutyrne)在他的桌子里发现了一本手册,讲的是如何制造和使用炸弹,还有一份意大利报纸的翻译文字,说的也是如何制造炸弹。这些东西都提醒了这位老板,如果那时一个警察突然发现了一枚炸弹,那炸弹也很可能会在他手上爆炸。其他的雇员说,他们大概两个月之前就知道埃米尔是一个无政府主义者。埃米尔甚至曾试图把他们拉进无政府主义者的队伍,但是瓦努提尔那丝毫没有发现这一点,因为对于埃米尔的会计工作,他觉得他干得没什么可挑剔的。然而,瓦努提尔那(还有他的母亲)都决定,要是有什么不好的事情发生,立马开除他。于是,埃米尔刚一被逮捕,就被解雇了。在那天夜里,他往布勒瓦那赶,从离那最近的火车站徒步走了几英里才到。他跟他母亲说,他没什么可愧疚的,是这个社会把他推入悲惨的境地。

埃米尔不久又到商业礼堂参加了另一个无政府主义集会,在会上,他对一项限制出版和公共集会的法案大加挞伐。他坚称,这些措施,都是"由于恐惧,还有就是那些所谓人民的代表只知道去恐吓无政府主义者"。那些代表们还想平息"那些想要求他们权利的人的声音"。但是他们最好多加小心,因为他们将要听到一个更加响亮的声音。①

在被逮捕和释放的那段时间里,埃米尔暂时在《外在报》当事务总管。报纸的总编邹·德阿克萨对这位年轻的知识分子印象非常深刻,认为"他有一颗为无政府主义持续工作的痴迷的心"。在邹·德阿克萨突然离开巴黎前往伦敦之后,埃米尔欣然接管了管理这份报纸的重任,包括与那些分发报纸的人联系。尽管二人之间意见不尽相同,比如邹·德阿克萨不可避免地有一些无政府主义个人主义的人格,但两人作为同事相处得很好。然而在很多地方,埃米尔还很像一个孩子,尽管非常严肃,甚至痴迷,"就像那些不再受宗教信仰困扰的人,那些看到——甚至被催眠了一样——一个目标之后,就用理性思考和判断,然后再依据数学的确定性做出决定的人"。② 埃米尔深深认同,一个由理性构造的、美好的社会正在不远的未来朝人类招手。然而,他似乎就是高兴不起来,甚至经常很惊讶,在现在这样的社会中,怎样还能找出快乐来。

在他被捕那天,埃米尔正在《外在报》的办公室给邹·德阿克萨写信。③ 他已经收到消息,邹已经和玛沙在伦敦安定下来,非常安

---

① 参见档案 Ba 77, July 3, 1892; Ba 1115, "Notices sur Emile Henry," February 13, 1894。

② 参见 Émile Henry, *Coup pour coup* (Paris 1977), p. 23。

③ 埃米尔在《外在报》工作的情况,参见 Jean-Jacques Lefrère and Philippe Oriol, pp. 60–61。

全。他承诺将尽己所能办好《外在报》。这封信还写了一些关于出版情况的细节,并直接邀请他为报纸撰文。信最后,埃米尔写到,"致以诚挚的握手"。6月24日,他写了另外一封篇幅不长的信,给邹·德阿克萨随信寄去15法郎。他想为邹·德阿克萨给报纸撰写的文章寄上一点稿费。在信结束的地方,他替在巴黎的同志们问候邹·德阿克萨,包括福尔迪奈。

然而,没过多久,埃米尔没做任何的解释就突然退出了《外在报》,他写信给邹·德阿克萨,要他再挑一个人来接管报纸。埃米尔在前一天去见了菲利克斯·菲内昂,并且解释道,他不能再当报纸的经理,同时甚至不想接受任何报酬,因为有五个礼拜他都没有完成工作。于是菲内昂接管了报纸。

至于福尔迪奈,他仍是各种无政府主义集会的常客,经常发表演讲。有一张红色巨幅集会海报,上面把他和其他演讲者同列一起,集会的时间是7月3日,地点仍是商业礼堂,入场费25生丁。在三小时的集会里,伴随着"拉瓦绍尔万岁!"的呼声,福尔迪奈讨论了新的法案对出版的限制。但是他警告道,那些受苦的人自有其他办法发出自己的声音。台下观众高呼"是啊,炸弹!"作为回答,气势排山倒海。说到一个地方的时候,福尔迪奈说,如果炸毁10栋房子还不够的话,那就炸他1000栋,如果有必要10000栋也不在话下。肯定会有死伤,但这不可避免。当局在战争中也杀死很多人。这可以算做一场类别不同的战争。无政府主义者不应该害怕为拉瓦绍尔复仇。① 说完这些之后,福尔迪奈还请台下听众原谅,他不能把想的一切都说出来——但说实在的,他已经说了很不老少了——因为警察的密探正在记录着他说的话。在之后几个月中,他还做了好几场颇具煽动性的演讲,有一次,如果警方的说法可信的话,他把"制造事端搞宣传"解释成赋予无政府主义者的权利,甚至给他们义务去刺杀当

---

① 福尔迪奈经常参加集会的情况,参见档案 Ba 1502, posters and police report July 11; Ba 77, July 3, 5, 11, 20 and 27, and August 17, 1892.

局的头头们。

埃米尔也依然非常活跃,但是方式截然不同。有一天,一个认识他的人发现他受的伤有酸液腐蚀过的痕迹,并且提起了这档子事。他回答说,他准备的时候没有放足够的硝酸甘油,结果算是浪费了。他又说,他会再试一次,这次多放一些酸,并且保证告诉他的朋友结果如何。①

埃米尔在7月花了很多工夫找工作,同时努力挣足够的钱来帮助莫尼埃和弗朗西斯,因为这两个无政府主义者被卷进了维里餐馆的爆炸案中。② 同时,埃米尔经常和康斯坦·马丹在他的商店里吃饭,在那里,晚上经常有无政府主义者的集会。9月,埃米尔在大剧院西面的圣奥诺海路(rue Saint-Honoré)做无报酬的钟表匠学徒,他的朋友玛沙认识这个钟表匠。埃米尔甚至表示,在他学成之后要是能在钟表匠的店里工作,他一个月可以付给钟表匠15法郎。但是,由于他需要一份有报酬的工作,他在学了一个月之后就离开了那里。当然,钟表制造的技术相当有用,因为可以用于给炸弹安定时装置。一个警察报告说,这恰恰是埃米尔非常擅长的。另外一个密探让他在他的房间里秘密搞这些东西,为他借来了一个闹钟引爆炸弹。

无政府主义圈子里针对恐怖主义袭击效力的热烈争论还在继续。毕竟,克鲁泡特金——这位"制造事端搞宣传"概念的创始者——已经不太赞同这种想法,认为太过暴力。他后来认为,书面和口头的宣传就可以让无政府主义的信念发扬光大。而埃米尔已经有了自己的结论,认为无政府主义只有炸弹一条路。③ 他现在痴迷于

---

① 参见档案 Ba 1132,"Zob," July 6,1892; Ba 77,July 16,1892; police report,February 15,1894。

② 埃米尔找工作的情况,Ba 77,June 8,1892 and Ba 1115,police reports November 22,1892 and February 16,1894。

③ 关于"制造事端搞宣传"的争论,参见 Jean Maitron, *Histoire du mouvement anarchiste en France* (1880—1914),pp. 220-221; Joan U. Halperin,p. 268。

拉瓦绍尔,以及他在断头台前英勇无畏的表现。埃米尔告诉他的朋友马拉图:"我们应该跟那些让我们的政党蒙羞的人一刀两断!"那些想用书面和口头宣传代替炸弹的人就是想过"资产阶级式"的舒坦日子,不想为无政府主义牺牲他们的生命。他离开《外在报》似乎也和这种思想上的转变有关系。

1892年8月21日,艾力格·马拉泰斯塔在《外在报》上发表了一篇题为"谈一点理论"(A Little Theory)的文章,表达了他对制造事端搞宣传的态度。个人为了无政府主义事业而采取的暴力行为究竟有没有用,他对此表示怀疑。显然,叛乱的情绪日益高涨,在一些地方是无政府主义理想的结果,而在另一些地方只不过是穷人们悲惨境遇的结果。马拉泰斯塔相信,原则上,大结局——革命和新的社会——会让一切手段都变得正当。他认为这一"普遍性会指导具体行为"。但是在当代社会,尽管由于经济和政治压迫导致普通群众遭受了过多的苦难,一场革命势必造成许多"不幸和苦难"。长期来看,一个新的社会将会从未来的革命中诞生。任何情况下,现代军队参与的大规模战争——他们此时尚未见识过什么——比起不流血的革命而言要夺取更多人的生命。他重复道,如果无政府主义行动是为了促进革命,那么所有无政府主义者行动都是良善的。但是他之后提出了一个富有争议的论点。无政府主义者绝不应该超越"由必要性所决定的限度"。他们应该像一个外科大夫一样,只切除那些必要的部分,而要避免造成不必要的痛苦。无政府主义者应该坚持受到爱的鼓舞,因为爱必须要保留在他们的计划中,这些计划是要为未来的人类服务的。"残忍的叛乱"势必来临,并且能够终止现代社会组织起来的方式,但是革命者不能只有暴力,还要拥有更多,作为为未来社会扫清障碍的策略。马拉泰斯塔发出警告:"仇恨并不能制造爱,而且凭借仇恨我们不可能重新创造世界。"一场只充满了仇恨的革命——那么也就意味着充满了暴力——注定要完全失败,或者导致新的镇压。紧随拉瓦绍尔的袭击之后,马拉泰斯塔就警告了那些倡导"制造事端搞宣传"的人。马拉泰斯塔的信反映出无政府主义阵营的分裂:一派是向他一样的"联合派",这一派不再相信"事端"而是强调将无政府主义事业成功地转向和平宣传;另一派是"单干派",这一派对拉瓦绍尔的所作所为举双手赞成。①

马拉泰斯塔的这封信让埃米尔大为恼火,因为他本人对"事端"是充分肯定的。他认为,个体开启了打击资产阶级社会最为有效的方式,并且坚持认为"联合派"支持的那些组织加强了成员中的专制等级,而这恰恰是无政府主义竭力避免的事。而且,无组织的行动让警方难以把无政府主义者一锅端。对统治阶级的仇恨是建立在崇高的感情之上的,而不仅仅是嫉妒,这种仇恨是"一种健康而且强大的积极激情……对那些说'恨不可能产生爱'的人,我要这样回答他们,正是爱,一份熊熊燃烧的爱,经常会生出仇恨来"。"暴动的权利"要胜过所有其他的权利。关于放炸弹的事,拉瓦绍尔已经经过漫长艰难的考虑。"是要他自己来判断,他怀有这份仇恨和干出这件看上去非常残忍的事情,到底对还是不对。"②

在1892年8月28日,埃米尔在《外在报》上发表了一封长信来反驳马拉泰斯塔的观点。他在信的抬头,写了"致《外在报》的同志"。在信中,他回忆起,马拉泰斯塔曾经长期强调进行暴力革命的必要性和紧迫性,这都表明,只要是服务于革命,不管"宣传的行动还是具体行动"都是好的。然而,现如今他开始警告无政府主义者千万不要超越"由必要性决定的限度",他这是违背了无政府主义的一个中心原则:个人的发展要依靠他本人的能动性。这本身就能保证幸福。马拉泰斯塔竟然提出要设置一个限度来限制这种个体自主性和能动

---

① 马拉泰斯塔的表述,参见 *L'Endehors*, August 21 and 28, 1892; DiPaola, Pietro. "*Italian Anarchists in London* (1870—1914)." Unpublished Dissertation, Goldsmiths College, University of London, 2004, pp. 57-60; *La Révolte*, February 16, 1892; Ba 1509, Léon, April 13, 1894, 的叙述,"马拉图、马拉泰斯塔和克鲁泡特金明确表示反对制造事端搞宣传"。

② 参见档案 Ba 1115; "Notices sur Émile Henry," February 13, 1894 and 1894 and police report of February 15, 1894; 另见报纸 *L'Écho de Paris*, February 16, 1894; *La Libre Parole*, February 16, 1894.

性，而这些对于无政府主义是基础性的因素。有谁能决定某一次行动对于促进革命是否有用呢？埃米尔问道："是不是以后有人想像拉瓦绍尔一样行动，就先得上交一份计划书给什么最高法庭之类的地方来征得同意？在那样的地方是不是得有马拉泰斯塔或是别的什么人坐镇？是不是只有这些人才能判断这些行动是合适的还是不合适的？"要是一个人决定反抗，就像拉瓦绍尔所做的一样，对他的行为完全清醒，他自己就能判断他的仇恨到底是对的还是不对的，判断是不是应该残忍行事。一个人越是热爱自由和平等，他就应该越是仇恨那些反对人类获得自由和平等的人们。无政府主义者热烈欢迎"所有针对资产阶级社会的积极行动"。

1892年10月初，埃米尔离开了马尔加戴路，搬去维隆路，并且没有留下通信地址，他和看门人说，她应该拒绝所有寄给他的信件和包裹。警方想监视他的举动，然而却不知道他已经搬到了维隆路上。一份警方的报告注意到，在各处的出租房里都找不到埃米尔的下落，这样的出租房条件只比破乱不堪的阁楼宿舍要好一点，只有穷工人暂时住在这种阁楼里。没有在那些地方找到埃米尔似乎说明这个年轻的资产阶级还有一点小小的骄傲，尽管事实上他经常和他根本不认识的工人阶级无政府主义者住在一起，甚至睡在一张床上。

埃米尔的无政府主义者朋友，强盗兼小偷奥尔提兹，当时一直为人称雕塑家（*sculpteur ornemaniste*）的迪皮（Dupuy）工作，工作的地方在第10区的罗克鲁瓦街（rue Rocroy）5号，这地方离巴黎北站不远。奥尔提兹辞职之后，就推荐了埃米尔，他秋天的时候就开始工作。埃米尔的新老板迪皮，对他的工作非常满意。埃米尔似乎是一个"模范员工"。他的老板"迅速喜欢上了他惊人的能力还有他学习新事物之快速"，说他"很惹人喜欢"，脑子很活，说起话来很随和，这都让人印象深刻。他既谦谦有礼，又严于律己。他不避讳他的无政府主义立场，并且有时在办公室里宣传一点他的思想。迪皮后来笑着说，他甚至相信埃米尔连他这样的人都能给拉进无政府主义队伍里。

第五章　喋血警察局

1892年8月,埃米尔·亨利和许多其他在法国的人一样把注意力转向了法国南部那场艰苦的罢工。卡尔茅(Carmaux)是一个小煤窑遍布、从事玻璃制造的小镇,就在图卢兹北边,离阿尔比(Albi)不远。这里的矿工们和卡尔茅煤矿公司(Carmaux Mine Company)正进行一场斗争。很多人在做矿工为生之前都是农民或是农场工人,但当种庄稼越来越无法解决温饱问题之后,他们就在矿区找兼职,最后完全沦落为矿工。煤炭的需求一旦下降,随之而来的失业就会让他们陷入极端的困苦之中。然而在情况相对好的时候,他们在矿井下的工作也是极端危险的。矿工每天都面临着葬身井下的威胁。事实上在卡尔茅的矿井下,仅从1880到1892年就有36人丧生。

而卡尔茅的玻璃制造工人,在1891年10月至11月参加了罢工,要求和法国其他地区的同行保持一致的工资水平,因为他们的工资一直在下降(这部分是因为机械化的生产)。矿工工会为玻璃制造工人的罢工行动提供了资金支持,但是罢工最终失败了。在第二年春天,一位名叫让-巴提斯特·卡尔维那克(Jean-Baptiste Calvignac)的装配工人,同时也是矿工工会的秘书,由于工人的支持,当选为镇议会委员。而市议会之后选举他做镇长。卡尔维那克向公司请假,以便履行镇首席行政官的职责,然而在1892年8月2日,强势的煤矿公司拒绝了此项要求,并将他开除。

矿工们在第二天继续罢工。直到那一年,公司依然拒绝工人提高工资的要求,而工人们的购买力则持续下降。矿工要求工资应该随着工龄的增长而增加。而且,在出台针对工人的纪律措施这方面,矿工工会已经有好几次挑战了公司的绝对权威。这次抵抗让这个野心勃勃的公司对矿工工会进行了打击报复。一些在矿场工作的工人领袖被停职或罚款,其他人有的竟然被直接开除,因为矿场董事长巴隆·莱勒(Baron Reille)重申了公司对矿工的绝对权威。

卡尔茅的罢工随后变成了一场全国性的事件。在各种集会中,人们都表示要支持这些矿工们,支持这些在极端危险的行业工作却收入微薄的工人们。社会主义政治家让·罗莱(Jean Jaurès)通过媒体把关于罢工的话题传达给全国的读者和听众。矿工们的决心、团结、纪律和政治上的守信令普通群众钦佩,而卡尔茅煤矿公司的傲慢换得大众骂声一片。在三个月的艰苦罢工之后,在被士兵包围、无数次对抗、试图申请仲裁和妥协无果之后,矿工们最终于1892年11月3日妥协让步。①

当年10月,卡尔茅的形势是各种无政府主义集会讨论的话题。埃米尔深受罢工矿工们的感动,对他们强力行动的决心印象深刻。毕竟,他的父亲曾经在西班牙的煤矿中工作过。在卡尔茅,罢工似乎已经被社会主义的领导们接管了,"那些就会幻想的演说家们",他们害怕一旦暴力反抗开始,数千人就不会再听从他们的命令。而且随后,饥饿——"他们的老朋友"——很快就把他们的小工会预留下的资金吃空了。两个月之后,他们被迫返回到矿井下,而情况甚至比以前更悲惨。于是"秩序"回到了卡尔茅,公司又开始剥削矿工。公司的利润又上去了。

埃米尔对卡尔茅的事件相当震惊,同时他的无政府主义立场正

---

① 关于卡尔茅罢工,参见 Rolande Trempé, *Les mineurs de Carmaux 1848—1914*, I (Paris, 1971), pp. 323-324, 401-407, 卷 II, pp. 551-571; 另见 Joan W. Scott, *The Glassworkers of Carmaux : French Craftsmen and Political Action in a Nineteenth-Century City* (Cambridge, Mass., 1974), pp. 91, 112-116, 130-135, 139-142。

在往更加暴力的方向转变。对于这场他正参加的斗争，他自豪地承认"一股深深的仇恨，每一天都在发生在这个社会中的叛乱奇观中复活……在这个社会里，所有一切都在阻碍着人类激情的满足，阻碍着人们宽广的胸怀，阻碍着人类精神自由的生长"。埃米尔所怀有的这份极端情绪让他变成一个狂热分子，他相信，只有恐怖主义才能为社会问题带来解决的办法。埃米尔想要尽己所能"艰苦地斗争"。他对埃米尔·左拉的伟大小说《萌芽》里的俄国无政府主义者苏瓦林（Souvarine）印象尤其深刻。苏瓦林宣布："所有对未来的推想都是在犯罪，因为他们阻挡了纯粹而简单的毁灭之路，于是也就阻挡了革命的进军……不要和我说进化！在城市的四角都点起火来，把人们像收割庄稼一样都杀掉，把一切都扫除。或许这个已经腐朽的世界里什么也不剩下的时候，一个更好的世界就会生根发芽！"① 对于埃米尔而言，去斗争恰恰是一个完美的理性决定，这既是对未来乐观的向往，又是已经对革命失去了耐心。第三帝国的政治丑闻不断，看上去这个国家摇摇欲坠。警方的镇压让穷苦百姓的愤怒与日俱增。

埃米尔决定"为这场'音乐会'加上……一种声音，这声音资产阶级已经听过，但是他们相信随着拉瓦绍尔的死，这声音就已经平息了——那就是炸弹的声音！"资产阶级那"无耻的胜利"就会被打碎，"他们的金色小牛犊②会在它的基座上剧烈的摇晃，直到最后的爆炸把它打翻进沟壑，让它血流成河"。③ 并且，他想让那些矿工们明白，只有无政府主义者真正懂得他们的苦难，而且已经准备好了为他们复仇——如果必要，他们会义无反顾地、豪迈无比地走向断头台。

埃米尔已经告诉他的朋友们，那些工人们应该立刻袭击煤矿公

---

① 关于苏瓦林，见 Émile Zola, *Germinal* (New York, 2004), p. 144.

② 金色小牛犊（golden calf），语出《圣经·出埃及记》，亚伦曾制造金牛犊，说可以此代表耶和华之灵，让信众对其膜拜；这从埃及之陋俗，因以色列人曾在埃及目睹其民拜阿披司，即犊神。耶罗波安作王时，复立拜犊之礼。二者同为陷民于罪，为神命令所不许。——译注

③ 参见 James Joll, *The Anarchists*, p. 118.

司。他们应该烧毁储存的煤，捣毁机器，摧毁萃取煤用的泵。要是那样，煤矿公司就会很快屈服。他谴责那些"社会主义的大腕们"①，比如罗莱(Jaurès)，说他们忽视了无政府主义者的建议。

埃米尔决定自己采取行动。他在电话簿上找到了煤矿公司在巴黎的总部，那地方就在大剧院大街 11 号的一栋豪华建筑里。他在拉丁区的索尔博纳路(rue de la Sorbonne)买到了氯酸钾，买的时候还有 10% 的折扣，因为当时说想刺杀圣-德尼斯一所学校里的一个教授。他从一个五金店里花了 3.3 法郎买了一个铁罐子，然后回到他的房间，往里放了十根炸药管。由于没有正经的引信，他组装了一个"翻个炸弹"，一种一翻个或者一震动就会爆炸的炸弹，因为这样一弄，里面的化学药品就会混合，然后反应。他又往里放了一些氯酸钾和钠，他之前一直把这些东西锁在房间里的一个碗柜里。当这个铁罐被"翻个"之后，这些溶液就会和水接触，点火并且会立刻爆炸。在 11 月 4 日，他去拉法叶特路(rue Lafayette)的一家文具店，买了一个金属的笔筒，他往这个笔筒里放上雷酸汞，让它充当雷管。②

埃米尔后来又亲自去大剧院街的那栋楼踩点。他想确定自己不会被"不幸"炸死。公司的办公室位于中间的夹层。楼里还住着很多有钱人："一个有钱的制帽商，一个银行家，还有差不多类似的。"这里不会有无辜的受害者："整个资产阶级都靠剥削不幸的人们为生，并且所有资产阶级都要为这桩罪行付出代价！"如果有人在炸弹爆炸之前发现它，可能会把它送去警察局，这样的话，在那里，这颗炸弹也能用来"打击我的敌人"。要是有人看见了炸弹然后叫了警察来呢？不

---

① 参见 Anne-Léa Zévaès, "Sous le signe de la dynamite: Émile Henry," *Vendémiaire*, December 30, 1936 and January 6, 1937。

② 关于放在大剧院街的炸弹，参见报纸 *L'Echo de Paris*, February 26, 1894；另见档案 Ba 1115, December 1, 1892 and February 13, 1894.；Ba 140, police reports, November 9 and 12, 1892; F7 12516, November 8, 1892; *Le Figaro*, March 15, 1894；Henri Varennes, pp. 221-223 等。

管是哪一种情况,埃米尔告诉自己:"我要么炸死有钱人,要么炸死警察!"这对他而言都一样。

在1892年11月8日的早上,埃米尔到罗克鲁瓦街5号去上班,这里离巴黎北站不远。他的老板迪皮给了他两件差事去办,还给了他一点钱坐公共马车。他10点左右离开,在拉法叶特赶上一辆到玛德琳娜广场(Place de la Madeleine)的公共马车。他很快走到一名司法管理人位于特隆设路(rue Tronchet)路上的办公室,和管事的说了几句话,放下一份材料就走了。之后,他没有直接去他的第二个目的地——在古尔塞勒大道(Boulevard des Courcelles)上的一个建筑师的办公室,而是叫了一辆出租马车去了布朗什广场(Place Blanche)。在那,他走了几个街区到了维隆路,跑上几节台阶走进他在顶楼的房间。他打开碗柜,拿出他的炸弹,炸弹用一份1892年6月1日的《时代报》裹着。他把这枚炸弹藏进他的大衣下面,赶紧回到了布朗什广场,在那他又叫了一辆出租马车。他让车主带他去歌剧院大街,一路上小心抱着他的炸弹,以防让炸弹"翻个"。他10点57分在一个名叫"杜嘉涅-博迪"(Du Gagne-Petit)的商店门口下了马车。他又走了一个街区到了11号楼。埃米尔走进那栋楼。他的眼角瞥见看门人,那人穿着一件短袖衬衫。他还看见一个挎着篮子的女人,走楼梯的时候看到一个男人。

埃米尔顺着楼梯走到了一楼,或者说那个夹层,把他给卡尔茅准备的"礼物"安放在办公室门口。那时是11点到11点05分之间。那个在楼梯上的年轻人叫弗拉贝尔(Frapper),是一个学法律的学生,他也注意到那个挎着篮子去夹层的妇女。埃米尔放好了包裹之后,他跑下楼梯,离开了那栋楼,然后很快走回玛德琳娜广场然后又去了卡普希那大道(Boulevard des Capucines)。在那,他又叫了一辆出租马车,去了那个建筑师位于古尔塞勒大道的办公室,办完了他老板交代的第二件差事。然后他就回罗克鲁瓦路去工作,正午12点之后一会到的。这一趟他总共花了2小时15分钟。

贝尔尼希(Bernich)先生是卡尔茅煤矿公司的员工,他那天要约见公司的首席会计师。在办公室的正门前,他发现一个包裹倚着门放着。当时是11点10分,他叫来了贝鲁瓦(Bellois),一个收银员,还有埃米尔-雷蒙德·嘉林(Émile-Raymond Garin),一个27岁的办公室职员。贝鲁瓦拿起那个包裹,撕开包着的报纸。这是一把崭新的灰口铸铁罐子,还有一个把手。罐子的盖子盖着,让一块绑在把手上的布条塞着缝。这让人有点怀疑——考虑到当时巴黎发生爆炸的历史还不长,可能还不是特别怀疑——贝鲁瓦让加尔尼尔,那个门房,把这个包裹带下楼去。他把这个半打开的包裹放到后街入口旁的人行道上。不一会,包裹旁边就围了一小群人。好几个人都注意到有白色的粉末看上去要从包装纸的缝隙里漏出来。《晨报》的秘书让-尼古拉斯·关格勒(Jean-Nicolas Gung'l)碰巧就在附近,他看到这群人簇拥着一个奇怪的东西,他记得还能看见上面用粉笔写着3.3法郎。

那个叫嘉林的办公室职员叫来了一个退休的警察,这个人当时正帮助大剧院街上的小孩过马路。虽说十字路口的交警不能擅自离开他的岗位,但这位退休警察告诉了其他两个警察——埃提埃那·弗莫林(Étienne Fomorin)和马克-米歇尔·鲁(Marc-Michel Réaux)——这两个人于是就朝人行道上的这个东西走去。警方决定把这个包裹带到最近的警察局去,就在好孩子路(rue des Bons-Enfants),离皇家广场(Palais-Royal)不远。嘉林和弗莫林举起这个包裹,当时已经让楼里的门房裹上了一层毛巾。11点35分的时候,他们来到了好孩子路22号,他们进了院子,这个院子正好夹在两列楼之间。当他们穿过院子的时候,嘉林让另一个警察也来帮忙,因为这个东西非常沉。当时这三个人拿着这个包裹上了楼,进了警察局,把它放在一个桌子上。

两分钟之后,炸弹就爆炸了。不可估量的恐惧接踵而至。在警察局的前厅,埃提埃那·弗莫林警官,这个43岁的前宪兵,有妻子和一个十岁的孩子,现在已经是一具尸体,趴在地上,还在一堆残骸中颤抖,他的制服几乎完全被炸碎了,裸露的肉体变成不堪触目的灰色。鲁警官的腿从膝盖以下都被炸断,大腿被碾碎,他的手和脸被烧焦了。在门厅上面,等候室完全被爆炸损毁,地板给炸开一个大洞,碎木头、碎布和碎肉被炸得到处都是。人体的碎块挂在屋顶的煤气灯上。血溅得满墙都是。办公室职员嘉林和警察局的秘书亨利·普塞(Henri Pousset)也在爆炸中丧生。巡视员特鲁特(Troutot)受了重伤,他的脸给炸得面目全非,一条腿被炸碎了。他在同一天死去,留下妻子和四个孩子。

爆炸过了几天之后,在巴黎圣母院举行了一场集体葬礼,接下来是一场庄严的送葬,从西岱岛(Ile-de-la-Cité)的警察辖区开始。首相埃米尔·卢贝(Émile Loubet)谴责"那些懦弱的刺客,不容于任何一个政党,他们被野蛮的仇恨冲昏了头脑,这些人以为用这种手段就能可耻地复仇,以便对社会进行改革"。① 这些人不是想努力改进社会,而是想将之摧毁。爆炸的五个受害者被葬在蒙帕纳斯公墓(Montparnasse Cemetery)。公众给他们的家人捐赠了一些钱。同时,当时比较重要的社会主义者团体和卡尔茅的矿工很快就否认了这次袭击,后者宣称,工人阶级的解放需要的是集体行动,而不是炸弹。

2月12日,正午刚过,当埃米尔回到工作的地方的时候,他已经办完了两件差事,其他的雇员也没有感到一点异常的情况发生。迪皮像往常一样对埃米尔很满意。甚至他还在考虑给这个年轻人涨工资。这天早上离开办公室之前,埃米尔一直忙于撰写一篇又长又复杂的报告,为了这篇报告,他毫不犹豫地又返回办公室。在他的信上写到,那个下午很好很平静,尽管关于炸弹爆炸的新闻传到他的办公室。对发生在警察局的事情,埃米尔表现得大为触动,就像其他人一样。

那天夜里,埃米尔在康斯坦·马丹的商店里见了大概五六个朋

---

① 见 *Bulletin Municipal Officiel*, November 12, 1892;另见档案 Ba 1115, police report, November 11, 1892。

友,康斯坦·马丹还给了他一些钱。第二天,11月9日,埃米尔大概下午4点离开办公室,告诉迪皮夫人他生了病。他想回布勒瓦那待上一两天养养病。在给迪皮的一封信中,埃米尔说他打算回家养病。他跟他在维隆路住处的门房说了一样的话。但是他第二天根本没有回布勒瓦那,而是乘火车经过鲁昂(Rouen)到了迪耶普(Dieppe),然后又乘船从纽黑文(Newhaven)抵达伦敦,为的是避开到处是警察的加莱-多佛(Calais-Dover)一带。① 在伦敦,埃米尔写信给迪皮,他把这封信寄给一个无政府主义伙伴,让他从奥尔良寄给迪皮。埃米尔跟迪皮说,自己已经离开了巴黎,因为他"担心最近的无政府主义事件引来警察进行调查,从而牵连自己"。他希望迪皮先生不要因为他是一个无政府主义者,就把他想得很坏。他复述了自己在5月底被捕的情况,坚称上次完全是被冤枉的。这回被捕给了他"无上的荣幸",在牢房里待了一晚上,都是拜当地警察所赐。这次短暂的被捕让他丢了在服装行业的工作,只因为他有"颠覆政权的想法"。他把这些细节告诉他的老板,目的是表明,他害怕警方是有理由的,这些警察"会毫不手软地打击任何他们知道的革命者,不管他是不是很活跃"。他不想被逮进去,在牢里待上几个星期甚至几个月,直到警察发现到底是谁该为警察局的爆炸案负责的时候再把他放出来。事实上,有一些无政府主义者在真相大白六个月之后还在牢里受苦,想到这一点,实在不能让人安心。埃米尔为自己走得这样突然道歉,他尤其希望迪皮能同意他工作干得很好。他把自己说成是一个"宿命论的受害者",而且希望他的老板能够理解。他在信里还故作资产阶级式的礼节,向迪皮夫人致以"他最深的敬意"。

甚至在埃米尔制造的爆炸案之前,就有传言说将会有人针对卡尔茅煤矿公司发动袭击。但是警察的注意力集中在卡尔茅镇上。埃

---

① 埃米尔去伦敦的情况,参见 Anne-Léa Zévaès,"Sous le signe de la dynamite:Émile Henry,";另见档案 Ba 1115,November 22 and 26,1892;之后的情况摘自埃米尔给迪皮的信。

米尔制造的爆炸案让无政府主义者阵营也大为惊讶。在伦敦,克鲁泡特金、查尔斯·马拉图和艾力格·马拉泰斯塔都为这次恐怖主义袭击的消息深感震惊。在巴黎,埃米尔的朋友马丹告诉一个警察说,他实在不知道是谁放的炸弹,但是很高兴看到报纸都把账算在无政府主义者头上。雅克·布若洛(Jacques Prolo)是一个人脉颇广的无政府主义者,他跟一个便衣警察说,任何组织都没有策划过这起事件。一些无政府主义者担心这起事件会影响到弗朗西斯,因为他正面临被英国驱逐出境,如果回法国,他将会因为制造巴黎维里餐馆的爆炸而受到审判。然而警方的行动受到多方面的限制,让他们更难逮捕危险的无政府主义者:一方面是无政府主义者可以很容易地离开法国,一方面是报纸能给他们提供详细消息,警告他们警察将会实施抓捕行动。

  警方对于到底是谁在卡尔茅煤矿公司办公室外面放了炸弹完全一头雾水。公司的门房没有看见是谁上了楼,只记得前一天晚上,一个看上去 25 到 30 岁的年轻人来过,留着金色的胡子,穿着一件黑色大衣,戴着帽子。他要见一个叫露西(Lucie)的女裁缝,她住在这栋楼里。但是那个学法律的学生弗拉贝尔在楼梯上看到一个女人,挎着一个篮子,里面放着的东西个头很大。楼里的医生在那一天都没有女病人的看病预约。如果那个女人是楼里谁家的佣人,那么她不会走这个主楼梯,而是会走佣人走的门。根据弗拉贝尔的描述,这个女人个子不高,头上戴着一条黑色的围巾。他篮子里的那个大东西或者不止一件东西,上面盖着报纸。当他 11 点到 11 点 10 分离开的时候,他看见办公室的门上放着一个东西。在离炸弹爆炸还有 15 分钟或者 12 分钟以前,有人看到两个人在楼外面站着,但是当时在楼里没有别人了。

  当地警方开列了一份包括 180 人的嫌疑人名单[①],其中包括马

---

  ① 关于嫌疑人的名单,参看档案 Ba 140, police reports, November 9, 10, and 12, 1892; Ba 1115, April 12, 1894; 另见报纸 *Le Journal*, February 17, 1894; Ba 1115, November 22, 1892. 他于 10 月 31 日离开了他位于瓦尔米码头的房间。

拉泰斯塔,他当时在伦敦,还有亨利兄弟。那张用来包裹炸弹的 6 月 1 日版《时代报》上,有关于亨利两兄弟在 5 月 30 日到 31 日被捕的一小段消息,一个认识埃米尔的人向当地警方写信告发了他。

福尔迪奈有不在场证明。他 11 月 8 日正在法国中部的布尔日(Bourges)市的法庭里。他跟共和国的法庭"很有缘分",曾经先后五次被判有罪。故而福尔迪奈被排除在嫌疑人名单之外。

警方搜查了埃米尔在维隆路上的住所,住在附近的一个锁匠帮警察撬开了房门,但是并没有什么可疑的东西。警方发现,埃米尔 10 月 8 日才租下这个地方,而且提前支付了房租。警察只找到了一张形状很糟的铁床,一把椅子,还有一些零七八碎的东西,没有什么有价值的东西。门房告诉警察说,那天埃米尔慌忙离开之后,自己收到了一封他从伦敦寄来的信,让她把随信寄来的另一封信给朗博尔,就是那个在埃米尔的房间住过几次的学法律的学生。①

警方到克鲁瓦路找埃米尔的老板迪皮谈了话。迪皮跟警察详细描述了 11 月 8 日上午交代给埃米尔的两件差事。迪皮相信,埃米尔花了 45 分钟到了故而塞勒大道,之后(相信他是先去办的第二件差事)要用 27 分钟到特隆设路,那离玛德琳娜教堂不远。他在两个地方一共待的时间不超过 10 分钟。简言之,他似乎不可能在办两件差事之间回到位于蒙马特的住处拿上炸弹,然后再回到巴黎市中心,之后跑到位于大剧院路的卡尔茅煤矿公司的办公室门前去安放炸弹。而且,当他返回办公室的时候,埃米尔看上去很平静,当迪皮拿来报道警察局爆炸案的报纸时,埃米尔也很平静。他 6 点离开办公室,和平常一样。② 埃米尔·亨利也从嫌疑人名单中被划去了。

在嫌疑人名单里的还有吕里埃尔(Rullière),拉瓦绍尔情妇的儿子,当时 19 岁,人称"拉瓦绍尔之子"。放炸弹的罐子很像拉瓦绍尔

---

① 埃米尔迅速离开,参见档案 Ba 1115,November 22—23,1892。
② 警方访问迪皮的情况,参见档案 Ba 1115,November 22 and December 1,1892。

用过的那些,这让警方很想知道吕里埃尔的下落。嫌疑人名单中有七个人只能用"X"表示,因为警方不知道他们的名字,尽管其中六个人已经被描述得非常详细。① 其中包括:某个"在大剧院街上的鸟商,小个子,灰色头发,年纪有 48 到 50 岁";他的女伴,"小个子,大概 40 岁左右,棕色头发,戴着黑色帽子和围巾";一个鞋匠,一个瓷器打磨匠,还有一个绣娘;他们都曾经参加过无政府主义集会。② 名单上还有一些有无政府主义嫌疑的外国人,里面有两个意大利人,一个比利时学生,几个德国人,一个奥地利人,一个瑞士人,还有好多外省的无政府主义者,和一个人叫皮谢(Puchel)的人,人称"泡菜师傅"(Choucroutemann),可能是一个阿尔萨斯人,这个人特别爱吃——尤其喜欢吃德国泡菜(*choucroutte*—sauerkraut),而这个人在爆炸发生九天之前来到巴黎。名单里还有个意大利无政府主义者,人称"意大利通心粉"(Macaroni),他似乎在爆炸事件之后就暂时消失了。

于是作为可能的解释,开始涌现出各种版本的说法。一个商人发现两个大概年纪 19 岁的年轻人在 11 号楼前逡巡。他们看起来很可疑,停在橱窗前看一根折叠手杖和一把手枪,于是商人就继续观察他们直到两个人离开。好几个路过的人被一个走出 11 号楼的小个子男人的"姿势"(attitude)吓到。

警方跟进了任何一个可能的头绪,甚至一些非常不可能的头绪也不放过。还有一种说法,说马拉图和普拉希德·斯舒普(Placide Schoupp)、雷米·斯舒普(Remi Schoupp)两兄弟决定袭击卡尔茅煤矿公司,让警察以为是矿工们干的(这根本说不通,因为无政府主义者非常愿意对他们的暴力活动负责)。古斯塔夫·马修(Gustave Mathieu)被认为曾经帮助拉瓦绍尔组装过炸弹,那么这次爆炸的炸

---

① 关于其他嫌疑人,参见档案 Ba 140, "Individus signalés comme ayant pu participer à l'explosion de la rue des Bons-Enfants"; telegram, November 8, 1892, 11:55 a. m. ; police reports November 10, 11, 23, 1894; 4M 582, commissaire special, March 20, 1895。

② 参见档案 Ba 77。

弹可能也是他弄的。某个叫做莫莱(Mollet)的女人帮助他把炸弹带到楼里,就是目击者看到的那个挎篮子的妇女。警察后来找无政府主义盗贼奥尔提兹的老婆谈话,她声称是她丈夫制造了这起袭击,于是这个版本的说法开始在无政府主义这圈子里流传。可是这个消息的源头实在不可靠——奥尔提兹老婆是个无可救药的醉鬼。①

警方对制造爆炸者的大规模搜捕反映出一些新的调查技术,这些技术是在19世纪的后二十年发展而成的。警方的调查变得更加科学,强调跟进细小但重要的线索的技艺,就像夏洛克·福尔摩斯(Sherlock Holmes,1887年,他首次登上英国的舞台)。对嫌疑人的审讯和证人的问讯变得更加有系统。而媒体和当地警方保持着密切联系,能够以惊人的准确性报道一些大案要案,这是由于媒体掌握一些内部消息和泄密消息,这些消息很多是花钱买来的。警察局长的回忆录、报纸上的连载专栏以及流行小说都让公众的兴趣聚焦到犯罪案件上。理由很简单,无政府主义者制造的爆炸是个大新闻,被大众盯住不放。大众之前已经被第三帝国一宗又一宗的丑闻弄得头晕眼花,现在他们的注意力终于集中到这个又吓人又充满戏剧性的事件上了。

同时,无政府主义报纸则为这次"点炮仗"似的爆炸而幸灾乐祸。② 在《佩那尔老爹报》上,埃米尔·普热把大剧院街11号说成是"贵族华丽住宅区"里最"他妈的"豪奢的一个角落,"满处都是大理石,鎏金的玩意也是,每条楼梯上都铺着柔软的地毯——比无产阶级用的草垫要软多了"。《佩那尔老爹报》禁不住指出,那个赶来的警察要是没有拿走包裹就好了,因为"让一个穿制服的警察真的把包裹拿走,[爆炸]没有真正达到目的……"至于爆炸本身,"哎,见鬼,这次爆炸把门合叶都给震下来啦。那些杂碎们再也活不成啦!"政府以为他

---

① 警方跟进的细节,参见档案 F7 12504,F7 12516,November. 9. 1892,April. 11. 1893,April. 27. 1894。

② 参见 Langlais,Père Peinard,pp. 111–114。

们处决了拉瓦绍尔就把这一切结束了,"可是现在,真正的好戏才刚刚开始"。显然,从苏瓦希(Soissy)丢失的那些炸药已经被找到了:"它们变成了一千枚炸弹!"

对绝大多数有钱人来说,无政府主义不过就是一种谋杀和盗窃的哲学。他们认为所有无政府主义者都是残忍可恶的人,他们杀了年老的人再偷走他们的钱,或者盗墓——就像拉瓦绍尔一样——同时准备好"恶魔一般的炸弹,想把资产阶级都炸到另一个世界去"。甚至,年初在苏瓦希丢失炸药的事儿已经弄得无人不知无人不晓。炸药早就不在那里了。一些无政府主义者告诉他们的同志,他们要在一场现代战争中奋战到底。他们应该准备他们的炸弹;他们受号召使用这些炸弹的时刻就要到了。一份无政府主义报纸提供了制作雷酸汞的配方,只要花上一个半法郎就能弄出一大堆,只要用到一些汞、硝酸还有一根测酒精浓度的波美比重计①就行。如果有人想炸毁奥戴昂大戏院(theater Odéon)、歌剧院或者一个饭店,只要这么干就行了。这份报纸包括一幅图画,用来说明如何把雷酸汞放在下面制作一枚炸弹,就像介绍一份普罗旺斯炖牛肉的食谱一样。那要是有人想炸掉你的房子呢?"没什么比这个还简单!"他可以找个借口走进去,撂下一个能够藏在他兜里的小炸弹,"这个小玩意看上去根本无害……一刻钟之后,你就被炸上天了"。

警察局发生的这次爆炸让整个巴黎陷入前所未有的恐慌。大商场和大饭店担心爆炸袭击会造成经济影响,因为圣诞节假期还有不到一个月就要来了。一些有钱人根本不敢去和平路(rue de le Paix)的戏院、餐馆和商店,也不敢去布洛涅森林(Bois-de-Boulogne),他们怕那里的每一棵树后面都藏着一个无政府主义者。根据传言,教堂里面已经藏好了炸弹,毒药已经准备好往蓄水池里投,还有尚待查明的传播黑死病或是霍乱的办法,而霍乱这种传染病虽说已经过去,但比黑死病还要早发生八年。警方抱怨当时的法律限制了对无政府主

---

① 波美比重计(alcohol baumé),一种用于测定溶液浓度的工具。——译注

义者的镇压。他们怕"为拉瓦绍尔复仇"的事卷土重来,因为在圣-德尼斯和首都到处都有无政府主义组织。①

在巴黎及其周边的好些地方,好些搞恶作剧的人把沙丁鱼罐头埋在某个地方,都被当成是小号的爆炸装置。从 1892 年 3 月到 11 月,大概发现了 300 个"炸弹",然后被小心翼翼地带到吉拉尔(Girard)的市政实验室进行分析。那栋楼的地下室建起了一个特别的装置,用于吸收爆炸发出的震动。11 月 15 号一个早上就送来六枚"炸弹"。绝大多数都是恶劣的玩笑,比如说从阿勒(Halles)家发现的一个罐子,后来发现不过是放满了碎石子。只发现三个是较小的"定时器"。只有在圣诞节之后,警察局的栅栏处有一颗小炸弹发生爆炸。

在 12 月中旬,萝丝·高蓓·亨利(Rose Caubet Henry)到维隆路去打扫他儿子的房间。她到门房那跟他说,过几周她还会来,那时她会从布勒瓦那叫一个搬运工来。一辆马车载着埃米尔的几件东西走了,警察紧紧盯着这辆车,一直跟着它,直到车出了城才罢休。②

12 月初,埃米尔从伦敦写了一封信给一个在奥尔良的无政府主义者,就是之前给迪皮转寄过信的那个人。在信中,埃米尔为很久没有汇报消息而道歉。各种"麻烦"从来没有躲开过他。现在他可能要到很远的地方去。③ 他答应下次见面的时候会把自己在各地的游历告诉他。他的朋友肯定已经从报纸上知道了这支"美丽的舞蹈"的细节,这要了五个巴黎警察的命。爆炸发生后的第二天,埃米尔从一个记者那得知,他的哥哥在布尔日进了监狱,还有警察正在找自己。为什么? 他完全不知道,但是他肯定条子们很快就会找他。他的老板肯定会告诉警方他在哪里住,因为在巴黎知道他住在哪的除了他老板没有别人(他又写道"一个严肃的无政府主义者知道如何藏身,以

---

① 参见 Flor O'Squarr,*Les coulisses de l'Anarchie* (Paris,1892),pp. 34-35,97,104-105,116-118,294。

② 参见档案 F712512,November. 8—11,1892。

③ 参见档案 Ba 1115,police reports of December 14—16,18,1892。

便时机到来之前已做好迅速行动的准备")。于是他顾不上跟人吹牛,就直奔伦敦。①

埃米尔告诉他的朋友他已经凑了一点钱,并且过不了四五天就会离开伦敦。这地方让他感到无聊。他要去利物浦,在那等去纽约的轮船。在美国待上六个月之后,他将会返回法国。他发誓要让"我们的敌人"为迫害他们而付出代价,并且"直到我在这场战斗中倒下的那一天,只要我还有一口气在,我就会战斗不已!"②对他这位亲爱的朋友,他说了再见,也许还说了"永别"(Adieu)。埃米尔希望到了利物浦还能给他的朋友写信,并且向他保证,不管在哪,自己都会心存对无政府主义的热爱,还有对"我们的敌人"的无比仇恨。

其实埃米尔留在了伦敦。这里虽说很无趣,但至少安全。欧洲大陆各国警察的镇压让伦敦变成了无政府主义者的避难所。警察局长爱尔兰人威廉·麦尔维耶(William Melville)估计,这座城市里大概有1000名无政府主义流亡者。他们都是分批来的:法国人是在巴黎公社之后来的,德国人是在1878年俾斯麦镇压社会主义者之后来的,意大利人是在1878年第一次刺杀翁贝托一世失败后来的,俄国人是1881刺杀亚历山大二世之后来的。19世纪80年代,瑞士政府开始警惕无政府主义者颇具煽动性的出版物和他们的革命激进主义,同时受到法国政府的压力,瑞士对无政府主义者不再友好,于是来伦敦的无政府主义者更多了。19世纪90年代,住在伦敦的法国无政府主义流亡者就有400人之多。③ 无政府主义流亡者们经常来来去去,无法预知,所以上面提到的警察局长给出的数字不过是一种估计(这其中还没算上很多在逃的罪犯、随从还有

---

① 参见档案 Ba 1115, Zob, December 21, 1892, copy of Émile's letter of December 7; Léon, February 17, 1894。

② 参见档案 Ba 1115, report of "Zob", December 21, 1892。

③ 关于流亡无政府主义的规模,参见 Constance Bantman, "French Anarchist Exiles in London Before 1914." Unpublished dissertation, Université de Paris XIII, 2007. pp. 251-252,此处数字是根据马拉图的估计。

其他难民)。

在伦敦,大约有5000名意大利人生活于此,其中无政府主义者就有几百号人,①他们都是激进主义者。他们中的许多人都住在苏豪区(Soho)——这是城市底层首选的居住区——霍尔本(Holborn)、怀特查佩尔(Whitechapel)、克勒肯威尔(Clerkenwell,在布鲁姆斯伯里[Bloomsbury]的东南方向),或是在菲茨罗伊广场(Fitzroy Square)周围。他们极端贫困,都挤在条件非常简陋的房子里。许多意大利无政府主义者如果可能都干起了他们原来的营生,尤其是鞋匠、裁缝或是服务员,还有靠教意大利语为生的。一个意大利牧师很害怕这些意大利秘密社团,号称在他的教区里生活着3000个意大利人,只有1200人去教堂。而德国无政府主义者对无政府主义哲学更感兴趣,似乎并不是那么危险,因为很少有人受到"制造事端搞宣传"的蛊惑。论起人数来,属俄国无政府主义者最多,其次是意大利人,法国人,比利时人,荷兰人,最后是西班牙人。尽管是从不同国家来的,这些无政府主义者都愿意住在同一个街区,惺惺相惜,同病相怜,互通有无,甚至还分享工作机会。

不列颠已经遭受过恐怖主义的袭击,制造袭击的组织是一个名叫菲尼安斯(Fenians)的爱尔兰民族主义组织,尽管有像《福利报》(*Commonweal*,创办于1885年)还有克鲁泡特金的《自由报》(*Freedom*,于次年创办)这类的出版物,但是英国的无政府主义者还是不多,其中包括戴维德·尼克尔(David Nicoll),他曾经写下这样的文字,"无政府主义者是'罪犯'、'害虫'、'该受绞刑的人'。好吧,再把我们咒骂得邪乎一点吧!像疯狗一样追捕我们!像(在西班牙)勒死

---

① 关于意大利无政府主义者,参见 Pietro DiPaolo, "*Italian Anarchists in London* 1870—1914", pp. 34-47,89-91; *Éclair*, March 3, 1894, interview with inspector Melville,此处指出法国无政府主义者大概1000人;另见 John Sweeney, *At Scotland Yard, Being the Experiences During Twenty-Seven Years of Service of John Sweeney* (London, 1904), p. 243.

我们的同志那样勒死我们。像射杀富尔米的游行者们一样射杀我们,然后等着为你们的房子被炸弹炸碎感到震惊吧……"①他在监狱里待了 18 个月,放出来之后他继续为无政府主义写作并发表作品。在无政府主义者制造炸弹袭击之后,他写到,对于那些死于袭击的人,他根本不能"对他们抱以哪怕是一点同情,这些人住在豪宅广厦,连一秒钟也没想起过那些劳动者,而正是这些劳动者给了他们优越的生活"。

在所谓现代恐怖主义的"第一波"中②,移民扮演了重要的角色,在 19 世纪最后 20 年里把政治难民从一个国家送去另一个国家——尤其去那些愿意提供庇护的地方,比如说大不列颠、瑞士还有北非的丹吉尔③的一些自由城市,再比如说埃及。移民成了参与无政府主义事业的新成员。意大利的无政府主义被移民和暂时的移民传到了阿根廷,其中就包括被称为"燕子"(swallow)的一群人——他们是季节性的工人,每年都要返回意大利老家。有一首意大利无政府主义者传唱的歌曲,这样说这条路线,"整个世界都是我的祖国"④。在欧洲,只有俄国要求护照。

的确,正是交通的快速进步(带来了消息、商品和人员的流通),才促成了无政府主义的国际化。航线跨越了大洋,于是巴塞罗那、马赛和布宜诺斯艾利斯一跃成为无政府主义的重要枢纽。⑤ 在美国、阿根廷、墨西哥、古巴、波斯、土耳其在巴尔干半岛的领土、中国、日本、印度、菲律宾、埃及和埃塞俄比亚,到处都能找到无政府主义者的身影。俄国的无政府主义者在法国、比利时、奥地利、日本,还有香港和不列颠都活动频繁。法国无政府主义者在西班牙、阿根廷,甚至是

---

① 见 John Sweeney, pp. 219-224;另见报纸 *Commonweal*, November 25, 1893。
② 语出 David C. Rapoport, pp. 46-73。
③ 丹吉尔(Tangier),摩洛哥的港口城市。——译注
④ 感谢 Carl Levy 提供了这一条语录。
⑤ 无政府主义枢纽的重要性,参看 David C. Rapoport, pp. 2-3。

埃塞俄比亚都有动作,德国无政府主义者的活动范围是不列颠、美国和奥地利。① 19 世纪 80 年代大众传媒急速发展,把警方镇压和袭击的消息在世界范围内传播。

在大不列颠,恐怖主义者和外国侨民的出现——不管是永久的还是临时的——在民众的想象中有千丝万缕的联系。19 世纪 70 年代,在伦敦的政治避难者组成的俱乐部数量剧增②;1881 年,在伦敦召开了社会主义革命与无政府主义大会[25],这是一个秘密的"黑色国际组织",这颜色来自于无政府主义的旗帜,而小道消息传言,此次大会将制定针对整个欧洲的袭击计划。19 世纪 80 年代,来到伦敦的移民有所增加,尤其是逃离沙皇俄国迫害的犹太人,其中不少人都是无政府主义者。移民持续不断地涌入,让伦敦这样一座世界性大都市都免不了生出排外的话语,尤其是怕新来的移民让不列颠的工人变成社会主义者或者无政府主义者。[26]③

俄国、法国、意大利、比利时和西班牙的政府,还有欧洲其他政府,看到无政府主义者齐聚伦敦都错愕不已,并倍加警惕,认为伦敦已经变成了世界无政府主义阴谋的中心。他们怨恨英国对这些持不同政见者如此宽容,因为英国早就存在的自由政策可以对政治避难者提供庇护,除非这些人犯下某些特定的罪行。在 1881 年对沙皇亚历山大二世的刺杀之后,法国和俄国政府试图向英国警方施压,使其采取更加严苛的态度,通过限制更严格的法律,然而以上的施压并没有起任何作用,因为英国政府拒绝插手国内事务。欧洲大陆各国政

---

① 全世界无政府主义的情况,见 Sweeney, At Scotland yard, pp. 278-279。
② 英国移民数量增长的情况,参见 Jensen, Richard Bach, "The International Campaign Against Anarchist Terrorism, 1880—1914/1930s," (unpublished paper), p. 10。
③ 对无政府主义者的恐惧、排斥话语,参见 Michael Collyer, "Secret Agents: Anarchists, Islamists and Responses to Politically Active Refugees in London," *Ethnic and Racial Studies*, 28, 2 (March 2005), pp. 278-303, 其中提到了在伦敦的无政府主义组织与犹太人移民(p. 280);另见 Constance Bantman, op. cit., p. 414。

府持续对英国当局表达强烈不满，因为后者拒绝合作监督无政府主义者。在1891年，意大利大使信誓旦旦地向英国首相索尔兹波利爵士(Sir Salisbury)说明，无政府主义者组织的自治俱乐部举办的一次舞会，其门票收入是为了给在意大利搞无政府主义宣传筹款。① 不曾想，索尔兹波利对其一通冷嘲热讽，把意大利大使打发回去，告诉他舞会似乎不大可能是发起革命的方式。

位于苏格兰场(Scotland Yard)的英国警察厅，在1883年成立了政治保安处，本来是用以防止费尼安斯组织制造爆炸袭击，在19世纪80年代末开始把注意力放在监视伦敦的外国无政府主义者上。和第一次世界大战之后的情况一样，政治保卫处还负责对付那些来自英国本土、其联合王国还有其他国家的许多反殖民主义者。特务变成了"无政府主义猎手"(Anarchist hunters)②，这是其中一个特务给他们起的诨名；这些人通过间谍系统打入无政府主义组织内部。英国警察厅的官员们很明白，他们在伦敦要对付的，是一些最厉害的无政府主义者，这就意味着不能仅仅靠特务们提供的一点消息，因为这些人很多都是外国人，干这个只想挣一点钱养家糊口。然而，类似的监视让住在伦敦的无政府主义难民们加强团结，坚定了信心。但是这座城市比起欧洲其他任何一个城市而言，还算是比较好客的。

由于无政府主义日益全球化，警察之间的合作行动也愈发国际化了，这些行动始于在不同国家（包括法国、意大利、西班牙、葡萄牙和比利时）之间建立打击无政府主义恐怖主义的共识。俄国的警察组织奥课拉那(Okrana)经法国政府同意在巴黎设立了一个机构，专门用于监管遭到流放的俄国政治犯的活动和出版物。于是，法国、意大利、俄国和其他国家的政府也经常派警察去英国，渗透进当地的无政府主义组织中。大使馆和领事馆直接管理这些事务，按月给密探

---

① 无政府主义者舞会的情况，Pietro Di Paolo, "*Italian Anarchists in London* 1870—1914", p. 15。

② 参见 John Sweeney, *At Scotland Yard*, p. 204。

和线人发工资和小费,这些人中有一些受过很不错的教育,而其他则一点教育也没受过。从来不缺愿意当密探和线人的人。

在苏豪区、托特纳姆考特路(Tottenham Court Road)、菲茨罗伊广场还有其他一些无政府主义流放者聚集的街区,到处都是这些无政府主义者的母国政府花钱雇的警察和密探。在吉尔伯特·基思·切斯特顿①笔下的一本名为《名叫"星期四"的男人》(*The Man Who Was Thursday*,又译为《飞翔的客栈》)的小说中,加布里埃尔·塞姆(Gabriel Syme)是个自诩为诗人的密探,打入一个人称"全欧洲放炸弹者"的伦敦无政府主义秘密组织。在一天之内,组织的七个头目的底细都被摸得一清二楚。这七个人闹了半天全是警察的密探,尽管他们在一开始都不知道彼此的真实身份。

19世纪80年代早期,在伦敦的无政府主义流亡者的社区里,对警方密探的怀疑已经到了极度偏执的境地。② 密探成功地打入了伦敦一些组织内部,在巴黎也是如此。约瑟夫·康拉德所著小说《间谍》,是一部描写伦敦后街无政府主义最薄弱环节的小说,在书中,越来越难辨别谁是真正的无政府主义者,谁是便衣密探、线人甚至是破坏者(*provocateurs*)。康拉德笔下的密探维尔洛克(Verloc)的商店吸引了一大批无政府主义者,他其实是一个外国大使馆的雇员,这里显然是指俄国,因为俄国的警察已经对恐怖主义袭击略知一二,而且也联系过法国大使馆。他被叫到大使馆,他的老板让他在一个月之内组织一起炸弹袭击,这可以栽赃到无政府主义者头上。于是维尔洛克决定去炸掉格林威治(Greenwich),就是格林威治标准时的地点:"去炸本初子午线!你们不像我那样了解中产阶级。他们已经不那么敏感了,神经已经疲沓了。就炸本初子午线。我觉得没有比这更好更简单的了。"发生这样一次粗暴的袭击将会迫使英国的警察对

---

① 切斯特顿(G. K. Chesterton,1874—1936),英国作家、文学评论家。散文风格多样,文学批评影响很大,广受赞誉。代表作有文学评论《文学中的维多利亚时代》、小说有《诺廷山上的拿破仑》,诗集《野骑士》等。——译注

② 见 Constance Bantman, pp. 298-300。

在伦敦的俄国无政府主义者大张挞伐,于是就可以给他们那些俄国警察同事帮上忙了。

对于外部的渗透,伦敦的无政府主义者也发展出了自己的策略。马拉泰斯塔最终开发出一种交替字母表,用符号替代字母,以便安全地与同事交流。在无政府主义流放者的圈子里,几乎每个人都是尽其所能才可勉强糊口,所以,无政府主义者很怀疑那些过得很好却没有明显营生的成员。① 1889年,一个意大利的内奸被挖出来,马拉泰斯塔在一份伦敦出版的意大利报纸警告了其他无政府主义者。意大利无政府主义者鲁比诺(Rubino)②花了很大力气跟怀疑他的同事解释,自己不是警察的线人,声称自己曾试图用一把手枪刺杀比利时国王利奥波德(King Leopold of Belgium),可是这把枪却是用一个渗透进来当破坏分子的便衣警察给他的钱买来的。

尽管伦敦警方没有获批直接与国外警方合作,但是英国警察厅甚至是伦敦市警察局偶尔也会通过大使馆同各国当局非正式地开展工作,而大使馆则运营着很广泛的一套警察信息网。然而,伦敦的警方也如巴黎、巴塞罗那、米兰、布鲁塞尔和其他欧洲无政府主义中心城市的警方一样,有时得到的报告不是错的就是夸大的,甚至是花钱雇来的线人自己编出来的,那些线人里有好些人如果想加薪,就会把关于无政府主义者密谋的故事编造得有鼻子有眼,真有那么回事似的。③ 然而,从密探那里,警方还是能挑出一些无政府主义者活动的有用信息④,尤其

---

① 同志之间相互怀疑的情况,参见档案 Ba 140, police reports, November 9, 1892, Mars 26, 1893, and February 21 and Mars 26 1894;另见 Le Gil Blas, February 16, 1894。

② 意大利无政府主义者鲁比诺的情况,参见 Pietro Di Paola, "The Spies Who Came in from the Heat: The International Surveillance of the Anarchists in London," *European History Quarterly*, 37 (2), pp. 192-193。

③ 关于这些报告,参见 Richard Cobb, *The Police and the People: French Popular Protest* (1789—1820) (NewYork, 1972)。

④ 关于有些报告中的有用信息,参见 Pietro Di Paola, "*Italian Anarchists in London* (1870—1914)," p. 257. 另见 David Nicol on Melville; John Sweeney, *At Scotland Yard*, p. 226。

是关于出版物要被偷运出国的消息。①

英国警方于是在某种程度上成功地监视了在伦敦的外国无政府主义者的活动。② 尼克尔,一个英国无政府主义者,把警察总长麦尔维耶称作"一个出色而狡诈的人"。他承认麦尔维耶"和国外政府派的密探非常亲密……他和他那一伙人跟踪国外难民多年"。在1892年1月,一个制造炸弹的小工厂被抄,之后六名无政府主义者在伦敦和沃尔萨尔③被捕,④工厂里的炸弹可能会被运到俄国用。六个人里其中一个,是法国布列塔尼人,在伦敦的风车街(Windmill Street)的自治俱乐部(Autonomy Club)外面被捕,当时手里拿着一个纸袋子,里面放着氯仿;另一个人是一个意大利鞋匠。其中四个人被判有罪并处多年徒刑,另外两个人则被无罪释放,因为一个名叫奥古斯特·库隆(Auguste Coulon)的法国"密探-破坏者"(agent-provocateur)策划了这次行动,后来声明澄清了。那个意大利鞋匠也属于自治俱乐部。另一个人拿着一份名为"歌剧院中的无政府主义盛宴"的小册子,在小册子上几个无政府主义者在歌剧院里放了一枚炸弹,在炸弹爆炸之后才离开,他们在那里享受歌剧院被炸之后的一片惨叫。埃米尔此时正在伦敦,他肯定读过这本在1892年重印的小册子。

许多法国无政府主义者,像路易斯·米歇尔(Louise Michel)这样的,都住在苏豪区(被戏称为"小法国"[La Petite France])⑤或者

---

① 关于警方掌握无政府主义出版物情况,参见 H. Oliver, The International Anarchist Movement in Late Victorian London(London, 1983), p. 79;另见档案 F7 12518,"Les Dynamitards aux Panamitards", Printed in London, ordered seized on December 19, 1893;以及 Bantman, "French Anarchist Exiles", pp. 15-17。

② 关于警方成功监视,参见 Dominique Kalifa, Crimes et culture au XIXe Siècle (Paris, 2005), p. 12。

③ 沃尔萨尔(Walsall),在西米德兰兹郡的一个城镇,离伯明翰不远。——译注

④ 六名无政府主义者被捕,参见 Sweeney, John, At Scotland Yard, pp. 209-220。

⑤ 参见 Constance Bantman, p. 260。

在菲茨罗伊广场靠北的地方。在这期间,菲茨罗伊广场离它日后的扬名蜚声还很早(在那时,乔治·萧伯纳就住在菲茨罗伊广场的29号,弗吉尼亚·伍尔夫的住处也在附近不远)。那里离苏豪区不是很远,虽然比普罗大众居住的破败不堪的苏豪区要好一点,但也好不到哪去。这片广场是水泥铺的地面,只有两边用波特兰石稍加修饰,广场里面和四周有不少家具工匠和家具商人的小公司。伦敦皮肤病医院坐落在广场的一个角落。有钱人为菲茨罗伊广场留下了很多别致的地名,也留下很多房产,然而这些房产被分来分去。这里的房租相对便宜,于是这个街区吸引了不少政治上和艺术上被排挤的人。菲茨罗伊广场及其周边地区于是挣了这么两个诨名:波西米亚范儿和左翼政治的一个小中心。①

路易斯·米歇尔,这位无政府主义的"红色圣女"(Red Virgin),曾经是巴黎公社的一名重要领导人,现如今爱上了伦敦,"在这,我那些遭流放的朋友总是受到欢迎"②。克鲁泡特金想为她举办一场演讲,无奈她不会说英语。在1890年来到英国首都之后,她在菲茨罗伊广场为政治难民的孩子们开办了一所无政府主义学校(这所学校一直坚持到1892年才被关闭:警察在这所学校发现了一颗炸弹,而那颗炸弹竟然是一个无政府主义者放的)。米歇尔经常一袭黑衣,这是为了向1871年巴黎公社之后遭到屠杀的同志们致敬。

一个巴黎记者把法国无政府主义者说成是"一群穷鬼,与其说是凶神恶煞,还不如说是一穷二白"③。无政府主义伙伴们互相帮助,拿出微薄的钱财帮助别人度日,正如任何一个城市中的移民一样,在

---

① 广场周围的情况,参见 Hugh David, *The Fitzrovians*, pp. 81-82, 85, 88-89; Mike Pentelow and Marsha Row, Characters of Fitzrovia, p. 8; 以及 Walter Besant, London North of the Thames (London, 1911), p. 406。

② 参见 Mike Pentelow and Marsha Row, *Characters of Fitzrovia* (London, 2001), p. 50; 另见 H. Oliver, The International Anarchist Movement in Late Victorian*London* (London, 1983), p. 64-65; Constance Bantman, p. 334。

③ 参见 J. C. Longoni, *Four Patients of Dr. Deibler: A Study in Anarchy* (London, 1970), p. 146, from *Figaro*, February 17, 1894。

一大片外国移民聚集的地方,他们依靠和他们有同样际遇的人,互相帮助。邹·德阿克萨认为自己在菲茨罗伊广场的生活简直是"单调无聊"①,完全和伦敦人没有任何联系。对他而言,"隔绝混杂着浓重的愁云惨雾"。有些幸运的人能找到他们的本行工作——当裁缝、打家具、做鞋之类的。埃米尔在伦敦的时候,他的朋友康斯坦·马丹就给人家当裁缝。一些法国无政府主义者靠卖花为生,还有传言说,有几个人在一家给皇家海军造鱼雷的工厂里上班。还有些当了强盗。已知的至少有两个法国无政府主义者在红酒交易中靠坑蒙拐骗挣钱。

许多在伦敦常驻的外国无政府主义者能说一点英语,但都说得比较差,而且吃了上顿没下顿,很多人还酗酒。55岁的维克托·理查德(Victor Richard)本是一个博爱的政治激进分子,巴黎公社的幸存者,他开了一个小杂货铺(名叫"美丽杂货铺",Le Bel épicier)②,这个地方成为法国无政府主义者初抵伦敦的接待处,也是他们的聚集地。理查德在当地还算是个名人,在警方那里也是挂了号的。他自豪地只卖"红色的"豆子,而不卖"反动的"白色豆子。这爿店就开在夏洛特街(Charlotte Street),夏洛特街和托特纳姆考特路平行,离菲茨罗伊广场不远,当时一些法国无政府主义者和商店老板住在这条街上,现在已经变成高档街区了。(几乎可以肯定,理查德曾激发过康拉德的灵感,他笔下的角色维尔洛克可能就有理查德的影子——康拉德也曾住在托特纳姆考特路。)理查德至少有一次为一名受警方搜捕的无政府主义者提供资金支持,以便他能离开英格兰。离这个杂货铺不远,在古芝街(Goodge Street)上开着一家无政府主义书店,这地方给那些没钱去酒馆的伙伴们提供了

---

① 参见 Constance Bantman, p. 301。

② 关于理查德的杂货铺,参见 Charles Malato, *Les Joyeusetés de l'exile* (Ossas-Suhard, 1985), p. 47; Edward Peter Fitzgerald, pp. 254-260; 另见档案 Ba 1504: October, 17, 1894 (Z. 1.); Constance Bantman, p. 260. 另见 Charles Malato, *De la Commune à l'anarchie* (Paris, 1894), p. 276。

另一处聚会的场所。

大部分流放者对英语只是一知半解。马拉图英语学得相当好,但他也说起过,曾经只靠着两个英语词"street"和"fish"①,就在伦敦城里转悠了好些地方。在1894年,警方突击搜查了理查德的杂货铺,发现了一张短语清单,不论这张清单是好是坏,都是为了帮助法国的无政府主义者在伦敦能混下去。这张清单就是马拉图写的《流放者的玩笑》(Les Joyeusetés de l'exile),里面甚至还有课程表和英文法文对照表。以下截取自这张清单。②

法　语	用英语怎么写	用英语怎么说（以法语注音）	中文翻译
Ma jolie fille?	My pretty girl?	Maille prêté guile?	我美丽的姑娘
Donnez-moi un shilling.	Give me a bob.	G'hive mi é bob.	给我一先令
Je vous tirerai le nez.	I will pull your nose.	Aille ouil poule your nose.	我要揪你鼻子
Je vous mettrai mon pied dans le derrière	I will put my foot on your bottom	Aill ouille poutemaille foute one your botome	我要踢你屁股
Fermez ça!	Shut up!	Chotte ap!	闭嘴!
Je vous ferai des bleus sur le corps	I'll make rings about your body	Aill'le mêke rin'gse Abaoute your bodé	我要让你挂彩
Ma femme me bat	My wife strikes me	Maille waill'fe straïkse mi	我老婆打我

伦敦在无政府主义的传播方面起到了极其重要的作用,对于无政府主义在国际上的影响同样也作用巨大。小册子、图册和报纸让无政府主义者的交流跨越了国境甚至跨越了大洋,把无政府主义者制造的事件告诉其他国家的同志们,使得关于斗争策略的讨论热火朝天。无政府主义者的宣言从伦敦传到法国,包括《答开枪者》(Response to the

---

① 参见 Charles Malato, Les Joyeusetés de l'exile (Ossas-Suhard, 1985), p. 31。
② 此份常用短语对照表,出自 Charles Malato, Les Joyeusetés de l'exile, pp. 174-175。

Gunners)这篇文章,这篇文章纪念了在芝加哥殉难的无政府主义者,也为维里餐馆被炸的事情大唱颂歌。在英国发行的无政府主义报纸经常转载意大利、西班牙和法国报纸的文章,尤其是《佩那尔老爹报》和《外在报》上的文章。这些在伦敦、巴黎、安科纳①及其他城市发行的无政府主义报纸,通过称颂"事端"和同志的赴难来传播无政府主义的亚文化。在伦敦,法国无政府主义社区整合了足够的资源来资助在伦敦发售的法语无政府主义报纸,其中包括《警钟报》(Le Tocsin),这是查尔斯·马拉图亲自主编的报纸②,还有《自由论坛报》(La Tribune libre)。《国际报》(L'International)也是一份法语报纸,虽然在1890年只出版了8期,但是成功地出版了一期文摘,这期报纸摘录自一本名为《无政府主义者指南:完美放炸弹者手册》(The Anarchist Guide:the Manual of the Perfect Dyna-miter)。

在好孩子路上的爆炸案被大肆宣传之后,很多互相矛盾而且经常非常荒谬的说法在伦敦的无政府主义者社区流传开来。一种说法声称,应为这次袭击负责的人已经去了美国,但是警方并没认真对待。一个无政府主义者声称,这次事件的制造者已经到了"一个小国家"③,在那他永远不会被发现。某个叫做维芝曼斯(Wagemans)的人,其实是一个警官,后来做了线人,他私下说,这个人正躲在一个修道院里,这个修道院是他叔叔开的,就在一座英国外省大城市,可能是曼彻斯特。这实在太不靠谱了。

埃米尔1892年11月来到伦敦的时候,就在托特纳姆考特路上租了一间带家具的房间。④ 他迅速就挣得了一个铁杆无政府主义者的名声——"真正的,深信不疑的"——他也结识了在怀特查佩尔的许多无政府主义者,那里是从东欧移民过来的犹太人的聚集地。在

---

① 安科纳(Ancona),意大利东部城市。——译注
② 马拉图编辑的此份报纸,参见 Malato,Some Anarchist Portraits,p. 331。
③ 参见档案 Ba 1115,"Z no. 2," December 25,1892。
④ 埃米尔到伦敦的情况,参见档案 Ba 1115,Zob,December 21,1892;Ba 1509,September 16,1894;另见 Constance Bantman,p. 258。

托特纳姆考特路和苏豪区的酒吧里,他也混了个脸熟。埃米尔来伦敦后不久,就找到了路易斯·玛沙,他们可能一起在自治俱乐部待过。在俱乐部的一个房间中,悬挂着一幅拉瓦绍尔的画像,其他房间也有其他革命者的画像。

　　自治俱乐部于1886年成立,一开始位于菲茨罗伊广场旁边的夏洛特街(Charlotte Street),创始人是一名德国无政府主义者,他被之前参加的一个组织开除了。那时俱乐部里有一个非常长而窄的房间,一个厨房,在二楼还有几间房。不久,俱乐部搬到了离托特纳姆考特路不远的风车街(Windmill Street),搬进了一所地方大一些的房子里,这是一个无政府主义者的住处,他和他的家人住在这里。这里也能当一个小餐馆,可以供几个人吃点汤、肉、蔬菜,同时,主要是为了大家交谈。这个俱乐部发行德国无政府主义者的报纸《自治报》(*Die Autonomie*),俱乐部里有一个大房间,伙伴们可以在这里演话剧,门票收入用来补贴那些生活尤其困难的无政府主义者,以及有家人蹲监狱或者在逃的家庭。酒吧的收入用来帮助那些找不到工作的无政府主义者。至少有一次,英国警察厅的检查员麦尔维耶进到过俱乐部里。

　　自治俱乐部是伦敦的无政府主义者非正式的、国际性的联系网,被人说成是"幻影圈子"(shadow circle)。① 尤其,这里变成了被流放的法国无政府主义者社区的中心。俱乐部里有足够的房间,方便无政府主义者按照国籍组织会议(尽管意大利人、德国人、斯堪的纳维亚人在伦敦的其他地方也有俱乐部)。考虑到无政府主义写作强调的国际主义,这似乎着实奇怪。但是正如一个熟知无政府主义者在伦敦所作所为的法国警察所言,想跨越民族的界限实属不易,更何况共享传统、语言和文化。在1885年底,一个"国际法语组织"(International French Language Group)加入了自治俱乐部,两年之后,"反

---

　　① 关于自治俱乐部,"幻影圈子"(shadow circle)这个说法出自 George Woodcock Anarchism: A History of Libertarian Ideas and Movements (New York, 1962); 另见 Constance Bantman, pp. 18-22, 210-211; John Sweeney, *At Scotland Yard*, p. 216; Ba 1509, January 25, 1894。

爱国主义组织"(Anti-Patriotic Group)也开始在那里每周一组织会面。然而,可以肯定的是,尽管有语言的障碍,来自不同国家的无政府主义者确实建立了联系,发展出友谊(法语是流放者圈子里最常用的语言)。比如法国无政府主义者马尔提阿尔·布尔丹(Martial Bourdin),也是自治俱乐部的成员,他跟他当裁缝的兄弟奥古斯特(Auguste)一样,都有许多属于意大利籍的无政府主义朋友。

一个难民要想在一个陌生的,甚至经常是充满敌意的城市里生存下去,这些无政府主义俱乐部能够发挥极端重要的功能。据查尔斯·马拉图回忆,这些俱乐部是慌忙来到英国的无政府主义难民们的宝贵资源。那些无政府主义者已经尽全力欢迎那些新来的人到这座拥挤、多雾又阴冷的城市①,而这座城市只提供一些让他们无法负担的奇怪食物(马拉图非常自豪自己能造酒,尽管是拿香蕉做的,但这至少能缓解一点乡愁)。他们有一个场所谈论政治,讨论家乡的事件②,还可以一起下棋打牌。自治俱乐部特别欢迎被欧洲大陆国家驱逐出来的无政府主义者,包括一名倡导"盗窃权利"的德国人,他当时刚刚从巴黎被赶出来;还有鲍勃·西博莱特(Bob Hippolyte),他不是白人;这两个人都被伦敦警察跟踪到风磨坊街,有些时候,自治俱乐部的一些房间被当成宿舍。自然,实在无法找到资源来养活所有的人,而且钱够用的时候远没有钱不够用的时候多。

有一次,大概有30个西班牙无政府主义者从布宜诺斯艾利斯来到伦敦,这些人身无分文。从他们在利物浦下船的那一刻起,警察就

---

① 关于俱乐部尽全力帮助流亡无政府主义者,参见 Charles Malato, *Les Joyeusetés de l'Exile* (Paris 1897), pp. 45-46, 96,其中还有以下表述:这个小小的无政府主义共和国的日子简直太艰苦了,以至于它的缔造者就剩下一个愿望:赶紧走;另见 Pietro DiPaola, "*Italian Anarchists in London* (1870—1914)," pp. 220-231; National Archives of Britain, HO 144/587/B2840C, chief constable September15, 1892。

② 参见 Murray Bookchin, The Spanish Anarchists: The Geroic Years, 1868—1936 (San Francisco, 1998), pp. 84-85。里赛欧剧院发生的爆炸当然也可以被认为是现代恐怖主义的起源,或至少是其定义开始的时刻。

一直就在监视他们的整个行程。他们一块从尤思顿车站(Euston Station)徒步走到托特纳姆考特路的俱乐部,那里给他们提供了食物和短暂的住处。他们后来四五个人一拨被送到住处。几个月后,他们中除了少数几个人之外,都回西班牙去了。由于他们不会说英语,住在伦敦实在太困难了。而且,对于警方和其他伦敦居民而言,他们似乎是"一群蓬头垢面、心狠手辣的凶神恶煞,他们的出现让无政府主义者圈子里大为震动,态度不一,尽管在那没有爆发革命"。

这些俱乐部对于在被流放的无政府主义者之间培育社会凝聚力非常重要,同样,它们也为高度集权的、自发组织的"炸药俱乐部"的神话添砖加瓦,而这个俱乐部的大本营就是伦敦。根据巴黎塞纳河警区的警察在1893年的描述,无政府主义组织的核心成员,包括克鲁泡特金、马拉图和玛沙,向他们的信众发出命令。克鲁泡特金,无疑是地位最重要的(叶芝和王尔德都是他的朋友,他还认识很多文学巨擘,比如说乔治·布朗·肖),他似乎比那些领导鱼龙混杂的组织的人要更有能力。甚至,他在1910年还上了《大英百科全书》(*Encylopedia Britannica*)中"无政府主义"的词条。然而,英国的报纸把无政府主义俱乐部说成是阴谋的中心,是实施卑鄙阴谋的场所:这些地方的入口极为复杂,所有的来访者都会被监视,不知道这些入口的人根本进不去;而且每个地方都有后门,方便警察来的时候小心地逃走,正如他们在1892年和两年之后干的一样。无政府主义者图谋在英国弄一票大的,这种说法其实和在1892年到1894年横扫巴黎的那次偏执狂一般的猜测别无二致。① 马拉图认为,正是大众传媒的报道,把自治俱乐部这样一个低调的地方歪曲成了充满社会革命阴谋的中心。根据马拉图的观点,那些记者"丧心病狂,收了黑钱,乐意去逢迎资产阶级的

---

① 参见 Jean-Pierre Machelon, La République, p. 405,引用了 P. Billey, "L'idée anarchiste", Revue Bleue, December 23, 1893, p. 406; O'squarr, Les coulisses, pp. 34-35, 97, 104-105, 116-118, 294; 另见 Georges Blond, La grande armée du drapeau noir: Les anarchists à travers le monde (Paris, 1972), pp. 217-218; 以及档案 Ba 1115, December 30, 1892; Varennes, De Ravachol, p. 7.

恐慌,说阴谋已经计划好了,准备好去打击欧洲大陆……准备了炸药、氯酸钾、硝酸甘油、氯酸钾-硝基苯炸药,还有绿色粉末。"在那样一个科技飞速进步的时代,公众为科学制造的奇迹着迷,但同时也对其潜伏的危险感到紧张。《晨邮报》(Morning Post)在1892年——正是拉瓦绍尔制造爆炸那年——报道,有400个法国"亡命徒、窃贼、造假币的还有杀人犯"已经扑向了英格兰。他们要干什么?要杀死所有有钱人,不止是在伦敦,还要扫平整个大不列颠,要把那些有钱人用氯仿闷死。根据一份伦敦杂志的描述,1892年,英国来了一位穿着考究的法国无政府主义者,他来是为了在无政府主义俱乐部里讲话。在讲话中,他表明,在欧洲,几乎所有主要的政府大楼中,都能找到无政府主义者的身影,只要他们想,就准备好利用他们自己发明的恐怖杀人机器,去炸毁大楼,这样,罪犯就有时间逃跑了。报纸夸大了在无政府主义俱乐部里的女性人数,暗示很多女性都是妓女,男性无政府主义者身上的梅毒就是她们给传染上的。

法国记者亨利·罗什福尔(Henri Rochefort)[①]——一个自大、爱批评的反犹太分子,以自己是一个"黄色小报王子"而沾沾自喜——当时正住在伦敦。(罗什福尔戏仿了一份想象出来的"无政府主义宪章":第一款:什么东西都不留下;第二款:执行第一条的人不会受到任何指控。)他被迫流亡,因为他在1889年的布朗热事件[②]中

[①] 参见 Henri Rochefort, *The Adventures of My Life*, vol. II (London, 1896), pp. 400-401。

[②] 布朗热事件(Boulanger Affair):布朗热于1886年1月—1887年5月任陆军部长,当时他要求收复阿尔萨斯、洛林,燃起全国对德国复仇的沙文主义狂热。他联合保王势力和沙文主义的爱国者同盟,试图实行军事独裁。他利用群众对共和派政府的不满,离开军队,投身政界,以谋取政权。1888年2月,布朗热派的《军帽徽报》积极宣传他提出的修改宪法及解散议会的主张,得到反政府各派的支持,全国掀起崇拜布朗热浪潮。在1889年1月27日巴黎的补缺选举中,布朗热以绝对多数票取胜。此时,布朗热企图通过合法选举夺取政权。2月,新成立的共和国政府决定以阴谋颠覆国家罪逮捕他。4月1日,布朗热逃亡比利时。8月14日,最高法院缺席判处他终身监禁。1891年9月30日,布朗热在布鲁塞尔附近自杀。——译注

扮演的角色，当时那位风靡一时的将军险些就推翻了共和国。当时他在一份名为《不妥协者》(L'Intransigéant)的布朗热主义报纸当通讯记者。尽管很多时候他说的都不靠谱，但他对伦敦的无政府主义者的估计还是颇有洞察力的，因为他赢得了他们些许的尊重，甚至有些时候和他们关系很密切。他相信，巴黎人也和其他欧洲人一样，都相信"伦敦是无政府主义者为自己的组织选定的完美大本营，无政府主义的宣传从那里传播到全世界。然而这却大错特错。伦敦的无政府主义者从未结成秘密社团。他们一直保持完全的独立，只有非常小的组织，但同时所有成员都追随他们的旗帜"。

　　1892年11月当埃米尔来到英国首都的时候，他还没被当地警方注意，然而他是好孩子路警察局爆炸案的英雄的盛名逐渐在无政府主义圈子里传扬开来。他似乎曾表示，他打定主意炸掉巴黎的各种公共场所。"联合派"(Fraternistes)①认为他"疯了"，就像认为那些崇拜拉瓦绍尔的人疯了一样。埃米尔在伦敦出现，那些拒绝"制造事端搞宣传"并相信可以通过和平宣传动员群众的联合派，和那些想狂轰滥炸的人之间的敌意因此加深了。因为拉瓦绍尔制造的暴力事件和被处以死刑引起的争论，当时还没有争出个高下，这回又开始了大辩论。托特纳姆考特路和菲茨罗伊广场的无政府主义者们，不管是法国人、德国人、荷兰人，还是弗兰德人、西班牙人、俄国人、意大利人，都满怀激情地加入了这场争论。一个伦敦的密探清楚地记得埃米尔，尤其对他的胆大妄为和恣睢自大记忆深刻。那些认识他的人都觉得他最后得被送上断头台。尽管这会让其他人都望而却步，可是在密探的眼中，埃米尔甚至压根对自己的行为没什么认识，就像巴黎街头一个放荡不羁而粗野狂放的顽童一样。相反，他好像是一个既羞涩又无礼的长不大的男孩，但其实既有野心又危险无比。

　　自治俱乐部是站在"单干派"(Individualists)这一边的，埃米尔

---

　　① 参见 Constance Bantman, pp. 213, 285, 294-295，还要感谢卡尔·莱维(Carl Levy)。

在《外在报》发的那封攻击马拉泰斯塔的信上,就支持过这一派的事业。一个名为"自由能动性"(Free Initiative)的法国组织在俱乐部会面,指责无政府主义店商理查德还有他的朋友们过于温和,指责那些不同意"制造事端搞宣传"的"联合派"。单干派制作了一份法语小册子,用非常暴力的语言攻击联合派。拉瓦绍尔被处决之后,俱乐部里召开的集会气氛变得疾风骤雨一般,以至于查尔斯·马拉图略带讽刺的回忆到,这里的会议可不像在下议院的那样和风细雨。在伦敦,他肯定认识意大利无政府主义者路易吉·帕尔麦吉阿尼(Luigi Parmeggiani)——他是单干派的领导,或者至少信仰"自由能动性",长期以来都是实施"盗窃权利"的典型人物。

埃米尔成了自治俱乐部里人见人爱的主儿。对于警方而言,这个组织的绝大多数成员都是"来自最下贱阶层的外国人",其中就包括帕尔麦吉阿尼。这位爆炸制造者总是独自工作,或者只和自己信得过的一两个同伴一起。制造炸弹的工作很少是一群人来完成。制造爆炸物的人从不信任一大群人,因为这很容易被警方的密探渗透进来。一般说来,警方已经下了结论,放炸弹的人是"一个独居而狂热的人,他总是念念不忘当代社会的缺点,一直到他的心智错乱那一刻"。他总是只和一两个朋友交代爆炸的计划。然后他以"无与伦比的镇静和胆识"执行他的计划。① 即便他知道将要上刀山下火海,他也义无反顾——"他英勇赴死,死而无憾"。

几乎不可避免的是,有几个伙伴怀疑埃米尔是警方的线人,因为确实有很多成员是密探。马丹常提到一个伙伴,他刚来到伦敦,来理查德的杂货铺访问路易斯·米歇尔。这个伙伴说自己认识埃米尔,托理查德问他好,因为曾经和他一起工作过,而且他们俩"甚至还挺亲密"。② 理查德回答说,他不认识埃米尔·亨利,这看起来不可能,尤其是有个人在他的店里托他给埃米尔问好。

---

① 参见档案 Ba 1115,Z. 2 from London,December 21 and 25,1892。
② 参见档案 Ba 1115,Zob,December 6,1892。

事实上杂货铺的老板理查德极为迫切地想知道是谁制造了好孩子路警察局的爆炸案。一个无政府主义者带着埃米尔到了杂货铺的后面,这是埃米尔躲着的地方,因为警察密切监视进出杂货铺的人。理查德对埃米尔的事迹很高兴,甚至拿出 300 法郎来给他,"以说明自己的满意,还有渴望他能够继续他的工作"。① 根据这个版本的故事,埃米尔因为嫌钱太少感到愤愤不平。

法国的警方就快知道埃米尔身在何处了。一个无政府主义者愿意提供埃米尔的消息,条件是警方给他现金。这个人就是埃米尔把近况和计划和盘托出的那个"朋友",那个从奥尔良给迪皮寄信的人。他要 500 法郎就交出埃米尔的信,警方想知道埃米尔是否和好孩子路的爆炸案有关,而这个线人说百分之百有关,在周二发生爆炸之前的上一个礼拜六他就知道。

这个叛徒②还说,埃米尔一般避免和伦敦的知名无政府主义者见面。如果埃米尔离开巴黎只是为了逃避兵役,那么马丹就不会试图隐藏他从理查德那逃走的细节了,而那个杂货铺一直在警察的监视之下。而且,埃米尔在伦敦会很满意,也不会打算乘船去美国。这个线人说他会遵守诺言交出埃米尔的信件(至少得用 500 法郎换),他也提醒警察,他正冒着极大的风险,因为如果某个伙伴发现了他叛变,他就在这世上活不长了。为了证明他效忠警方,他供出了化名杜芒(Dumont)的法国无政府主义者古斯塔夫·马修,说出了他的住处在哪条街上的哪号,尽管他不记得那条街的准确名称,只记得是离牛津街不远。

而罗什福尔有他自己的看法:"好吧!尽管埃米尔是前巴黎公社成员的儿子,但他和无政府主义者党派接触得实在很少,以至于没有人相信他的故事,要不就是这个年轻人在吹牛,要不然就是想象出的

---

① 参见档案 Ba 1504, Z. 1, October 17, 1894. "a solitary and fanatic"; Ba 77, August 11, 1892; Ba 1509, September 16, 1894, "Diabolical Plots. Their Organization and Execution" 这是伦敦警方一位检察官所写。

② 关于这个叛徒,参见档案 Ba 1115, letter from Orleans, December 8 and of (smudged) Lacalee (??) or could be Zévaco, December 10, 1892。

小说，为了从笨得以至于相信他的人手里骗钱。我想起马拉图有一天跟我说起——'有个家伙在伦敦到处嚷嚷自己是好孩子路爆炸案的制造者；他明显是在忽悠人呢。'"①

与此同时，伦敦的无政府主义流亡者和他们在本国的伙伴们都把注意力集中到了西班牙。那里的无政府主义者在19世纪70年代已经发展壮大起来，尤其是在巴塞罗那（那里被称为"炸弹之城"）和安达卢西亚。一年前，有4000名葡萄园工人来到小镇赫雷斯（Jerez），目标是解放157名被逮捕的无政府主义者。由于这场游行已经变为一场十足的叛乱，驻扎在当地的西班牙国民警卫队（Civil Guards）迅速反应，逮捕、殴打并且折磨了许多无政府主义者，他们都被指控参与了名为"黑手"的秘密团体。严刑拷打之下，四个人招认了曾计划叛乱，于是在1892年2月10日在赫雷斯被绞死。这次行刑让埃米尔出离愤怒。

为了报复这次行刑，一个曾经与马拉泰斯塔相伴的名叫保利诺·帕拉斯（Paulino Pallás）的无政府主义者，向一名西班牙将军投掷了两枚炸弹，炸死了1名士兵和5名平民，但是没有把这个将军炸死。帕拉斯后来也被处死。报复行动不久又来了。在1893年11月7日，一个无政府主义者袭击了巴塞罗那精美绝伦的里世奥剧院（Theater Liceo），在露台上朝主观众席投掷了两枚雷酸汞做的炸弹，当时正在上演歌剧《威廉·退尔》(*William Tell*)，炸死25人，炸伤50人。警方围捕了数百名知名的无政府主义者，控告他们参与了这场阴谋，处决了其中四人。两个月之后，西班牙警方才逮捕了扔炸弹的人，圣地亚哥·萨尔瓦多（Santiago Salvador），他宣布皈依上帝——这是他的最后一线生机——然而，他还是在1894年被处决。

美国也发生了袭击案件。亚历山大·波克曼（Alexander Berkman）是一个五年之前移民美国的人，他试图刺杀卡内基钢铁公司

---

① 参见 Henri Rochefort, op. Cit。

(Carnegie Steel Company)的经理亨利·S·弗里克(Henry S. Frick),因为1892年在宾夕法尼亚州的霍姆斯特德(Homestead),针对该公司爆发过一场暴力的罢工。那一年的1月,无政府主义者打算同时在伦敦、巴黎和柏林制造爆炸袭击,但是没有实施。

自打1890年在法国被判有罪,马拉图就一直待在伦敦,他观察到埃米尔身上发生的戏剧性变化:"巴塞罗那的爆炸案让他着了魔一样:他满脑子想的都是弄一次爆炸然后从容赴死。'今天正是舞蹈课的周年纪念',"他说道,这是暗指在好孩子路发生的爆炸。他为杀死六个敌人而自豪。马拉图继续写到,"他看着自己成长;他对自己说,自己作为复仇天使的角色刚刚要开始"①。

在1892年11月,在埃米尔刚刚加入伦敦无政府主义者圈子时,法国警察正在监视着某个名叫博马迪(Pomati)的人的女友,因为他和福尔迪奈、埃米尔兄弟两个都有通信,也有巴黎的康斯坦·马丹的来信。亨利兄弟在警方的嫌疑人名单里越来越靠前,"胆大包天又顽固不化,而且在准备发动袭击的地点"。警方意识到埃米尔懂化学,也能组装炸弹,而且他"比他哥哥更加冷酷、更有经验"。

1892年的12月21日,在诺曼底地区一个叫菲克弗勒-埃干维尔(Ficquefleur-Equainville)的村庄里,有两个人出现在一个小客栈里。这个地方在塞纳河的河口,离翁弗勒(Honfleur)大概八公里。其中一人自我介绍说是一个英国商人,想在附近建一个工厂。他们两个人跟人打听了当地的地产和工业的情况。大概一周之后,另一个人加入了他们,他们三个对一个叫波斯戴尔(Postel)的阔老太太的财产很感兴趣,这个老太太和一个佣人住在一起。在1月1日,他们三个在做弥撒的时间出现了,趁着那个老太太少有的出门的机会。然后,在1月7日夜里,这三个人戴着面具,拿着匕首,闯进了老太太的房子。他们穿着黑色的长风衣,戴着面具,手绢里蘸了不知什么化学品,堵住老太太的鼻子把她制伏,然后把她和她的佣人一块都绑了

---

① 参见 Charles Malato,"Some Anarchist Portraits," pp. 331-332。

起来。他们逼迫老太太交给他们保险柜的钥匙,拿走了 1000 多法郎、一些珠宝还有几张存在附近银行的存折,一共有 80 万法郎,但是这几片纸显然毫无价值。1 月 16 日,老太太收到一封威胁信,让她往伦敦的夏洛特街维克托·理查德的杂货铺汇 3 万法郎,随信还附有几张存折。五天之后又寄来一封信,信的字里行间体现出这几个抢钱的人有点害怕了,跟老太太说,少汇一点钱也可以。①

埃米尔后来被几个人认出来,这几个人声称在菲克弗勒(Ficquefleur)见到过他,当时他乔装成一个英国商人。第二个大概是雷昂·奥尔提兹,第三个人是古斯塔夫·马修,但更可能是普拉希德·斯舒普(Placide Schouppe,这两个人长得很像),他还参与了在阿布维尔镇(Abbeville)的另一场打劫,并且 5 月底在布鲁塞尔被逮捕。可能就是埃米尔写的勒索信;他那位生于埃及的无政府主义者朋友,在伦敦偷东西为生的亚历山大·马尔洛可(Alexandre Marocco)可能也参与了,尽管没有亲自参加抢劫。玛沙当时正在伦敦,至少知道这个计划。嫌疑人的名单还很长。

几个月之后,1893 年的 2 月,埃米尔似乎回到了巴黎。② 警方听说他可能会和无政府主义印刷商阿希耶·埃提埃旺(Achille Étiévant)在克里希的酒吧里面。警方相信,他们正谋划一次新的炸弹袭击,炸药就藏在附近,在他们的伙伴弗朗西斯在同年 4 月因制

---

① 关于菲克弗勒-埃干维尔的案件,参见档案 Ba 1115, March 27 and 28 and May 2, 1894; Ba 1503, January 26, February 2, 17, 27, March 13, April 8, 15, May 27, and June 1, 9, 27, 1893, *Radical*, May 4, 1894; Ba 1503, Léon April 15, 1894。

② 埃米尔回到巴黎的情况,参见档案 F7 12516, report of April 11, 1893; Ba 1115, minister of the interior, February and March 21, 1893, police report April 14, Thanne, August 16 and September 2; police report October 26 (or December), 1893; Ba 1085, reports of October 14, 1892 and September 25 and December 8, 1893, February and March 13, 1894, and *Le Révolte*, December 3, 1892; Ba 1115. Int. February 20, March 14, 21, 25, April 12and 21, 1893; F7 12516, April 11 and Ba 1115, April 14, 1893; Ba 1115, police report of May 23, 1893; Thanne, March 24, 1893; Ba 1115, Duthion, February 17。

造维里餐厅爆炸案的事到巡回审判法庭接受审判的时候,他们可能就会干这一票。

这些消息传了出来,于是埃提埃旺和其他无政府主义者计划炸掉"水族馆",就是国民议会的所在地波旁宫(Palais Bourbon)。埃米尔跟许多无政府主义革命者组织都联系过,跟一些人放出风来说自己会在 5 月 1 日到巴黎,之后会返回英格兰。警方知道埃米尔的母亲住在布勒瓦那的布朗谢特大街(avenue de la Planchette),所以确信他肯定会在什么时候去看望她。但是从警方打入的所有无政府主义组织都没有打探到埃米尔的下落。几乎可以确定,埃米尔偶尔会和自己在让-巴迪塞特-塞学校的几个同学待在一起,可是这些人却不知道,他正越来越陷入警方的怀疑。

在 1893 年 3 月,警方以为埃米尔回了伦敦。可是他们错了。古斯塔夫·巴贝(Gustave Babet)是一个住在巴黎中心的无政府主义鞋匠,他一直定期进行宣传,而且可能是拉瓦绍尔的亲密朋友,他在 1893 年 5 月告诉一个便衣警察说,好孩子路的那件"好事"就是埃米尔的杰作。甚至,他声称这次袭击正在准备中,一个他不认识的女人放置了炸弹。埃米尔上了警方 4 月的名单,这份名单上都是那些似乎准备好"实施犯罪计划"的人。

月初,埃米尔去帕西拜访了他那位有钱而保守的姑姑,尚博朗侯爵夫人。他看上去非常自在轻松,穿着考究,穿着一件双排扣的大衣、马甲和黑色裤子,还有一件硬竖领的白色衬衫,胡子刮得干干净净。他打扮得中产阶级气十足,到巴黎一个最高档的住宅区,去拜访他的姑姑。他想管他姑姑要 500 法郎,他想——按他说——用这笔钱来经营一个小生意。有一个叫杜蒂永(Duthion)的人,当时受雇于侯爵夫人,他后来说起,埃米尔走的时候显得很不高兴,因为离开的时候两手空空。

埃米尔去了布鲁塞尔,在那里从 4 月 15 日一直待到 5 月 1 日——那正是大批工人组织游行来争取选举权的时候。4 月 11 日,国会拒绝了一项关于普选权的提案,比利时的工人政党宣布要进行大规模的罢工。这次运动迅速传播开去。包括无政府主义者在内的许多人,结成一伙一伙,在布鲁塞尔市中心砸碎了很多窗户,这在总体上激怒了商人和公众舆论。于是布鲁塞尔宣布全城戒严,全副武装的警察和宪兵冲向游行的工人。军队在比利时的许多城镇开枪射杀游行者。比利时会爆发革命吗? 在 4 月 18 日,国会做出让步,为普选设计了一套繁琐的系统,给每个家庭的父亲、"有资格"的参选者还有那些拥有财产的人额外的选票。但许多工人依然对此表示不满。①

埃米尔当时化名马丹(Martin)或是默兰(Meurin),住在圣-吉勒斯区(Saint-Gilles)一条主路上的一个旅馆里,他之后应该会承认自己非常积极地参与了布鲁塞尔的斗争,甚至用手枪射击,并且很纳闷没有被逮捕。尽管普选权并非无政府主义事业的题中之义,埃米尔支持任何最终为革命作出贡献的行动,并且他的挺身而出又一次强调了无政府主义的国际主义特征。他给《佩那尔老参报》寄去一篇从布鲁塞尔报纸上摘下来文章,文章谴责了比利时社会主义者的"叛变",因为他们满足于妥协让步。在 4 月底,他返回旅馆时,发现一个法国警察正跟人打听他。他立马离开布鲁塞尔去了巴黎,正赶上 5 月 1 日去看巴黎的游行。

从 1893 年 5 月 20 日到 7 月 12 日,埃米尔化名路易斯·杜布瓦(Louis Dubois)住在莫尔兰大道(Boulevard Morland)上一间斗室里,这地方就在巴士底狱和塞纳河之间。他表面上在马莱斯(Marais)那地方学习锁匠的手艺,但是不拿工钱。当菲利克斯·菲内昂把

---

① 比利时工人集会的情况,参见档案 Ba 1115,report of Pratz and Thiéry, February 21,1894;报纸 *Journal*,February 27,1894; *Four Patients*, p. 152;另见 Franz van Kalken,*Commotions Populaires en Belgique* (1834—1902) (Bruxelles, 1936),pp. 133-140; Janet Polasky,*The Democratic Socialism of Emile Vandervelde: Between Reform and Revolution* (Oxford,1995),pp. 27-29; E. H. Kossmann,*The Low Countries* 1780—1940 (Oxford,1988),p. 344; Jules Destrée and Émile Vandervelde,*Le Socialisme en Belgique* (Paris,1903),pp. 146-151; Louis Bertrand, *Histoire de la démocratie et du socialisme en Belgique depuis* 1830, Vol. 22 (Bruxelles,1907),pp. 491-494。

133 埃米尔介绍给他母亲时,埃米尔正拿着一个工具箱。菲内昂的母亲大叫道:"啊呀!你不是要告诉我他是一个工匠吧!"①埃米尔拿着一条非常好的手杖,这看上去是他从有钱人的门廊里顺来的。菲内昂夫人知道他很缺钱,但是没有表达出她的警惕。无论如何,埃米尔有这么一根手杖说明他还维持着他资产阶级的身份,即便他其实生活在穷困潦倒的无政府主义者世界里。

在巴黎,埃米尔偶尔在康斯坦·马丹的牛奶商店睡觉,那儿离股票交易所只有几步路远。马丹似乎就是一群盗贼的煽动者和主要组织者,他也收偷来的东西,尤其是首饰和宝石,因为容易销赃。不过埃米尔对自己不是一个贼感到骄傲②——如果忽略他从有钱人那顺来一根漂亮手杖这回事的话。

1893年7月初③,埃米尔家里的一个朋友查尔斯·布拉于斯(Charles Brajus)在巴黎看见了他。布拉于斯是一个在布列塔尼做贝雷帽的,偶尔,埃米尔、他妈妈和他弟弟会和他待在一起。在拉丁区的学生游行中,一个警察的密探也认出了埃米尔。埃米尔后来对学生引起的骚乱很是轻蔑,但也承认他没忍住,向来平息骚乱的一群警察扔了一颗炸弹。在7月12日,他离开了他在莫尔兰大道的房间,没付房租。7月下旬,有人在伦敦看到过埃米尔几次。

1893年8月初,一个身份不明的无政府主义者从巴黎来到伦敦。他找人要了一些装化学品的管子,说他可以用这些组装炸弹,在巴黎制造爆炸袭击。他想要四个,直径在12到17公分之间,其中两个中间要用铜板分开,管子上边要留一个小洞,方便把酸灌进去。这些东西可以被用来制作反转炸弹,传说这是要对付巴黎的许多金融机构。在一份警方报告的边缘写着"埃米尔·亨利?"。④

---

① 参见 Joan U. Halperin,p. 394。
② 参见档案 Ba 1503,June 16,1893。
③ 参见档案 Ba 1115,police report,February 15 and March 4,1894;Ba 78,July 6,1893。
④ 档案 Ba 1115,August 7,1893 and February 8,9,10,1894。

夏末，在巴黎，一个叫塔那（Thanne）的便衣警察确认埃米尔就是好孩子路警察局爆炸案的制造者，而且彭那尔（Bonnard），人称"杜设斯那老爹"（Père Duchesne）的，是他的从犯，这人曾经吹嘘过这件事。塔那相信，无政府主义歌手阿得里安娜·沙耶就是那个学法学的学生在楼梯上看见的女人。她现在似乎已经脱离了无政府主义，希望摆脱进一步的嫌疑。1893 年 8 月 22 日的一份报告上说，埃米尔离开伦敦前去了巴黎，同行的是玛沙。

雷昂-于勒·雷奥提尔（Léon-Jules Léauthier）是阿尔卑斯山那边的人①，1893 年时 19 岁，在巴黎当鞋匠，是一名无政府主义者。1893 年 11 月 13 日，他新近失业，饥肠辘辘，已经破产，沮丧至极。那日，他走进一家名叫马尔格雷（Marguery）的高级餐馆，用他身上剩下的一点钱吃了一顿丰盛的饭，吃了鹌鹑、马孔内酒还有香槟。这个年轻的工人吃完饭之后，突然跳起来，捅了一个衣着光鲜的食客一刀，后来才发现，这个食客就是塞尔维亚驻法国大使。这次袭击前一天，雷奥提尔写信给赛巴斯蒂昂·富尔，说与其饿死或者自杀，他更愿意杀一个有钱人："要是袭击第一个独自前来的资产阶级，我就不会错杀无辜。"在接受审判时，他解释道，自己已经"山穷水尽。我不想顺从地活着。我锁定了一个趾高气昂穿着阔气的资产阶级，然后我就把我的匕首攮进他的喉咙"。②

秋天，埃米尔在伦敦几乎每天都和玛沙在自治俱乐部里待在一

---

① 参见档案 Ba 1115,"z. 6", London, August 16 and 18 and 22 or 23, and September 2,1893; Z. 6, August 6,1893; October 26 (or December),1893; Ba 1085, report of October 14,1892, September 25 and December 8,1893; February 24 and March 13,1894; and *La Révolte*, December 3,1892; Ba 1509,Z. 6 February 19,1894. 弗朗西斯告诉警察说，亨利在 9 月初的时候还待在伦敦。参见档案 Ba 1503, November 23,1893。

② 参见 Henri Varennes, pp. 165–175; Maurcie Garçon. *Histoire de la Justice sous la IIIe République* Vol. 1 (Paris,1957), p. 233; Richard D. Sonn, *Anarchism and Cultural Politics*, p. 121–122, 引用了报纸 *L'Éclair*, December18,1893, and 256。

起,和马尔洛可在迪恩街(Dean Street)混在一处。他最后一次在英国首都露面是在 1893 年 12 月初。但是 12 月末,埃米尔肯定返回巴黎了,在那,他可能找到了一些杂活干。有人看见他穿着彩色裤子、黑风衣还有一顶草帽——因为无政府主义者都没有什么钱,一般可以认为他们会一直穿一套衣服直到穿破了为止。他看上去比他的哥哥更虚弱,很搞笑地蓄起了稀疏的、红色的山羊胡。很奇怪,一份警方报告指出,埃米尔一嘴加斯科省(Gascon)口音很容易被认出来;因为是在西班牙长大的,他可能更容易有他父母那样的南方口音。无论如何,一个北方警察可能会把任何操着加斯科和普罗旺斯口音的人当成是有南方口音的人,或者是其他那些看上去不熟悉的人。

警方加大了对无政府主义者的打击力度。① 警方大肆搜查、查封报纸(不管是法语的还是外语的),随便找茬甚至根本没有任何理由就抓人,还威胁老板,让他们把那些有无政府主义嫌疑的工人开除。地方法官利用现存法律驱逐外国人,包括德国人、奥地利人、比利时人、意大利人和西班牙人。警方的镇压措施让巴黎城里的无政府主义者集会大为减少。许多重要的好战分子流亡到伦敦,这让一些无政府主义组织遭到削弱。无政府主义者不再组织大规模的集会,因为那样很多便衣警察或是线人可以记录下集会的发言。让人害怕的是那些消失在阴影中的人,那些支持"个人能动性"的伙伴,就像埃米尔。警察继续监视马丹的牛奶商店,并且监视布勒瓦那亨利一家开的名为"充满希望"(À l'Espérance)的旅社。一个警察正在随心所欲地散步,跟在花园里工作的一个人说话。亨利夫人从未收到任何来信,而且她进进出出显得一点异常都没有。她的二儿子,埃米尔·亨利到底上哪去了呢?

---

① 警方加大打击的情况,参见档案 Ba 77, list of anarchists, April 1, 1892, etc., March 23 and August 11, 1892; Ba 1115, police report, August 3, 16, 18, 21 and 23, 1893; "Z. 6," August 19, 1893; Ba 1509, Z. 6 February 19, 1894. 一份报告说,玛沙 8 月 19 日从巴黎动身回到伦敦,"在那他离开了他的哥哥福尔迪奈"。

第六章　两枚炸弹

1893年12月9日,失业工人奥古斯特·瓦扬(Auguste Vaillant)①朝下议院扔了一颗小炸弹。当时他失业在家,已经无法养家糊口,几乎为此发疯。奥古斯特1861年出生在比利时边境的阿登高地(Ardennes),十岁的时候就遭到父亲的遗弃。他一开始当一个糕点学徒。可是有一天他实在太饿,就给自己做了一块蛋糕吃,结果被开除了。有一小段时间,他在一家锯木厂工作,后来又在查尔维耶(Charleville)干了一段时间体力活,拆除一个堡垒。他由于一次吃霸王餐被逮捕。在12岁的时候,他的一个姑姑把这个小孩子送上一列开往马赛的火车,尽管他当时没有票。他又被逮捕了,在科西嘉岛当宪兵的父亲给他交了16法郎的罚款。从那天起,奥古斯特就自食其力了。他走遍了马赛城,由于饥饿难耐,为了活下去,他到处偷东西吃。他曾经因为偷窃和行乞四次入狱。

瓦扬在阿尔及利亚当了一段时间的采石工,他在1890年去了阿根廷,想开始一段新的生活。在查科省(Chaco),他试着当了两年半的农民。但是一切都很糟糕,他抱怨他周围的环境简直就是某种奴隶制。1893年,瓦扬回到法国,开始在蒙马特地区生活,不久他结了

---

① 关于瓦扬,参见档案 Ba 141;另见 Auguste Vaillant: André Salmon, *La Terreur noire* (Paris, 1959), pp. 294-298; Jean Maitron, *Histoire de mouvement anarchiste en France* (1880—1914) (Paris, 1951), pp. 212-217; Henri Varennes, pp. 98-133.

婚,婚后很快他的妻子就生下一个女儿,起名叫"席多妮"(Sidonie)。瓦扬在圣-德尼斯找了份皮匠的活。瓦扬的老板不愿意每周给他多于12法郎,他就提醒老板说自己还有老婆孩子要养。可是他老板回答道:"我才不管你的老婆孩子呢。我雇的是你。"他最开始接触了社会主义,之后变成一个无政府主义者,在蒙马特地区和"独立者"与"平等"两个组织厮混在一起。

　　瓦扬一家住在舒瓦西勒鲁瓦(Choisy-le-Roi)的郊区,过着食不果腹的日子,于是瓦扬决定弄一次爆炸,让法国人关注到像他一样的穷人正受着什么样的罪。他买了一些材料,组装了一个小炸弹,他放了一些绿色粉末,硫酸,还有小钉子,只要杀不死人就行。他弄来一个可以旁听的会议的来访通行证,溜进了下议院。他坐在露台的第二层,然后站起来,把炸弹丢向第一排一个大惊失色的女人头上。当这颗小炸弹爆炸的时候,下议院的主席几乎没有受到影响,很镇定地宣布,"会议继续"。

　　一些与会者,包括一位牧师还有一些议员都受了非常轻的伤。瓦扬自己也在扔炸弹的时候受了一点伤,之后去中心医院(Hôtel Dieu)治病。在那里,医生发现他手上有枪药的痕迹。他之后被捕,也准备认罪,说自己是单独行动的。确实,他没有供出那些知道他的计划的无政府主义者。他坚称,炸哪一个议员没什么不一样,并且他想袭击的就是社会的这种组织方式。

　　亨利·雷莱在美丽城的"暴风骤雨"(Le Déluge)酒吧,早上7点左右来了一个工人,来了就大笑大叫:"号外!'水族馆'炸了!"①酒吧里似乎没有人吃惊。他们已经料到了。那天早上,酒吧里没有人对受伤的议员表示同情。对于埃米尔和在酒吧里批评议员的人而言,这些议员们一天拿25法郎的工资却什么也不干。一个工人建议,萨迪·卡诺应该给扔炸弹的这个人授勋,另一个人接着说,干这

---

① 参见 Henry Leyret, p. 155。

票的无政府主义者真是个"硬汉"。

在 12 月 11 日,警方得到消息①,说无政府主义者准备在波旁宫的入口制造爆炸,甚至可能去炸爱丽舍宫,这是总统的府邸。14 区的"伙伴"(Compagnons)组织和第 12 区的"无国界"(No Country)组织都倾向于第一个方案,伦敦的无政府主义者也支持第一个,因为他们相信,在下议院制造爆炸,只不过是一个特别有象征意味的袭击,因为财政丑闻比乌烟瘴气的"水族馆"要更惹人注意。②

公众舆论对知识分子非常不满,因为后者对无政府主义过分地同情,给了无政府主义一种体面的诱惑。一本名为《知识的共谋和态度的犯罪:无政府主义者宣传对犯罪的挑唆与道歉》(*On Intellectual Complicity and Crimes of Opinion: the Provocations and Apologies for Crimes by Anarchist Propaganda*),这本书在近来一系列无政府主义袭击之后马上就出版了,书中宣称知识分子应该为法国有越来越多的无政府主义者而负责。作者把陀思妥耶夫斯基的《罪与罚》这本书称为"指导暗杀的优秀手册",并且说,西班牙的无政府主义者圣地亚哥·萨尔瓦多,他在巴塞罗那里世奥的剧院,他曾经读过马拉泰斯塔和其他无政府主义理论家的著作,受了他们的影响。对于无政府主义的国际化和像伦敦这样愿意接受逃亡者的地方,现存的法律似乎无可奈何,依据法律来对抗无政府主义毫无希望。廉价的报纸在巴黎到处可见,大肆宣传危险的思想;反动的印刷品给巴黎人造成一种"麻醉"的效果,而巴黎人已经因为嗜酒变得非常虚弱。一个地方法官认为通过思想搞宣传和"制造事端搞运动"是一样的,而前者也等于犯罪。在他看来,无政府主义的理论家们跟那些真的拿着刀的杀人犯别无二致。③

---

① 参见档案 F7 12516,December 11,1893。

② 关于对知识分子的不满,参见 M. P. Fabreguettes,*De la complicité intellectuelle et des délits d'opinion: de la provocation et de l'apologie criminelles de la propaganda anarchiste*(Paris,1894—1895),pp. 6,19-22,34-35,尤见 chapter 8。

③ 参见 Guillaume Loubat,*Code de la Législation contre les anarchistes*(Paris,1895),p. 188。

那么,法国和其他国家对于恐怖主义事件的反应如何呢?下议院和上议院进行了激烈的争论,之后于 12 月 12 日和 18 日通过了两部极具争议的法律,批评者认为这些法律非常不公平,社会主义者骂它们是"无赖的"或是"可耻的"法律,①因为这两部法律也可以用来针对他们。两部法律允许起诉任何写东西同情无政府主义的人,因为这些写作间接地煽动犯罪。12 月 12 日通过的那部法律加强了现存的媒体法律(1881 年的法律);它最开始并没有针对无政府主义者,而是针对那些在一份社会主义报纸上写文章的作者,他们表现出对奥古斯特·瓦扬困境的同情。这就说明,这部法律确实是针对所有左翼的政治反对派。这部法律允许没收报纸和预防性的逮捕。法律把任何对爆炸袭击、谋杀、抢劫、纵火或其他暴力行为表示的同情都视作犯罪,甚至无政府主义者实施的盗窃和反战宣传也不例外。

12 月 18 日通过的那部法律编纂了作恶者或说干坏事的人的词条,暗示了一场针对人、财产和公共安全的大规模无政府主义阴谋。法律为这类罪行设置了非常严厉的惩罚,对任何制造和保存炸弹或制作炸弹材料的人,施以死刑。这部法律认为"无政府主义宗派"已经构成了名副其实的协会组织,这样的组织没有任何法律基础,也没有依据任何文件,而是建基于无政府主义者之间达成的既成共识。

当时,无政府主义运动被认为是一个正式的协会组织,可以接受和保护它的成员。这是早先的手工业行会(Conpagronnage)的目的所在(尽管没有提及),中世纪时那些技术工匠走遍各处的城镇来磨练自己的技术,在他的同行那获得食宿。现在,当无政府主义者面临政府的起诉、找不到工作或者有特别任务要执行时,从巴黎

---

① 参见 Ba 1500,Janary 5,1894;(Guillaume) Loubat,; Jean-Pierre Machelon,pp. 413-414,436-440;*Journal Official*,December 19,1893; Raymond Manevy,p. 140. 见 Uri Eisenzweig,pp. 300-302;另见档案 searches,F7 12508。

到了外省城市,甚至到了其他国家,他们都会受到当地无政府主义者的帮助。警方援引了这样一个例子,主编《叛乱报》的让·格拉夫在穆夫塔尔路(Mouffetard)上的办公室提供小额的资金,给无政府主义者提供最小限度的帮助或者奖励宣传。因为无政府主义者的宣传经常是集体参与的,这部新的法律假定,任何已经参加各种集会的无政府主义者都是在试图通过暴力来损害政权。无政府主义报纸甚至任何替无政府主义说话的报纸现在都被认为是"点着了火柴往爆炸物上扔"。

这样,无政府主义本身变成了一种犯罪。根据12月18日通过的法律,对于作恶者的犯罪组织的诉讼,不仅可以在无政府主义者犯罪之后提起,甚至预期到有可能犯罪或有同情无政府主义,都可以对其提起诉讼。于是,任何认识无政府主义者或谈及无政府主义的人都可以被起诉,因为他有可能是无政府主义组织的成员,无政府主义组织的存在本身就被认为是天然的犯罪,是对公共安全的威胁。

一个人尽管什么都没干,没有参与其中,也会被认为是某项严重犯罪的同谋。一位质疑这部法律的批评家举了一个例子,说明法律可能造成的后果。一个无政府主义者犯了罪,之后寄住在一个朋友家里。这个罪犯在房子的主人给他的一片纸上写了什么东西,而这位房主不一定是一个无政府主义者。于是,这两个"罪犯"还有那个他正在拜访的、给他提供了一张床和一片纸的人都可能被当成无政府主义阴谋的参与者遭到起诉,然后被处以非常严厉的刑罚。利用这部法律的灵活性,一个公诉人同样可以假定,《叛乱报》报社里的一把刀,不管是干什么用的,都可以算作是凶器。一个为穷人提供食物的社会改革者遭到了起诉,其实是因为他当着吃东西的人演讲。警方从地理学家埃里塞·荷克吕那找到了几份关于西西里岛的文件,从中确信他们已经找到了一个秘密组织的证据。甚至讲关于无政府主义的笑话都可能被送进监狱。

法国当局的这种对无政府主义的镇压在意大利和西班牙也被效仿。1894年6月,作为对无政府主义袭击的反应,西班牙通过了紧急立法,全面禁止有"颠覆"嫌疑的报纸和政党。政府把3000多名无政府主义者遣送到海外流放地,还有数百名无政府主义者流亡到国外。在西班牙,警方开始起诉劳工组织,认为他们有"革命企图",所以理所当然是危险的。任何政治上的不同意见如果有左翼倾向都会被确定为具有无政府主义威胁。警方骚扰社会主义者,并且关闭无政府主义者的文化出版单位。①

同时,12月在巴黎附近发现了更多的可疑物品,这些物品都被带到首席化学家吉拉尔的市政实验室加以鉴定。就在圣诞节之前,这位化学家检测了一只死耗子,之前有人把这玩意儿用纸包起来送到一个红酒商人那里。经吉拉尔判断,这东西不是一枚炸弹。②

警方的突袭和搜查一波接一波,所有类型的无政府主义者都成为警方的目标。警方开列了一张清单,列出了在巴黎的500多个无政府主义者,还额外凑了一份外国无政府主义者的名单。福尔迪奈·亨利的住址就上了名单,但是上面标的是未知,尽管他那时正在监狱里;而且埃米尔也榜上有名,也标注了下落不明。从1894年1月1日早上6点开始,法国警方一共进行了552次搜查。在1月和2月,248人因涉嫌参与无政府主义活动被捕,③其中80人到2月底依然给关在监狱里,尽管警方抱怨最近的搜查和逮捕——响着警笛的警察突如其来,警察来的时候都挥舞着枪——给了无政府主义者预警的时间,使他们得以销毁报纸或者直接逃跑。同时,无政府主义者在西班牙制造的爆炸造成了大规模的恐慌。一个记者说,炸弹"对整

---

① 关于西班牙和意大利的无政府主义袭击,参见 Carl Levy, "The Anarchist Assassin and Italian History: 1870s to 1930s," unpublished paper, p. 10,指出在意大利,无政府主义袭击开辟了一条使极左翼(包括社会主义和激进主义)与自由主义之间和解的道路,成了意大利历史的一个转折点;另见 George Eisenwein, "Sources of Anarchist Terrorism in Late-19th Century Spain," unpublished paper, pp. 9, 15。

② 参见档案 Ba 66, Girard December 23, 1893。

③ 参见档案 F7 12504, April 27, 1894 Prefecture de police, cabinet du préfet。

个资产阶级而言就是一种威胁……①没有人不害怕炸药、硝酸甘油和雷管……撒旦给自己造了一枚炸弹,想和上帝平起平坐。"在巴黎,饱受警方系统性大规模围捕煎熬的不只是无政府主义者这一群人。在巴黎公社之后,还没出现过这类情况。

很多熟悉的面孔在巴黎的大围捕中被捕,其中就包括雷维耶,那个两年半之前在克里希被逮捕和毒打的锁匠;阿西尔·埃提埃旺,无政府主义排字工,被怀疑知道被偷的那批炸药的下落;埃里塞·巴斯塔尔(Élisée Bastard),无政府主义演讲家。② 亚历山大·柯亨(Alexander Cohen)是一个荷兰人,他曾经为奥戴昂剧院翻译过一部戏剧,这次也被捕并且被驱逐出境。在图卢兹,一个人以"同情犯罪和谋杀"的罪名遭到起诉,就因为他喊过"无政府主义万岁!拉瓦绍尔万岁!"一个无政府主义者被判处两年徒刑,就因为他跟一个人宣扬无政府主义理论,后来这个人从他老板那里偷了东西。一个名叫鲁塞(Rousset)的无政府主义者被送上法庭,因为他组织过晚间集会,这场集会给5000个人提供了晚餐,并且从许多著名作家那接受了捐赠,比如斯蒂法那·马拉美(Stéphane Mallarmé)、埃米尔·左拉,和阿尔方斯·都德(Alphonse Daudet)。内政部长雷纳尔(Raynal)要求给那些虽不是无政府主义者但是与之有牵连的人也开列名单,因为他们"可以通过私人友谊给无政府主义者提供援助"。③ 警察禁止报亭出售《佩那尔老爹报》、《叛乱报》、《自由评论》(Revue libertaire)等报刊,甚至很多社会主义的报纸也遭到禁售。埃米尔·普热因为害怕被捕,于1894年1月离开巴黎去了伦敦。(后来在伦敦,他卷入

---

① 参见 Richard Bach Jensen, "Daggers, Rifles and Dynamite : Anarchist Terrorism in Nineteenth Century Europe," *Terrorism and Political Violence*, 16, 1 (Spring 2004), p.138。

② 在巴黎遭逮捕的无政府主义者,参见档案 Ba 1500; Jean-Pierre Machelon, pp.418-419, 432; Richard D. Sonn, *Anarchism and Cultural Politics*, p.20; F7 12508; Joan U. Halperin, p.51; 432; Henri Varennes, pp.140-145。

③ 参见 Henri Varennes, p.101。

了一场欺诈案,他卖给一个收藏家一些牙齿,说是拉瓦绍尔的,一块卖的还有一些伪造的照片,照片里的都是1789年的著名革命者——罗伯斯皮尔,马拉特还有丹东。①)警方于1894年2月21日查禁了《佩那尔老爹报》。

即使在那时,一些报纸还是刊登了警方过度执法的情况。② 德福尔热(Desforges)是一个卖报纸的,他在克里希广场上经营一个报亭,他和他17岁的儿子一块被拘留,而他儿子从来没有犯过任何事儿。雕塑家路易斯·布歇(Louis Bouchez)在他父母家被逮捕,因为他曾经对无政府主义表达过同情,仅此而已。家具商查尔斯·保罗(Charles Paul)曾经参加过一个位于蒙马特地区的雷皮克路(rue Lépic)上的一个体育组织,他也被指控,说他是一个住在这个无政府主义第二中心的著名伙伴的朋友。这就已经足够让他身陷牢狱。

12月18日或稍早一些时候,埃米尔返回了巴黎,这时他已经看到了政府采取的一系列针对无政府主义者的严厉措施可能造成的后果——间谍行为,搜查,把人们从家里残忍地带走,再关进监狱。部分因为他们制造的爆炸,无政府主义者已经变成"被四处围捕的困兽,资产阶级的报纸还叫嚣着把他们消灭"。警方的奸细会把包着单宁酸的包裹藏起来,而这些包裹第二天就会在警方搜查的时候"被发现"。警方用这种勾当,就能把他们想收拾的那些无政府主义者很快送进监狱,关上三年。(埃米尔的朋友梅里格(Mérigeaud)就遇上过这档子事)。内政部长雷纳尔于是可以在下议院以胜利者的姿态宣布,他采取的那些措施"把恐怖丢还给了无政府主义阵营"。

有些报纸的想法更新奇,说每一个无政府主义者都应该或多或

---

① 参见 Edward Peter Fitzgerald, p. 262; F7 13053, Moreau, "Commissaire special, anarchisme en France", 1897。

② 警方的过度执法,参见 *La Libre Parole*, January 28, 1894。

少的持续受审,受审的时候,"旁边站着一个警察,在关键的时刻抓着这个无政府主义者的胳膊"。① 然而,无政府主义者数量众多,没有足够的侦探去跟踪他们所有人。警方可以利用便衣侦探,蹲守在那些无政府主义者集会的重要场所,也可以往无政府主义者居住的楼里一天派个几波侦探,但这是有限的。没有人可能被随时随地监视,而且很多警方特别想抓的人,比如埃米尔,实际证明根本难以被发现。

1月10日,奥古斯特·瓦扬被送上法庭接受审判。他漫无目的地为自己辩护,真心实意地引用了很多启蒙哲学家和一些剧作家的思想,比如剧作家亨德里克·易卜生(Hendrik Ibsen),但并没有什么实际意义。他谴责了帝国主义,尤其是"这被诅咒的社会,在其中人们只能看到一个孤立的个体徒劳地耗尽全部来供养成千上万的家庭……而同时某些人依靠成千上万食不果腹的人的血汗过活"。他被判处死刑。

瓦扬死期在即,他年幼的女儿席多妮陷入绝境,这引起了巴黎郊区很多人的极大关注。为什么萨迪·卡诺总统不赦免他?"谁知道呢?"他们在"暴风骤雨"酒吧里说:"或许如果瓦扬有足够的食物来养活他的小席多妮,他就不会想去扔炸弹!无论如何,他一个人也没炸死,那些受轻伤的人很快就好了。为什么砍他的头?"一群社会主义的议员和温和派政客乔治·克莱蒙梭②也在那些质问萨迪·卡诺总统为何不免他一死的人之列。瓦扬的小女儿给总统夫人去了一封信,然而没起任何作用。君主主义者乌载公爵夫人(the duchesse of Uzès)表

---

① 参见档案 F7 12504,April 27,1894,Prefecture de police, cabinet du préfet。

② 克莱蒙梭(Georges Clemenceau,1841—1929),法国政治家、新闻记者、法兰西第三共和国总理,法国近代史上少数几个最负盛名的政治家之一,他为第一次世界大战协约国的胜利和凡尔赛和约的签订作出重要贡献,被当时欧洲人称为"胜利之父"。——译注

示希望能收养这位无政府主义者的女儿;而无政府主义者赛巴斯蒂昂·富尔最终在瓦扬的要求之下接管了这个女孩。整个巴黎都在等待执行死刑。有人给警方送了一封匿名的警告信,说无政府主义者在罗盖特广场附近租了一个房间,而这正是巴黎执行死刑的地方,他们正计划在那制造爆炸袭击。谣言四起,说无政府主义者到时会跳出来刺死首席刽子手,路易斯·戴博雷,然后把瓦扬劫走。警方想知道,无政府主义者打算来行刑现场是不是因为想听瓦扬的临终遗言。

临刑当天,瓦扬一开始拒绝和监狱牧师说话,后来当被问到他是否想在受刑之前喝下一杯生命之水①的时候,他回答道:"我不是杀人凶手。我不用喝酒来壮胆。"1894 年 2 月 5 日,纪尧蒂那(Guillotine)博士②的铡刀落了下来。奥古斯特·瓦扬成了法国在 19 世纪唯一一名没有杀人却被送上断头台的犯人。③

死刑执行的消息迅速传遍了巴黎的工人阶级,是日,暗无天日,愁云密布,"冰冷而灰暗的大气都透露出哀痛"。社会再一次证明其本身"不是安抚安抚就完了的"。在亨利·雷莱的酒吧里,一种困惑的氛围挥之不去,"一种荒凉的麻木,④伴随着对未来愤怒的喊叫,还有对不久之后进行复仇的希望"。对工人们来说,这实在令人震恐,尤其是在这样一个灰色的冬天里,这时很多人很难找到份工作,比如说在建筑行业,而且濒临无账可赊,已经被苦难逼到了墙角。如果说瓦扬干了像拉瓦绍尔那样的大事,那他被处死还有情可原。但是瓦扬很老实,并不是个贼。都赖这不景气的经济。在 1 月份,巴黎有个三口之家因为交不上房租甚至没钱吃饭,极度悲惨地冻饿而死。⑤

---

① 生命之水(eau-de-vie),法国对白兰地的昵称。——译注
② 纪尧蒂那(Guillotine)博士,断头台的发明者,另见后文具体解释。——译注
③ 关于对瓦扬的审判,参见档案 Ba 79,January 29 and 30,1894;另见 Henri Varennes,pp. 108-133; Henry Leyret,pp. 156-160。
④ 参见 Henry Leyret,pp. 159-160。
⑤ 参见 Raymond Manevy,p. 60。

在这样一个异常寒冷的冬天,类似的惨剧在穷困百姓中接连不断,这又一次揭露了社会可怕的不公平。

在美丽城的大小工厂、作坊和酒吧里,瓦扬被处死的事情让人们记起那个更早的殉难者——拉瓦绍尔临刑的画面。雷莱偶然听到有人说,"他们想以财产的名义粉碎他,可是郊区工人根本就没有什么财产……无政府主义就是在扩大它的影响,渗透"。数百名被逮捕的人都是苦出身,于是给人造成这样的印象:政府还有它的鹰犬们代表富人的利益在迫害穷人。瓦扬就是资产阶级的牺牲品。许多工人都被吸引到无政府主义阵营,尽管各种流派的理论不尽相同。他们一块分享着彼此的苦痛、悲惨还有"那阴郁的绝望"。无政府主义给统治阶级造成的威胁比"制造事端搞宣传"还多:"感觉的无政府主义!"在雷莱酒吧里有两个顾客几乎要大打出手,起因是其中一个管无政府主义者叫"土匪",不是说瓦扬就是土匪,而是很多人打着无政府主义的旗号四处偷窃。不止一个工人说,再也不买卡诺总统的账了。近郊区里也到处流传说"水族馆"会爆炸!① 任何事都有可能发生。巴黎的有钱人和警方都在等待有人为瓦扬被处死而复仇。②

大约在1893年12月15日,埃米尔来到了那家钟表店,他1892年曾经在那里当过一个月的学徒。他问店老板那有没有他能干的活,他说之前去了伦敦,不过现在他要在巴黎待上一阵,想找点活干。他想卖给点老板一块表,但这表没有分针,一分钱都不值。③

12月20日,埃米尔出现在美丽城的昂维埃日路(rue des Envierges)上的佛舍尔公寓(Villa Faucheur,这是店主的名字)。④ 他说他是一个技工,拿出一张以前房东的介绍信(后来发现这根本就是伪

---

① 参见 Henry Leyret, pp. 153-154;另见档案 Ba 79, February 1, 1894。
② 参见档案 Ba 79, January 29, 1894。
③ 关于在钟表匠处的情况,参见档案 Ba 1115, "Notices sur Émile Henry," February 13, 1894。
④ 关于佛舍尔公寓,参见 *Le Figaro*, February 16, 1894; *L'Éclair*, February 17, 1894; *L'Écho de Paris*, February 18, 1894; *Le Matin*, February 16, 1894。

造的),他租下了一个小房间。租金是 120 法郎一年,他给了看门人 5 法郎的小费。这次他登记的名字是埃米尔·杜布瓦(Émile Dubois)①(他在莫尔兰大街住的时候用的化名是路易斯·杜布瓦(Louis Dubois))。尽管佛舍尔公寓名字听起来高大上,其实是一个非常寒酸的地方,就是一个很大的工人宿舍(cité ouvrière),位于一条两侧都是工人住宅的街道上。在 1 号楼和 3 号楼前有两个很大的入口,外面有两扇大铁门。有几个不是太有钱的资产阶级也住在这几栋楼里,其中包括七八个警察。更贫穷的住户,比如说这位"杜布瓦",都住在很后面。他的房间就在一号通道的中间,道中间靠左,对面有一块小空地。这栋小建筑的两边有两堵一米高的矮墙,上面还有铁丝网,围着这栋房子,里面有个很小的花园。埃米尔的房间在四楼,正对着楼梯,两边分别住着一个铜车工和一个老头,是个首饰匠。

要是埃米尔走出了大门,向右拐,在他下面就是美丽城花园(有时候人们也叫它美丽城公园)。要是在一个风和日丽的日子,没准他都能很容易地看到埃菲尔铁塔,那时,铁塔才刚刚建好四年;也能看到先贤祠,那里埋葬着这个国家的圣贤们;还能看见巴黎圣母院——这三座宏伟的建筑都是敌人的象征,都是他想毁之而后快的地方。巴尔扎克的小说《高老头》也是那个世纪的产物,那时刚刚发表了没几年,主人公拉斯蒂涅(Rastignac),这个从夏朗德(Charentes)来的没落贵族青年,曾站在拉雪兹神父公墓俯视富丽堂皇的昂坦大街(Chaussée d'Antin)和巴黎大剧院。他朝那个方向打了个手势,说,从今往后,他和这个他想征服的世界之间就会爆发一场战争,直到上层社会接受他。此时埃米尔也俯视这座精美的灯火之城,却在宣布着另一场战争,一场破坏的战争。

一个邻居说,他甚至不知道埃米尔叫什么,但是觉得这个新房客是个非常善良文雅的年轻人。他没有给任何人添麻烦。有时,他晚

---

① 关于"埃米尔·杜布瓦",参见 *L'Intransigeant*, February 17, 1894。

上回来得很晚,得有 9 点之后了,甚至到 11 点,并且在那些日子里,有人听见他哼唱无政府主义歌曲。住在那的那段时间,"埃米尔·杜布瓦"只有一个已知的访客,是一个衣着讲究的学法律的学生,看上去 20 来岁,他们俩一块待了一两天,尽管另一个邻居说总是有人过来问是不是有个叫杜布瓦的人住在附近。① 他在这收到过两封信——其中一封是从英格兰来的。

在 1894 年 1 月中旬,有人偶然听到康斯坦·马丹和另一个无政府主义者谈话,话里可能暗示埃米尔正躲在梅尼蒙当(Ménilmontant)的不知什么地方。人们以为他把住的屋子改造成了一个"无政府主义实验室"。无政府主义好战分子雅克·布洛娄(Jacques Prolo)人脉极广,四处留名,监视他的人说可能发现了埃米尔,因为他们似乎肯定在某个时候见过面。警方相信埃米尔已经和其他三个无政府主义者一道回了巴黎。头牌便衣密探"雷昂"(Léon)② 2 月 4 日表达了他的观点,认为埃米尔就在美丽城或是蒙马特地区的什么地方。同一天,一个警方的线人报告说埃米尔肯定回到了巴黎。

他确实回来了。康斯坦·马丹的儿子已经告诉别人,说有人在四天前看见过埃米尔。2 月 8 日,便衣警察塔那再次确定,在 1892 年 11 月 8 日的那次爆炸袭击中使用的炸弹就是埃米尔和保罗·彭那尔组装的,后者是一个无政府主义鞋匠,人称"杜设斯那",这是法国大革命时期一份激进报纸的名字。爆炸发生一天之前,在卡尔茅煤矿公司,有人看见过彭那尔和无政府主义歌手阿得里安娜·沙耶两个人。如果阿得里安娜·沙耶曾经帮助过他们把炸弹带进楼里——这当然无法确定,那么他肯定是受了那两个人的指使,无论如何,毫无疑问她就是这场爆炸袭击的同谋③。埃米尔可能是站在前

---

① 参见档案 Ba 1115,"Populo," January 15,18,23 and 24,1894。

② 关于雷昂,参见档案 Léon,February 4 and 6,1894;Ba 1115,February 11—12,1894。

③ 关于安德里娜·沙耶,参见档案 Ba 1115,Léon,February 8 and Thanne February 8 and 9,1894。

门放哨的。塔那能获得这些信息是非常走运的,因为事先知道袭击计划的无政府主义者只有两个或者三个。为了证明沙耶积极参与了袭击,塔那只能把她设想成是这两人其中一人的情妇,为此,他希望去访问她的房东、门房或者旅馆的门童。如果埃米尔应为爆炸袭击负责这个假设成立,无疑,他出现在巴黎就更加具有威胁。

两天之后,布尔丹(Bourdin)兄弟之一,一个在伦敦避难的法国无政府主义者,回到了巴黎,并在2月7日在美丽城的一条街上见到了埃米尔。在那,埃米尔很容易在一片机械作坊和铁匠铺和酒吧之中藏匿踪迹。确实,他试图去见马丹,有好几个下午,在卡代广场(Place Cadet)或卡代路(Rue Cadet)上,他都被盯上了,着急忙慌地显然是想去和什么人见面。雅克·布洛娄知道到哪去找到他。在伦敦,埃米尔·普热告诉别人他有这位年轻朋友的消息,但是没有泄露什么特别的东西。然而在2月11日,便衣警察"雷昂"报告说,埃米尔已经在三四天前离开巴黎了,去了外省的什么地方。这个警察想,也许他是去了布勒瓦那,甚至是去了诺曼底,他肯定有朋友在那。警区的警长在这份报告上很笃定地写了一个"不",事实证明,他是对的。埃米尔在诺曼底没有朋友。

埃米尔希望能直接炸死总统萨迪·卡诺,因为他拒绝赦免瓦扬。但是爱丽舍宫戒备森严,大铁门太高,不可能翻过去。埃米尔很可能和一个名叫飞利贝尔·保威尔斯(Philibert Pauwels)的比利时无政府主义者,还有那个无政府主义强盗奥尔提兹会了面,告诉他们说,他准备为无政府主义制造一起爆炸案。由于谋杀总统难度太大,不太可能成功,埃米尔修改了他的计划,决定往大剧院或是高档餐馆或咖啡厅里扔一枚炸弹。在很短一段时间里,玛沙几乎每天和埃米尔见面,劝他放弃这个计划。在2月11日,埃米尔变得很恼火,跟玛沙说,"跟你的交情太困扰我了!"①第二天,2月12日,埃米尔没有再出

---

① 参见 Jean Maitron, *Le mouvement anarchiste en France*, I (Paris, 1975), p. 239, 引用了一段与 Matha 夫人的谈话, July 28, 1946。

现见他。那天早晨,他跟佛舍尔公寓的门房说,他可能要离开"很长一段时间"。①

1894 年 2 月 12 日,一个身穿破旧黑裤子、马甲、白衬衫,打着黑领带,穿着靴子的年轻人把一枚炸弹丢向终点站餐馆大厅的一个枝形吊灯。这颗炸弹从吊灯上掉了下来,掉在两张桌子中间的地上,离乐队不远,爆炸发出一声可怕的巨响,之后,浓烟滚滚。子弹和碎铅块溅得到处都是。大理石桌子、金属椅子还有镜子都被炸得稀烂。木地板上给炸出一个很大的窟窿,天花板也给炸穿了。浓烟中,受伤的人尖叫呼号,大厅里一片恐慌。那些伤得不是太厉害的人从他们能找到的任何窗户钻出去逃开,涌到街上和圣-拉扎尔广场上。②

那个给埃米尔上啤酒和雪茄的侍者看到了他回来扔了炸弹。勒布朗克(Leblanc)夫人与她的妹妹和在法兰西银行上班的妹夫坐在一起,也看到了一个年轻人出了门,然后回来扔了什么东西。她记得当时以为他是不想付酒账。他的妹妹艾曼纽(Emmanuelle),想的也是一回事——"嘿,看,他跑了,想赖账。"这三个人都受了伤。查尔斯·维耶瓦雷斯(Charles Villevaleix)以前是海地驻巴黎的大使,当时他坐在靠圣-拉扎尔路附近的座位上,离门不远,他听见一阵噪声,好像是一声大吼,然后就看见玻璃掉到了桌子上。他本能地站起来,马上意识到他的左腿开始流血,流得很厉害。查尔斯·博盖(Charles Beuquet)是一个银行职员,当时坐在乐队附近,他看见一个电灯摔在地上,然后听见了爆炸声。他跑了出去,然后感到他的腿钻

---

① 参见档案 Ba 1115, Léon, February 10 and 11, 1894; *L'Intransigeant*, February 17, 1894。

② 关于扔在终点站餐馆的炸弹的情况,参见档案 Ba 141, testimony;另见报纸 *L'Intransigeant* 和 *L'Éclair*, February 14—15, 1894; *Le Matin*, February 13, 1894; *XIXe Siècle*, February 14, 1894; *L'Evénement*, May 21, 1894。档案 Ba 1115, police reports February 13 and March 27, 1894; Henri Varennes, pp. 213-243。

心地疼。尤莱那·加尔尼尔（Eugène Garnier）自称是一个作家，当时听见一声钝响，就像是爆炸，然后立刻大喊这是一颗炸弹，然后感到好像有人开枪射击了他的左脚、脚跟和小腿。寡妇保琳娜·金斯伯格（Pauline Kinsbourg）当时正和她的女儿坐在两扇门之间，她看见炸弹爆炸，火光冲天接着就浓烟滚滚。她的两条腿都流血了。42岁的欧内斯特·博尔德（Ernest Borde）是个制图员，正和他的好朋友路易斯-拿破仑·万·赫雷维亨（Louis-Napoléon Van Herreweghen）坐在一块，他背对着前门。小乐队正在演奏第一场演出的第三首乐曲，他注意到一个给人印象是外省人的年轻人，拿着一个报纸包着的包裹，用绳子系着。他当时以为这个年轻人可能是拿着一大块卡门贝尔奶酪（camembert cheese）。他们看到他起身离开，之后枝形吊灯的灯泡就碎了，碎片溅到他们坐的桌子上，一个东西在他脚下爆炸。博尔德给炸倒了，身受重伤。万·赫雷维亨从他的右腿上拔出一块碎铅。一片恐慌中，一个人大叫道："我受伤了！让我过去！"然后倒进另一个客人的怀里。一些侍者和头脑冷静的人开始帮助受伤的人，把他们带到旁边的餐馆，或把他们送到楼上的宾馆。

同时，在那颗炸弹实际爆炸之前，那个扔炸弹的人正向伊斯力路（rue d'Isly）的方向逃去。一个看见他的侍者喊道，"抓住他！抓住他！"埃米尔差点撞向另一个侍者，之后他大喊"就是他"来转移他的注意力。他沿着哈维尔路（rue du Havre）跑，在拐入废弃的伊斯力路之前几乎撞上一个报亭。他的目标是跑到圣拉扎尔火车站，混在乘客中间，买一张车票先跑到郊区什么地方。

埃米尔-约瑟夫·马丹盖（Émile-Joseph Martinguet）在皮加勒区（Pigalle）一个办公室工作，当时正路过终点站门口，他一看有人喊抓人，就开始追埃米尔。一个叫蒂希尔（Tissier）的侍者也追埃米尔，一块追的还有一个正巧路过的铁路职员。埃米尔从大衣里掏出手枪，朝那个侍者开了一枪。警察弗朗索瓦·普瓦松（François Poisson）曾经在印度尼西亚服兵役，当时正在附近执勤——极具讽刺意味的是他正跟一个共和国卫队队员聊瓦扬被处死的事——他听见有人大喊："抓住他！"普瓦松问追的是谁,有人喊道,追的是一个扔完炸弹逃跑的人。尽管穿着沉重的皮靴,普瓦松也开始追埃米尔,跟在侍者后面,刚才开的一枪只造成了一点擦伤。一个学徒理发师,雷昂·莫里斯(Léon Maurice),听见有人喊"抓贼！抓杀人犯！抓住他！"就跑到街上,加入了追逐,手里还拿着一把刮胡子用的刷子和一个碗。警察普瓦松赶在了前面,因为埃米尔转身又开了几枪,这时警察于勒·图戴(Jules Toutet)和埃米尔·吉戈(Émile Gigot)也加入了追逐。那个学徒理发师被子弹打瞎了眼睛。两个电车公司的检票员听见了一声枪响,最开始以为是哪个孩子在玩炮仗。后来他们看见警察在追一个人,俩人也开始追埃米尔。在伊斯力路和罗马路(rue de Rome)的拐角,普瓦松抓住了埃米尔,埃米尔直接对着他开枪。第一颗子弹打在警察大衣兜里的一个黑皮钱包上,把几张纸币打碎了。这个钱包救了警察的命。第二颗子弹擦过了他的胳膊。算是警察命大,因为这些子弹都被磨平了,想制造更大的伤害,但这降低了子弹的初速度。当普瓦松举起刀冲着他的头时,埃米尔又开了一枪,但这第三枪打偏了,从警察的脸旁边飞过。其中一个检票员吉耶曼(Guillemin)用检票使的打孔机打埃米尔。渔具商人古斯塔夫·博迪(Gustave Petit)也加入了这场混战,但是一个不知名的人显然是用一根手杖打到渔具商人的头上,导致后来有人怀疑这是在帮助嫌疑犯。普瓦松扑向了埃米尔,两个人滚到了排水沟里。警察把埃米尔压倒,把刀架在他的喉咙上,喊着："别动,王八蛋,动一下我就宰了你！"埃米尔于9点15分被图戴和吉戈警探逮捕。

普瓦松和其他两个一起抓捕埃米尔的人现在得保护嫌疑人免遭一块追赶的这一小拨愤怒的群众殴打。厮打没有多一会,埃米尔就添了好几处瘀伤,鼻子也流了血。他的衣服被撕开了。① 埃米尔一直挣扎,直到最终被一通乱拳乱脚制伏。一个目击者后来回忆到,因

---

① 他的衣服被撕开的情况,参见档案 Ba 1115, reports of guard, February 18, 1894; 另见报纸 L'Éclair, February 15, 1894。

为埃米尔话很少，他看上去更像是个普通的贼，而不是个无政府主义者。协助抓捕的一个人后来回忆道，这个扔炸弹的人眼球似乎要瞪出眼眶，浑身被汗水浸透了。这人似乎一点人性也没有，尤其是他沙哑着叫喊，"一群蠢猪！我要把你们都宰了！"这时来了差不多20个警察。附近饭店里的人都跑出来了。一个女人晕了过去。

当被问及姓名的时候，埃米尔回答"你们自己查去吧"。一开始他否认自己扔了炸弹，但他确实很明确地反社会："弄死越多资产阶级越好……"搜身发现，他身上有六发磨平的子弹，一把有几个刃的刀，一把短匕首，一个铜指套。他还在刀刃上抹了毒药。警察问他为什么携带这么多凶器，他回答道，他总是携带这么多东西来保护他的自由。他承认开枪射击了追他的人，对才打伤一个警察感到失望，要是他开最后一枪之后没有摔倒，他就会用他的刀子。

被捕的这个人身上没有身份证件，但是却在脖子上戴着一个小盒，里面装着一撮头发。其中一个警察问他姓名、年龄和职业，他说他叫雷昂·布雷东（Léon Breton）。他又说，如果警察不喜欢这个名字，叫"勒·布雷东"也成，或者挑个他们喜欢的不管什么名字。问及他的年龄，答案是他看起来几岁就是几岁，警察问他的住址，很显然问不出来，还有他的职业也问不出来。他只说自己是个无政府主义者，警察再问别的问题，他就摆出一套无政府主义的长篇大论。

这位"布雷东"被带到了位于莫斯科路（rue de Moscou）的警察局。追他的人之一马丹盖，也被带到警察局，为了证明逮捕的这个人就是扔炸弹的那个人。马丹盖看到两个年轻人"看起来非常可疑"，一个穿着蓝色的工作服，戴着帽子；另一个是金色头发，非常瘦，留着小胡子，一直站在饭店外面往里看。突然他看到第二个人把炮弹大小的东西扔进了终点站餐馆然后拔腿就跑。当他听见饭店里响起巨大的爆炸声时，他立刻开始追扔炸弹的人，这人转过身来，用一把手枪朝着追他的人的方向射击，起初打了一枪，后来又开了三枪，之后就在伊斯力路和罗马路的拐角处被制伏了。然而马丹盖的供述留下了一个未解的问题，就是他所说的那个第二个人，据马丹盖回忆，看见他站在那个扔炸弹的人旁边,看上去像是帮着这个人放哨的。他确认了"布雷东"就是他在饭店外面看到的两个人之一,而且毫无疑问他就是那个扔炸弹的人,因为当时路灯很亮,他的面孔看得很清楚。

警察找来一个医生,来处理嫌疑犯在被逮捕扭打时候受的轻伤。扔炸弹的人看上去20多岁,如果是的话。医生问他为什么犯下这么滔天的恐怖罪行。布雷东答道,医生认为的"滔天罪行",对于无政府主义者而言不过是家常便饭。为了"迎接一个正义和真正自由的世纪的到来,为了迎接一个给所有人带来幸福的世纪的到来",资产阶级必须要从这个星球消失。当医生问他是否会杀死给他治伤的人,他回答说,他肯定会这么做。

晚上9点35分,负责圣-拉扎尔火车站的警察通知了警察厅和检察官的办公室①,说在终点站餐馆发生了爆炸袭击,许多人伤势严重。警察厅的秘书长恰好就在附近吃晚饭,也接到了警报。在11点30分,一位法官来到警察局,问了"布雷东"一些问题。警察厅长雷皮那(Lépine)也到了警察局,而之前他先去了终点站餐馆查看情况。雷皮那开始试图审讯这个扔炸弹的人,但是这个人除了说自己是单独行动的之外什么也不肯说,然后雷皮那就去见了内政部长。布雷东突然说,他是从外省来巴黎的。具体从哪来?你们管不着!他被一堆人追,现在想知道为什么。他不过当时正经过终点站餐馆。住在阿姆斯特丹路(rue d'Amsterdam)附近的伊曼纽尔(Emmanuel)夫人也被带到警察局,来确认"布雷东"就是那个扔炸弹的人。一个从附近过来的女人出现在警察局,希望能看一眼扔炸弹的人;她当时并不在终点站餐馆,但她从来没见过一个杀人犯,所以必须来看一看。当一个法官再次问他的职业时,"布雷东"松了口,说"写上家具工匠或是扫烟筒的人,你们随便。再写上我从马赛来,或者从北京来,都无所谓。你们自己去查证吧……我有的是功夫和你们耗"。凌晨1

---

① 通知警察厅的情况,参见 *L'Éclair*, February 15, 1894。

点15分,来了一群看热闹的人,当他被送上一辆警车,这群人开始辱骂他。埃米尔回过身去骂他们是懦夫。

与此同时,终点站餐馆已经被警方封锁了,①周围设置了栅栏,把金属的店标也撤下来了。衣服、帽子、纸巾、节目单都成了鲜血淋漓的碎片,到处都是,沾着血的报纸混在金属和木头的碎渣里,破木头椅子、大理石碎块、瓷器和玻璃的碎片都混在一起,满屋子全是。这些都被当作证据封存起来,其中还有一个铁质的工人饭盒。第一个结论很清楚:这次爆炸除了想引起人们关注穷苦大众的困境之外——这是瓦扬制造爆炸的目的——还想杀人害命!当袭击发生两小时之后,雷皮那来到了终点站餐馆,发现有两个脸色煞白的收银员还坐在他们的椅子上,吓得身如槁木,还在看管着饭店晚上的收益。一个侍者要求独自离开,他筋疲力尽,迷迷糊糊,又累又饿。在宾馆里,客人们都紧张地问服务人员到底发生了什么,其中一些客人想立刻搬出他们的房间。终点站餐馆在第二天下午2点30分恢复营业,路过的人们都在门前停下来,只是呆呆地往里看。

所有在巴黎和塞纳区被捕的嫌疑犯都会先被转送到西岱岛的巴黎大法院里的拘留所。② 平均每天有大概150个人被带到这里。许多人都是被关在一辆两匹马拉的警车里送来的,不算那两匹拉车的马,人们把警车车厢叫做"沙拉搅拌器",让人想起生菜是怎么被摇晃和弄干的,而且这警车的小窗户很像那烹饪工具。犯人会被带进接收室,那里有两个检察官负责办理手续。检察官登记上"布雷东"这个埃米尔用的假名,还有他的被捕原因:谋杀未遂。之后,他被带进一个小院子,实际就是一个空场,之后又被带进一扇通往拘留所的门。他在那里被要求脱下鞋子,然后接受仔细搜查。他又一次说,自

---

① 终点站咖啡馆被封锁的情况,参见报纸 *XIXe Siècle*, *L'Intransigeant*, *L'Éclair*, February 14, 1894。

② 被送进拘留所,参见档案 Ba 1113, police report, February 13, 1894。

己叫雷昂·布雷东，1874 年出生，出生地点没有说，又说他不会告诉警察他在哪出生的，父母叫什么。他声称自己是一个家具工匠，未婚，在巴黎没有住处。他拒绝在第一次审讯的记录上签字。收集信息和准备起诉"布雷东"的过程很快开始了，预审法官梅耶（Meyer）负责这起案件。

凌晨 2 点 45 分，这个扔炸弹的人被送到楼右侧的看守所，第 8 号牢房。警卫可以从这间牢房的顶上监视里面的情况，他们在牢房上面如迷宫一般的楼梯和铁制步道上走来走去。监狱的牢房分上下两层，夹在矫正法庭（Correctional Courts）和巡回审判法庭（Assize Courts）之间，有一个又高又窄的中殿，两侧是很小的牢房，每个牢房都有小玻璃窗，两边都有。在监狱的另一头是公共空间，在那里，犯人有一小会时间可以放风，他们经常在那里刻下自己的名字和被送进来的日期。埃米尔马上要求给他拿一条铺在床上的被子，说话的语气好像是一个非常了解监狱规矩的人。警察拒绝了他的要求，他自信满满地回答说，第二天早上他就能看见这条被子。之后，他爬上床，很快就睡着了。两个检察官在牢房里看着他直到早上 5 点，他们接到命令，要尽可能从他那获取任何信息。事实上，这两个检察官会一直在"布雷东"的牢房里，两个人轮班倒。

在度过一个煎熬的长夜之后，埃米尔一觉睡到中午 11 点 30 分。之后他问了一个关于法庭调查的具体问题，想知道自己是否会长时间待在这个临时的拘留所里。他被告知，这要看他是否合作，他回答说他绝不合作。有趣的是，他似乎特别在乎检方通过何种方式了解到他的真实身份，还有就是最有可能的，他想起一种办法，就是公布他的照片，"因为还是有人认识我的，有人能认出我来。"他准备承认他在一些无政府主义者集会上出现过，说出一些重要的集会，尤其是那次在商业礼堂举行的，在那次集会之后，他的哥哥因为挥舞着一个看上去像炸弹雷管似的东西而被逮捕——他自己也被逮捕了。他说他参与了一次布朗日追随者组织的集会，这次集会上"无政府主义者受到非常不好的招待"。然而，他确信这些集会的成果都极其平庸，只有在"制造事端搞宣传"的行动之后举办,这样的集会才能有点效果。

同一天,埃米尔被带到一个"人种学检查"(anthropomorphic)部门,①在那里阿尔方斯·贝尔提隆(Alphonse Bertillon)主教——也是发明此项检查的人——测量了他的头和身体,包括身高,和中指、左脚、耳朵、小臂等部位的长度。他也给埃米尔拍了照片。2月13日下午1点50分,这名犯人被带去见梅耶法官。② 在这二十分钟的会面中,"布雷东"改口说自己叫雷昂马丹,承认自己扔了炸弹,并且坚持说自己是单独干这一票的。他又说,而且不是最后一次说,他只对一件事很失望:这次袭击的受害者不够多。

"布雷东"在牢房里问起饭店里有多少受害者。至于为什么朝那个拿着剑制伏他的警察普瓦松开三枪,他解释说,是为了"正当防卫"。③ 他又说,像其他无政府主义者一样,他不是针对某个特别的人,比如说某个法官,"而是针对整个资产阶级,而法官不过是这个阶级的一个代表"。他称颂瓦扬的所作所为。还警告他的看守,他知道他们所有的鬼把戏。他是一个无政府主义者,而他们是条子。他自己要是不想说,他们别想从他嘴里撬出一个字。至于为什么往终点站餐馆扔炸弹呢?"就是因为有钱人经常去那。"警卫换岗的时候,他就赞美拉瓦绍尔,说他是一个"殉难者"。

又一次,一个无政府主义者袭击了巴黎。第二天,《晨报》就登出了"为瓦扬复仇的人"这样振聋发聩的头条报道。④ 这篇报道一开始就说得完全正确,指出这次不再针对政府或是它的官员与代表,也不

---

① "人种学"部门的情况,参见档案 Ba 141, February 13, 1894 2:30 a.m.;档案 Ba1115 中的 *Observations anthropométriques* 一条,提到他有多处小伤疤,并记录下他的身高为5英尺3英寸(合162厘米)。

② 去见梅耶法官的情况,参见档案 F7 12517;另见报纸 *Le Matin*, February 13 1894。

③ 他辩称是"正当防卫",参见档案 Ba 1115, *fichier* and reports of February 13, 1894;另见报纸 *L'Éclair*, February 15, 1894。

④ 参见 *Le Matin*, February 13, 1894。

是针对标志性建筑物,更不是商业巨富和工业巨子的办公室或宅邸,而是针对那些在饭店里喝啤酒听音乐的普通人。巴黎似乎面临更大的威胁,警察因为准备不充分而备受责备。报纸要求严厉并且迅速的行动。在 12 个受伤的人中,有几个伤势非常严重。

杜沙戴勒(Duchâtel)和杜蒂永(Duthion)这两个看守①逐渐可以和他们看守的"布雷东"搭上话了。"布雷东"问他们两个,巴黎市政府的首席化学家吉拉尔是否发现了这次爆炸使用的炸弹的成分。这个问题似乎让他非常上心。于是他开始非常自豪地交代炸弹的细节。炸弹里放了大概 700 克重的铅弹碎片,炸弹总重量达到了 2 公斤。他还解释说,他先去了和平餐馆(Café de la Paix),然后又去了美利坚餐馆(Café Américain),但发现里面坐的人都不多,所以他又去了终点站餐馆,在那等着人来得足够多了,才扔的炸弹。

看守所往各个法院和警察局分发了 100 多张"布雷东"的照片,以确定他的真实身份。在圣埃提埃那的法官马上就注意到,照片里这个人和一个与当地无政府主义者过从甚密的人长得很像。《闪电报》(L'Éclair)对照片的关注反映出对这件事越来越感兴趣。报纸推测,照片中的人看上去 24 到 26 岁,显得"对自己相当有信心,目视前方,嘴唇有一种嘲讽的表情",并且看上去很聪明——"他的下巴有些突出,让他的脸更棱角分明"——但是给人的印象是一个饭店的侍者或一个正在当学徒的理发师。他衣衫褴褛——一个记者猜测,他的裤子是从美丽花瓶百货公司(Belle Jardinière department store)买的,至少是在这条裤子还没这么破烂的时候。可是这条破裤子倒和他身上的干净衣裳不相配,或者说,身上的衣裳很有资产阶级的品位。确实,埃米尔的穿着很平常,甚至衣服都磨破了,这也许是为了让他的所作所为"更有工人阶级的品格"。他的马甲看上去是一个酒吧老板穿的,上面标着"A. M."的字样,他的内衣上也有同样的字

---

① 关于两个看守的情况,参见档案 Ba 1115, report of February 14 1894, and chef de service of the Conciergerie, February 14, 1894, 2:30 a. m. 。

样。一个好商佳百货公司（Bon Marché department store）的老主顾相信，扔炸弹的人那天晚上穿的这身衣服是在特鲁瓦（Troyes）生产的，衣服上的字母不是衣服的商标，而是"布雷东"本人或是别的什么人用特别的墨水写上去的。无论如何，在那样一个普通大众穿二手衣服毫不稀奇的年代里，仅凭两个字母没法证明被逮捕的这个人的身份。

这名囚犯坚称与其待在牢里，还不如直接上断头台来得痛快，于是告诉看守，他的名字是"亨利-埃米尔"（Henri-Émile），不是什么雷昂，又说他的母亲住在巴黎城外。2月14日，警方推测，"布雷东"可能是从伦敦来的，带着自治俱乐部写的无政府主义者宣言。这是一份在伦敦印刷的非常暴力的宣言，号召读者屠杀资产阶级，让那些杀人犯血流成河，因为正是他们让穷人饥饿致死。《晨报》谴责说，在英国首都找到避难所的无政府主义者肆无忌惮地组织阴谋，"就在那些仁慈者的眼皮子底下，甚至得到了英国警察厅的保护"。

2月14日早晨很早的时候，警方有人得出结论，这个"布雷东"就是埃米尔·亨利。那位非常能干的便衣警察"雷昂"已经报告，说因为他看了报纸上对那个往终点站餐馆扔炸弹的人的描述，他发现这个人在身高、稀疏的胡子和一般外貌上都和那个在好孩子路制造致命爆炸案之后逃离巴黎的年轻无政府主义者惊人相似。打入无政府主义内部的警方线人确实已经成功渗透进很多组织。但是埃米尔在很多方面还是一个谜。他避开大型的无政府主义者集会，所以也就避开了必然会在那个场合出现的警察的盯梢。而且1892年，他和他哥哥被捕那次也没留下照片。

12月14日，那个星期三的早晨，埃米尔向警卫杜沙戴勒和杜蒂永交代了自己的身份。他在杜沙戴勒的笔记本上写下了自己的生日和出生地，还说自己的父亲已故，母亲还在世，但是他拒绝透露她的住址。他还提到他的哥哥福尔迪奈，说他正在监狱服刑，还供述了1892年5月底自己和哥哥一起被捕的一些细节。他的雇主，也就是在桑迪埃路（rue de Sentier）那所小服装公司的老板瓦努特里那

(Vanoutryne),确认了他的身份。"雷昂·布雷东"原来就是埃米尔·亨利。他告诉两个看守说,他们应该干好他们的工作,而他自己应该干他要干的工作,那就是摧毁资产阶级。他吹嘘道,如果他有足够的材料设备,他就会拿着这些把整个巴黎都炸了。如果他作为一个恐怖分子的事业就此作终,那还会有其他人继续他这未竟的事业。他这么说好像是在他的住处还有更多的炸药或类似的爆炸物。① 埃米尔想为瓦扬被行刑而复仇,可是瓦扬组装的不过是一颗"荒唐的"炸弹,②里面只放了些钉子,而不是炸药和铅弹,这不过是要为无政府主义事业添上一份力。埃米尔的炸弹则非常不同,其他人会争相效仿。③

同一天早晨,在美丽城的佛舍尔公寓,一个住户注意到,"杜布瓦先生"(Monsieur Dubois)的房间房门大开,明显可以看到里面有一张光秃秃的铁床和一些草垫子,还有一张简单的桌子,以及一些被烧过的纸。这扇门明显是被撬开的。④ 这个人赶紧告诉了看门人,看门人也立刻通知了警方。市政实验室的主任吉拉尔——现在几乎变成市政防爆组织主任——马不停蹄地赶赴美丽城来察看这个房间,发现一些绿色粉末的痕迹,还有金属的碎片。警方给公寓的警卫出示了埃米尔的照片,⑤警卫认出来这就是"埃米尔·杜布瓦"(Émile Dubois),他告诉警方,这个人自称是个"技师",前几天说要出门待上四天左右。

事实上,听到爆炸声和获悉埃米尔被捕之后不到四个小时,他的

---

① 参见档案 Ba 1115,Léon,February 13,1894 and report of February 14, 2.00 a.m.。

② 参见报纸 *Le 19ᵉ siècle*,February 16,1894。

③ 关于埃米尔的炸弹,参见档案 Ba 1115,February 13,1894,*chef de service*;报纸 *Le Journal*,February 22,1894。

④ 关于埃米尔住处的门被撬开,参见报纸 *Le Figaro*,February 16,1894; *L'Intransigeant*,February 17,18,1894;另见档案 Ba 1215,police,Léon,April 27,1894; Ba 1115,March 22—23,28,April 1,April 27,1894; F7 13053,Moreau, Commissaire special,"L'anarchisme en France," 1897。

⑤ 关于埃米尔的照片,参见报纸 *Le Figaro*,February 16,1894。

朋友玛沙、奥尔提兹、米耶特（Millet），可能还有比利时无政府主义者飞利贝尔·保威尔斯就去了佛舍尔公寓。他们溜进了这片住宅区，没让门房看见，然后砸开了埃米尔的房门。他们拿走了不少炸药、雷酸汞、三硝基酚还有氯酸盐粉末，这些东西够组装12枚到15枚炸弹。①

到此为止，警察厅的一些人物才认定埃米尔就是1892年11月那场大爆炸发生时，在歌剧院大街11号楼外面出现过的那个金色头发的年轻人。埃米尔于是立刻变为15个月前那个悬而未决的警察局爆炸案的头号嫌疑犯。预审法官面前最重要的任务之一就是弄清埃米尔在警察局爆炸案和饭店爆炸案之间到底干了什么。知道了这些，就能知道他还有哪些危险的同谋，现在依然逍遥法外，在巴黎或伦敦的大街上优哉游哉。

梅耶法官告诉埃米尔，警方现在知道他住在美丽城的佛舍尔公寓，埃米尔回答说他从没听说过这个地方。当法官告诉埃米尔警方在他的住所发现了制造其他炸弹的材料——这显然是骗他的，他就掉进了陷阱，说他相信那些东西已经不在那里了。他于是说漏了两件事：第一，那些帮他清理房间里的爆炸物的人知道他的计划；第二，他们同意在埃米尔被捕之后，拿走存放在佛舍尔公寓的爆炸物。当被问及是否有同谋，他回答说，他是"错误的改正者，而不是一个告发者"。他甚至声称，他已经想到把舌头咬断，这样他就不会泄露任何事情，或者打折两只手，这样他就不能写什么了。

国民议会发起了对终点站餐馆爆炸案的争论。一个议员谴责社会主义者（他们在去年8月的选举中获得了30个议席），并且要求禁止他们的红色旗帜。他也谴责在伊夫里公墓（cemetery of Ivry）的瓦扬墓碑前一再发生的"丑剧"，②这里已经变成了一个朝圣的场所，他

---

① 关于制造其他炸弹的材料，参见报纸 *L'Intransigeant*，February 18，1894；*Le Gaulois*，February 15，1894；*Le Gil Blas*，February 16，1894。

② 参见报纸 *Belle France*，February 13 and *19ᵉ Siècle*，February 15，1894。

呼吁政府应该出台措施,来对付那些向社会宣战并且"连受害者是谁都不顾就大肆杀人"的恶棍。

  报纸很快就抓住了这次袭击最特别的地方。① 扔炸弹的人是随意下手的,偶然选择了爆炸要炸的人——他就随便往一群人身上扔了炸弹。他的目的就是"干掉资产阶级,仅此而已"。报纸要求采取有力的、毫不手软的镇压:"我们必须要确保那种把仇恨和鲜血发泄到特定个人身上的本能从我们的文明社会中消失。镇压必须是堂堂正正而毫不留情的。"

---

 ① 参见报纸 *La Lanterne*, *L'Événement*, February 14, 1894。

第七章 审　判

终点站餐馆爆炸袭击的制造者身份终于真相大白,整个巴黎为之轰动。这一次,不是像拉瓦绍尔那样的一个无足轻重的罪犯,也不是像瓦扬那样的一个东奔西走就为了弄口饱饭的穷鬼。正被羁押的这个年轻人是一个资产阶级,是个知识分子。一个记者推测,"这个有教养的埃米尔·亨利反映出当代生活的混乱与复杂"①。

这座繁华的城市又一次陷入恐慌。下一次会在什么地方爆炸?巴黎人现在是不是也应该害怕资产阶级的扔炸弹的人呢?警方担心,在格朗饭店(Grand Hôtel)发生相同的爆炸袭击,并且在巴黎主要的标志性建筑都布设了警力以加强治安。类似炸弹的小物件依然层出不穷。警方赶到圣-德尼斯的一处要塞,带着一幅从一个无政府主义者的房间里搜出的地图,上面似乎标出了在那里埋着炸药。确实,一小块土地看上去最近才被挖开过。也许无政府主义者已经先下手了?菲利克斯·杜布瓦(Félix Dubois)的《无政府主义者的冒险》(The Anarchist Peril)②一书号称有数以万计的无政府主义信徒,这又引发了进一步的警惕。这本书为急切盼望知道情况而又害怕的公众统计了过去20年中无政府主义制造的所有恐怖活动,也介

---

① 参见报纸 *Le Matin*,February 15,1894。

② 关于《无政府主义者的冒险》一书,参见 Félix Dubois, *Le Péril anarchiste*(Paris,1894)。

绍了无政府主义的历史、教义以及宣传。

当盖蒂剧院(Théâtre de la Gaité)的布景倒塌的时候,①一些观众在一片混乱中歇斯底里地尖叫。一个电工告诉警方,一个月以前,三个人来让他组装一个可以爆炸的复杂装置。他在此之后又见到他们两次,一次是在美丽城。他说他记得其中一个人就叫埃米尔。一位女士从马赛写信提醒当局,如果不制止这些袭击,法国就有变成"新的波兰"的危险。②这是说像这个国家一样,有可能被强大的邻国瓜分。马克西姆·利斯博纳(Maxime Lisbonne)在蒙马特地区办的音乐会不久就贴出告示,说这是唯一"免受炸弹袭击的音乐会",并在海报中打趣地说,因为炸弹袭击的威胁所以要请警察来保证安全,③这可能是像"复仇者"(The Avengers)、"毫无怜悯的人"(Those Without Pity)、"绝望的蜘蛛"(The Spiders of Despair)这类组织达成协议之后发生的。

与此同时,警方搜查了更多的地方,逮捕了几百号的无政府主义者,④这些行动至少影响了 3000 个家庭。这些做法激怒了很多普通群众。毕竟,在发生动摇共和国根基的财政丑闻的时候,政府都没采取过如此积极坚决的行动。按让·罗莱斯(Jean Jaurès)的话说,他们没有成功地检举"腐败者和他们的腐败行为"。

从伦敦传来了消息,2 月 15 日下午晚些时候,格林尼治天文台的员工听见了爆炸声。法国无政府主义者马提亚尔·布尔丹(Martial Bourdin)参与了这次爆炸。这是一个年轻的单干派,埃米尔也认识他。⑤然而事实上他没有炸成天文台,因为他想挖起一颗树,把炸

---

① 幕布倒塌的情况,参见 Ernest A. Vizetelly, *The Anarchists: Their Faith and Their Record* (London, 1911), p. 164。

② 参见 *L'Intransigeant*, February 14, 1894。

③ 参见 Richard D. Sonn, "Marginality and Transgression," p. 130。

④ 大规模逮捕的情况,参见报纸 *Le Gaulois*, March 3, 1894; *L'Intransigeant*, February 26, 1894; 另见 Félix Dubois. (Paris, 1894)。

⑤ 埃米尔认识布尔丹,参见 *La Patrie*, February 19, 1894。

弹埋下去，不料身上带着的爆炸物意外地爆炸了，把他自己炸死了。这次似乎轮到英国人害怕了，尤其是伦敦的报纸推测，这次爆炸所用的材料，就是从埃米尔在巴黎的住所拿过来的，而且自治俱乐部还教给爆炸袭击制造者如何制造炸弹。4月，两个年轻的意大利无政府主义者奉了约翰·谋斯特的明确指示，组装炸弹，计划炸掉伦敦股票交易所，结果被英国警察厅逮捕。他们的目标则是：炸死"有钱的资产阶级"。①

警方在2月15日来到布勒瓦那镇。② 埃米尔的母亲亨利夫人想装出很平静的样子，但是她当然极端紧张。她不想跟她儿子说话，说从1892年就没有再见过他。然而几个邻居说，去年秋天偶尔在镇子上见过埃米尔，他们相信他的母亲还给过他一些钱，好让他过活。

翌日，三名记者搭乘前往圣乔治新城（Villeneuve St. Georges）的火车赶到布勒瓦那。③ 他们走了一个小时的土路。路两边都是田野和果园，一些小房子点缀其间，房子后面的院子里还能看到些散养的鸡。最后，在一片繁华茂盛的刺洋槐和多刺的灌木丛中，他们看见了亨利一家的小旅社。旅社最近刚粉刷一新，雪白的墙壁上写着"充满希望旅社，供应酒和食物"（A l'Espérance, Vins et Restaurant），字下面就是门。相比路对面的那座还在建造的医院，旅社建得非常好。因为大部分的工程三四个月以前才完成，所以亨利夫人现在没什么生意。家具寥寥、四壁空空的乡间简陋旅社，成千上万的读者很快就从报纸上读到了这样的描述。而旅社的主人也差不了多少，一个50岁上下的老太太，瘦小、悲伤、头发斑白、两眼通红。她看上去很困惑，但是说话很有条理，带着浓重的中部口音。四个工人围着木桌子坐着，低声交谈着，分喝着一瓶红酒。老太太的娣子和埃米尔的弟弟

---

① 参见 DiPaola, Pietro. *Italian Anarchists in London* (1870—1914), p. 47.
② 警方到布勒瓦那镇的情况，参见档案 Ba 1115, police report, February 15, 1894。
③ 关于三名记者的采访参见，参加 *Le Petit Temps*, February 16, 1894。

于勒也在旅社里。关于儿子受到他父亲激进的政治观点影响这件事,亨利夫人丝毫不避讳,也不介意谈起自己的大儿子现在正在监狱服刑。但是他坚持认为埃米尔不可能是终点站餐馆爆炸案的制造者——他不可能伤害任何人。他没有任何理由以埃米尔为耻。接下来的几天里,埃米尔的一些同学来到布勒瓦那,表示他们难以置信。而埃米尔的母亲开始收到一些讨厌的匿名信,其中一些只是在报纸的空白处写上一些粗俗的谩骂,①而这些巴黎出版的报纸上的文章都是写他儿子的。

2月16日,梅耶法官命令把埃米尔从拘留所押送到巴黎裁判所附属监狱②。在1826年,原来的入口被砌上了围墙,最后被一座建在码头的新大门代替。巴黎监狱曾经关押过路易十六、玛丽-安托阿那特皇后(Marie-Antoinette),还有像丹东(Danton)、圣-于斯特(Saint-Just)和罗伯斯庇尔这样的革命者,现在不再使用,取而代之的是在巴黎法院建筑群中的新监狱,一共有73间新牢房。在获知自己要被关进以前拉瓦绍尔被关的牢房之后,埃米尔热血沸腾,好像呼吸的空气都变得缥缈曼妙起来,他说道,"我羽化登仙了!哦,拉瓦绍尔,给我忠告,帮助我,我恳请你!"③

一号和二号牢房被打通,变成了一个大的牢房,那两个24小时看着埃米尔的看守就住在这里。他们接到命令,尽他们所能从埃米尔那套出口供。而埃米尔此时还想说服这两个看守投靠无政府主义,就像当年拉瓦绍尔干的一样。埃米尔和那个叫杜蒂永的警卫处得尤其不错。巧的是,这两个人在1893年的4月碰见过,那时埃米尔去拜访他的姑姑,尚博朗侯爵夫人,想管她要500法郎却空手而归,而杜蒂永恰

---

① 关于粗俗谩骂,参见档案 *Le 19ᵉ siècle*,February 20 1894。

② 巴黎裁判所附属监狱(Conciergerie),也称"巴黎古监狱",始建于14世纪,原是法兰克人的第一位国王克洛维的皇宫,在1391年改为关押普通罪犯及政治犯的监狱。是巴黎最高法院的所在地,司法宫和监狱,更是法国大革命的中心。——译注

③ 参见档案 *Le 19ᵉ siècle*,February 23,1894;Ba 1115,February 16,1894。

巧当时在侯爵夫人那供职①。巴黎上下不久就知道了埃米尔和他两个看守的对话，因为记者们自信地在自己评论和守卫泄露的内容上直接就加了引号，而这些东西中有一部分确实出自两个看守，把这些东西给记者能够换钱。两份报纸很快就报道说，埃米尔在无政府主义者的圈子和集会中非常出名，因为"他的嗜好和嘲讽的反语"②，并且他在无政府主义者中赢得了尊敬，同时也引起了警方的注意。

2月17日，一个法官、三个宪兵、两个书记员和一个警察来到了布勒瓦那，把亨利一家的小旅社上下搜了个遍，就连亨利夫人的床和那三间租给工人的房间都没有放过。③ 他们到了厨房，甚至连盐也要尝一尝，好看看是不是某种不知名的爆炸物。埃米尔的母亲解释说，一个罐子里盛着一些钾，这是清洗用的。他们拿走了几个小管子，长子福尔迪奈用这些管子盛放从加泰罗尼亚的矿里搜集到的矿石；他们还从一杆属于儿时的朋友的老步枪里拿走了所有的子弹。他们搜出了福尔迪奈从克莱尔沃(Clairvaux)监狱给他母亲写的信，还有可能是埃米尔从德国寄来的信，那时他正打算加入军队。他们还拿走了一张福尔迪奈在1892年4月在第戎(Dijon)和其他许多无政府主义者照的相片，相片里可以看到一面黑色旗帜，大书着"杀光资产阶级！"(Death to the Bourgeoisie!)的字样。在院子后面的一片杨树中间，有一个直径大概两米的洞。走六级台阶就可以下到洞去，下面是一个布置简陋的洞穴，只有一张桌子和两把椅子。在这里，警察发现了一个木头盒子，里面装满了无政府主义的小册子，比如有福尔迪奈写的"拉瓦绍尔是无政府主义者吗？如假包换！"

埃斯皮纳(Espinas)法官是负责15个月之前在大剧院街11号

---

① 拜访侯爵夫人的情况，参见档案 Ba 1115, February 15 and 17, 1894；*Le 19ᵉ siècle*, February 24, 1894。

② 参见 *Débats* and *République Française*, February 15, 1894。

③ 关于2月17日的搜查，参见 Ba 1115, telegram, February 17, 1894；*L'Intransigeant*, February 19, 1894；*Le 19ᵉ siècle*, February 20 1894；*L'Éclair*, February 20, 1894。

发生的那次爆炸案件的预审法官。埃米尔一开始否认和这次警察局的爆炸案有任何牵连。但是2月23日的时候,他要求去见埃斯皮纳法官。他告诉法官说,就是他把炸弹放在卡尔茅煤矿公司的门口,还洋洋自得地描述炸弹中的成分。①

在终点站餐馆爆炸案过去一周之后,埃米尔给了预审法官梅耶一封转交母亲的信,在信上在回信地址上写了巴黎古监狱。以下是这封信的全文:

我亲爱的、瘦小的妈妈:

我想你看到报纸上报道我上周一的所作所为,一定是心如刀割吧。相信我,在我承认之前,我深深地考虑过你,还有所有那些和我亲近的人。但又能如何呢?你理解不了的动机最终让我把炸弹扔进了终点站餐馆。自从我被捕之后,我经常想起你,我也是心如刀割,因为意识到你必然会陷入深深的痛苦。然而,亲爱的妈妈,你必须克服你的痛苦。你必须忍住你的眼泪,不要在这丑恶无情的(事实)面前流淌。你决不能相信那些说你儿子是罪犯的人。你了解我,你可以对他们说,真正的罪犯是让所有有良心的人活不下去的人,那些支持一个让所有人都受苦的社会的人。你可以告诉他们,所有在我们的社会中拒绝接受尊严不容许的角色的人,都会为我复仇。他们站在人民一边,他们完全献身于人民的解放。好好想想我说的话吧,妈妈。这个你养育和关心的儿子,千万不要因为他而尴尬,而是请为他的所作所为感到自豪吧!你会对这个人抱以尊敬、同情和喜爱,因为他才是真正重要的人。如再能看到你并亲吻你,我将无比高兴,妈妈。请向梅耶法官提出探视的要求,但请答应我你要坚强。替我给于勒一个拥抱。如果你能带他一起来,那再好不过了。他现在肯定比我上

---

① 他放炸弹的情况,参见档案 Ba 1115, February 21, 1894; Ba 77 April 2, 1892。

一次见他的时候长高不少了,所以他现在或许能够理解我。别忘了我的姑姑米莎莱(Michalet),她现在肯定也很难受。至于福尔迪奈,我会亲自给他写信。请替我问候我所有的朋友。希望能很快见到你,我瘦小的妈妈。你的儿子向你致以一千次亲吻。①

萝丝·高蓓·亨利读罢儿子的信,知道了他是终点站餐馆爆炸案的制造者,大呼:"他给他父亲报仇了!"②第二天,她被带到梅耶法官的办公室,埃米尔刚看见她的时候明显非常激动,脸色发白,满眼泪水。③之后他就回复到他那钢铁般坚毅的举止,劝告母亲要有勇气。当她开始问他到底干了什么,埃米尔断然回绝了她:"别问我这个!我所做的都是我想做的。你不要浪费无谓的眼泪。"④他告诉他的母亲,在实施爆炸袭击之前,他就找好了律师,他知道自己很可能被捕。他把所有事情都考虑到了。听到这,他的妈妈回答道:"所有事!我可怜的孩子,除了你的妈妈。"

然而,埃米尔找的那个律师拒绝接他这个案子。埃米尔的妈妈选择了一个叫麦特·奥恩伯斯特尔(Maître Hornbostel)的年轻律师。这个年轻人是一个国际主义者,在政治上是保守派,所以让他为一个无政府主义者辩护似乎是一个很奇怪的选择。巴黎的各大报纸能知道不少埃米尔的情况,这里面也有奥恩伯斯特尔的功劳。这个律师把自己和被告第一次会面的情况泄露给了《时代报》。除了两个看守,向媒体泄密的还有法律系统的人:一份公开发表的报告特别参考了第462号卷宗里的文件。⑤

---

① 致母亲的信,参见档案 Ba 1115, February 19, 1894。
② 参见 Martin A. Miller, "Ordinary Terrorism in Historical Perspective," *Journal for the Study of Radicalism*, 2, 2 (2008), p. 140。
③ 关于埃米尔与母亲的会面,参见档案 Ba 1115, February 21, 1894; *L'Éclair*, February 22, 1894。
④ 参见档案 Ba 1115, February 20, 1894。
⑤ 参见 *La Libre Parole*, March 20, 1894。

奥恩伯斯特尔坚称能救埃米尔一命,①尽管埃米尔承认了自己也为之前那次爆炸袭击负责,这就让事情变得相当复杂。消息传来,在终点站餐馆爆炸中受伤的一个名叫博尔德(Borde)的人,在3月12日死去,听到的这样的消息,埃米尔的反应不过是,他又多干掉一个资产阶级。博尔德一死,奥恩伯斯特尔想避免埃米尔受死刑的希望就完全破灭了。

埃米尔曾经供认,他在拉法耶特路的一家文具店里买过一个笔筒,后来把它改造成雷管。而这家文具店的店主提供了一张买笔筒的收据,上面的日期——1892年11月4日——也和埃米尔供认的一样。在重述11月8日早晨情形的时候,②埃米尔毫不犹豫地说明,他自己对大剧院街11号楼了如指掌,然而他没有看见在门廊尽头有一面镜子,还以为那是一条通道。他回忆起,在那有公司的标志,指示办公室在楼上。这个标志已经不在原处,但是当预审法官问一个卡尔茅煤矿公司的雇员,让他找到旧的标志,找到的那个和埃米尔描述的分毫不差。埃斯皮纳法官认为埃米尔对1892年11月8日早上情形的重述具有决定性意义。

可以想见,埃米尔的母亲萝丝·高蓓·亨利此时是何其六神无主,濒于崩溃。他病急乱投医,联系上了亨利一家的朋友古比医生,他曾经在福尔迪奈回到巴黎的时候照顾过他。能不能把埃米尔的行为解释为发了疯?这位头发斑白体格强健的医生相信,神经衰弱症"总是威胁到精疲力竭的大脑"③——他于1876年提出过一种这类效应的理论。他相信,一个人不能一天工作超过八个小时,否则就面临严重精神混乱的风险。埃米尔在学校里每天要完成大量的工作。

与此同时,埃米尔在监狱的生活条件应该说没什么可挑剔的。

---

① 参见 *L'Éclair*, February 22, 1894; Ba 1115, February 23 and March 13—14, 1894。

② 关于此次重述,参见档案 Ba 1115, February 26 and 28, 1894, commissaire de police; telegram, February 28, 1894。

③ 参见 *La Petite République* and *L'Éclair*, April 26, 1894。

他的牢房相对舒适,这让他"感觉慵懒而消极",正如他自己所说。在10个小时的酣睡之后,他经常躺在床上说自己"就像是个食利者(rentier)"。如果看守太早把他唤醒,他就恶语相加。他每周有权洗一个热水澡,并且可以每天洗脚。他的母亲给他换上干净的亚麻布床单。隔不了几天,德那普勒(Denaples)夫人(她是巴黎城中心圣马丹路一家小餐馆的主人,亨利夫人那位 70 岁的寡居姑姑常年在那里做收银员)还给他带来干净的衣服和家里做的饭食。附近的餐馆给看守提供食物,有的时候,两个看守也跟埃米尔分享这些食物。午餐之后,埃米尔躺在床上或者地上的垫子上打盹,读一些监狱图书馆里的读物——虽然不是很多,很多的封面还没了,因为这里的犯人经常把这些书当卫生纸用——但是,监狱主管和奥恩伯斯特尔也开始给他更多的其他书籍看。他还读了大仲马(Alexandre Dumas),赫伯特·斯宾塞(Herbert Spencer)的《生物学第一原理》(*First Principles of Biology*),还有左拉的三本小说,包括《崩溃》(*La Débâcle*),这是讲 1870—1871 他父亲亲历的那个恐怖年代的,还有《萌芽》,还有陀思妥耶夫斯基的《罪与罚》,这是他最喜欢的小说。①

2 月 27 日,埃米尔和监狱主管进行过一次他所谓"更为友好的谈话",之后,在监狱主管的要求之下(出于好奇或者是希望找到针对犯人的证据),埃米尔还写了一段很长的关于无政府主义理想的文字。埃米尔把权威、财产和宗教描述为对"绝对平等"的人性的敌人,并且预计,也就需要两到三代人的努力,"就可以把人类从人造文明的影响中,也就是人类今天臣服的文明的影响中解放出来。我们必须摧毁这陈旧、腐朽的大厦。这就是我们正在进行的事业"。②

---

① 关于监狱的条件相对舒适,参见档案 Ba 1115,police reports,February 22 and 25,1894,March 7—12,15—16,20,30 and April 5,1894;*Le 19ᵉ siècle*,March 31,1894;*Le Gaulois*,April 14,1894;Reg Carr,Reg. *Anarchism in France:the Case of Octave Mirbeau*(Montreal,1977),pp. 65-66。

② 参见 Émile Henry,*Coup pour coup*, p. 33;另见 Daniel Guérin,ed. ,*No gods*,*No Masters*,p. 397。

埃米尔有时被允许到监狱的院子里走走,①那里确实是很大的运动场,有三簇看起来很悲惨的低矮灌木丛,两株矮小的紫丁香花,还有一棵快倒了的大叶黄杨,虽然植物不多,但却是这片灰色步道红色砖墙的院子里不多的几点绿荫。晚间,他抽着他的烟斗,有时还和他的两个警卫玩玩赌注不大的扑克牌,他还偶尔为他们写几首诗。早上起来散步的时候,他经常唱一些无政府主义的歌曲。《炸药夫人》是他最喜欢的一首曲子。有一次,他说他要做晨祷(morning prayers),这让两个看守非常吃惊,结果他说完便开始唱起"无政府主义殉难者"的歌曲。

巴黎裁判所附属监狱的探视时间是周日和周四。犯人们可以和来探视的人面对面坐着,中间拉一道铁丝网,谈上一个小时。有一次,埃米尔在他母亲来探视的时候告诉她,他期盼已久的社会革命大概在他接受审判之前就会来临,所以她不必担心。总之,埃米尔似乎对监狱外面发生的一切毫不关心,这很令人惊讶,他很少过问监狱外面的事情,似乎他看到的只有把他关起来的围墙、监狱的栅栏还有他那两个如影随形的看守。

而此时,关于监狱里的这个人以及他扔的炸弹,报纸已经炒得满天飞。②《白色评论报》(*La Revue Blanche*)是一张主要刊载艺术和文学评论的报纸,在这张报纸上,亨利·里贝尔(Henri Ribeyre)表达了他的忧虑,认为公众主张坚决镇压并且持续围捕无政府主义者可

---

① 关于埃米尔可以在监狱中走动的情况,参见档案 Ba 1115,March 28—30,1894;April 1 and 4,12—14,16—17,20,1894;*Le 19ᵉ siècle*,March 31,1894;J. C. Longoni,p. 154;*La Lanterne*,March 5,1894;*L'Intransigeant*,February 19,1894。

② 关于报纸的争论,参见 Henri Ribeyre,"Chronique Politique,"*La Revue Blanche*,6,March 1894;Richard D. Sonn,*Anarchism and Cultural Politics*,p. 252;*Figaro*,March 27;*La Patrie*,February 22;*Le Soleil*,May 6,1894,提到,"亨利是一个唯物主义者、一个无神论者……是我们这个犹太-共济会(Judeo—Freemason)的社会的自然造物,我们这个轻浮的腐败的社会的造物,他没有信念、没有理想、没有宗教信仰"。

能会适得其反,"罪犯"的人数将激增。右翼民族主义者莫里斯·巴莱(Maurice Barrès)认为埃米尔的袭击是现代法国的一个转折点。他对19世纪80年代的法国年轻人说了不少坏话。巴莱想知道,这位既危险又有祛魅意义的埃米尔·亨利是否是这波新浪潮的一部分。里贝尔对此加以反驳,认为很难责备教育系统。工人们表示,他们有能力制造和扔进终点站餐馆那颗炸弹威力一样大的炸弹。那些生于法国大革命时代的人,难道这是一代人的共同点吗?1871年,资产阶级完胜了巴黎公社,并且将之彻底摧毁。(一个记者坚持认为,像埃米尔这种做法在巴黎公社的时候就被构想过,这就解释了一切)。法国的上层阶级其实从来没有真正接受1880年的大赦,因为他们拒绝原谅那些叛乱分子。巴黎公社的复仇之火一直熊熊燃烧,而今,它大开杀戒了。那些埃米尔选作下手对象的普通的资产阶级,他们和那些为现存秩序辩护的有权有势的银行家一样有罪。埃米尔的父亲就是遭了他们的毒手。现在到了他们偿还的时候。

在上层阶级读者甚多的《费加罗报》(Figaro)又给法国的年轻一代添了一条罪名。埃米尔·亨利是一个世纪末(fin-de-siècle)的年轻人,导致了一种被剥夺继承权的"新准则"。这些年轻人并不老老实实地吃苦,也不从宗教信仰里寻求安慰,而是致力于针对社会的法则而大行反抗。埃米尔似乎就是现代教育中的"一个细菌",缺少任何道德准则的指引。右翼报纸《帕特里报》(La Patri)想起一则由蒲鲁东(Proudhon)的早期敌人于1840年写下的预言:受过教育的年轻人若不能在社会中找到适当的位置,将可能变成社会的敌人。

随着无政府主义者被愈加频繁地搜捕,在里昂发生了一次小规模的爆炸,①还有一次发生在埃提埃那。在巴黎,铁路工人发现一颗炸弹被安置在一辆开往牟罗兹(Mulhouse)的火车附近的一根枕木上。②

---

① 在里昂发生的爆炸,参见 Figaro, February 25 and L'Intransigeant, March 31,1894。

② beautiful gesture:Eugenia Herbert,p. 124。

奥恩伯斯特尔给身在巴黎裁判所附属监狱的埃米尔带去消息,在 4 月 4 日的一个晚上,卢森堡广场对面的一家高档小餐馆弗瓦约(Foyot)发生了一次小规模的爆炸,①而那里正是参议院经常会面的地方。威尔士亲王在巴黎的时候很喜欢到那里吃饭。当时饭馆里只坐满了两桌。令人啼笑皆非的是,当时,同情无政府主义的批评家和诗人劳朗·泰亚德(Laurent Tailhade),还有和他住在一起的女帽制造商莉亚·米阿勒(Lia Mialhe,人称罗夫人[Madame Roux],又称维奥莱特[Violette])正在饭馆吃饭。正当服务员给这两位介绍菜单的时候,放在离座位不远的窗户外面的炸弹就爆炸了。

劳朗·泰亚德最为人所知的,或许就是在瓦扬往"水族馆"扔完炸弹之后,他发表的轻率评论:"如许美丽的姿势,人类的海洋中的那次波涛能比它还长久!"在弗瓦约发生的这次爆炸让泰亚德失去了一只眼睛。这次爆炸可能是无政府主义文学批评家菲利克斯·菲内昂制造的,可能是受了他朋友埃米尔的启发。那天晚上,菲内昂冷静地坐上一辆公共马车回到位于蒙马特雷皮克路上的家。马车上有人喊自己听见了爆炸声的时候,菲内昂说那是在弗瓦约饭馆,可是当时还没人知道。之后,他承认他在饭馆外面的窗台上放了一枚炸弹。在牢房里,埃米尔表示听到这则消息"很振奋"。"无政府主义的爆炸理念又一次显示了它的价值",②他如此评论。

埃米尔此时尚未被允许拆看其他寄到巴黎裁判所附属监狱给他的信件;它们显然被一个检察官扣留了,他希望获取其他线索。3 月 6 日,首席市政化学家吉拉尔来到了巴黎裁判所附属监狱。③ 他拿

---

① 法约发生的爆炸,参见 Joan U. Halperin, pp. 3-4,275-276;Ba 142, reports March 26, April 4, 5, 11, 13, 25, June 25, *L'Écho*, April 7, 1894; Eugenia Herbert, p. 124; *La Libre Parole*, April 17, 1894; Richard D. Sonn, *Anarchism and Cultural Politics*, p. 234。

② 参见 *La Libre Parole*, April 17, 1894。

③ 关于化学家吉拉尔,参见档案 Ba 1114, Mars 13—14, 1894。

着一个罐子,里面放了一半的沙子。他让埃米尔为他演示在组装完一颗炸弹后如何封起来,埃米尔拒绝了。这让法官相信,是有人帮助他组装炸弹的,比如说保罗·彭那尔(人送外号"杜设斯那老爹"的)。

那么,在大剧院街 11 号的楼梯上,还有那个学法律的学生看到的那个女人呢,她是谁?无政府主义者梅里格(Mérigeau)新近被判入狱,他曾经和一个便衣侦探说过,那个在楼梯上的女人正是"罗萨利"(Rosalie)——玛丽埃特·苏贝尔(Mariette Soubère),一个从埃提埃那来的 24 岁的丝带工人兼无政府主义者,她和约瑟夫·贝阿拉(Joseph Béala)住在圣-德尼斯。两个人都被指控曾经于 1891 年帮助拉瓦绍尔在埃提埃那杀死了两个女人。然而,在法官办公室的一次会议中,弄明白了其实玛丽埃特·苏贝尔和埃米尔素不相识。警方之后逮捕了阿得里安娜·沙耶,在巴黎左岸的啤酒馆里演唱的无政府主义歌手,人称玛丽·皮热。她认识亨利兄弟,而且和在楼梯上看到的那个女人很像。便衣密探"塔那"相信,正是她把炸弹带进楼里,走上夹层的。在警察局的爆炸发生之后,她就不再唱歌了,比以前喝得更凶,现在在每棵树后面都以为看见了警方的密探。当埃米尔在法官的办公室和阿得里安娜·沙耶与彭那尔碰面时候,他脸色惨白,但还是和彭那尔握了手并且给那个女人使了眼色。回到牢房之后,他跟看守说,他只认识彭那尔,尽管后来他也打听阿得里安娜·沙耶是不是被释放了,这说明两人确实认识彼此。

在 2 月 23 日,警方认为,大剧院街 11 号楼的楼梯上那个女人就是埃米尔自己装扮的,这种可能性也不小。他长相年轻,身材也不高,打扮成一个女的一点不费劲,而且他的短头发很方便就能戴上一顶女人的假发。①

埃斯皮纳法官迫切希望确定在楼梯上的那个女人的身份,执着于认为那个人就是埃米尔的情妇,帮助他完成了这件事。在一次庭审中,埃米尔碰见爱丽丝·斯舒普夫人(Élise Schouppe,无政府主义

---

① 埃米尔带着女人假发的说法,参见档案 Ba 1115,February 23,1894。

强盗奥尔提兹目前的情妇),她住在维隆路上,离埃米尔不远。有人在雷皮克路有好几次见到埃米尔和她的丈夫在一起。埃斯皮纳相信斯舒普同时也是埃米尔的情人。埃米尔曾经带着她和她的孩子们到布勒瓦那附近的乡下,但他坚持说自己"和这个人没有任何关系"。① 他当然有情人,但是要说造炸弹和安放炸弹的行动,他从不会相信一个女人。

有个叫艾丽莎(Élisa)的人向梅耶法官的办公室给埃米尔寄来了10法郎,② 就有人误以为她就是爱丽丝·舒普夫人。事实上,是艾丽莎·戈泰寄来了这笔钱——埃米尔揣着炸弹满大街找下手的地方时怀中那个小盒里装着的头发,正是她的。3月13日,梅耶命令拘传戈泰夫人,作为一个可能的重要证人。

3月15日,一个埃米尔认识的比利时无政府主义者飞利贝尔·保威尔斯(Philibert Puwels)③走进玛德琳那的教堂(church of the

---

① 参见档案 Ba 1115, March 8, 1894。
② 关于此十法郎的情况,参见档案 Ba 1115, March 9, 1894。
③ 关于鲍威尔斯,参见档案 Ba 1215, January 14, 1885, October 14 and 27, 1887, March 21, November 17 and December 9, 1890, March 9, April 25—26, May 1, 3, 5, 7, July 15, 17, 21, 22, 27, August 1, 8, August 8, 25, 28, December 31, 1891, Act of expulsion, April 28, 1891; minister of interior, December 19, 1891 and January 28, 1892; January 11, 19, 23, 28, February 10, 13, March 26, May 10, 17, and December 9, 13, 29, 1892, October 6, 1893 (report of X. 2), February 27 and March 11, 16, 17, 18, 20—21, 24, 27, 28, 1894; *procès-verbal*, August 7; Pauwels, August 8; prefect of police, April 23, 1892; *Le Matin*, March 17, 1894, *Le Temps*, September 18, 1894; prefect of Gironde, March 21, 1894; *Le Gil Blas*, March 18, 1894; minister of interior, December 19, 1891; prefect of police, April 23, 1892; *Le Matin*, March 17, 1894, *Le Temps*, September 18, 1894; *Journal*, March 18, 1894; Ba 142. February 21, *Le Matin* and *France*, February 21, *L'Éclair*, February 22, *La Patrie*, February 27, 1894. Ba 142, *L'Éclair*, March 17, 1894; *Journal*, May 10, 1894; letter of "Étienne Rabardy," 69, rue St. Jacques, n. d.;另见 *Le Matin* and *Figaro*, March 16, 1894; *La Patrie*; *Greffier*, May 11, 1894; *Le Figaro*, March 21, 1894。

Madeleine),手里还拿着一颗炸弹。比起埃米尔,保威尔斯更像是拉瓦绍尔。如果问谁最像巴枯宁对无政府主义者的理想——像"血肉之下的恶魔"——那非保威尔斯莫属了。他1864年生于比利时的弗朗德斯(Flanders),在学校是一个非常差劲的学生,智力很有限,还有视力和听力的问题。保威尔斯是一个受人尊敬的工人阶级家庭中的害群之马——他的父亲是一个家具工匠,人们都叫他"红-巴莱特"(Rouge-Barette),他干起活来跟喝起酒来都不含糊,他的母亲是一个很关心别人的人。他的两个叔叔也很受人尊敬,在附近的煤矿工作。保威尔斯逐渐变得声名狼藉,甚至和其他孩子玩游戏的时候都要作弊。他14岁上就离开家,19世纪80年代初去了巴黎,在手套制造行业找了点活干,后来就回到了比利时,他在那里逃避兵役。

在1885年1月,保威尔斯由于是个无政府主义好战分子,开始引起警方注意,他在圣-德尼斯找到了一个叫"圣-德尼斯无政府主义青年"的组织,也参加了在蒙马特、蒙特勒伊(Montreuil)和巴黎的其他组织。在一次主题为"蒙马特地区的平等"的集会中,他认识了年轻的奥古斯特·瓦扬,还有赛巴斯蒂昂·富尔。然而,经过一番激烈的争论,保威尔斯就再也没回到过那个组织。他工作的时候倒被认为是个好工人。他卖过无政府主义报纸《土地与自由报》(Land and Liberty),还给到他住处来的工人提供其他读物,在那,他有一面象征无政府主义的黑色旗帜。1886年,他和圣-德尼斯的一个刺绣工阿尔伯蒂娜·拉尔东(Albertine Lardon)结了婚,1890年,他和他的妻子还有年幼的女儿搬到了阿让特伊(Argenteuil)。保威尔斯这位患有肺结核的妻子也变成了一个无政府主义好战分子。她曾经跟他的丈夫说,她感到死期临近,他应该给她弄个炸弹,她最后能做的就是用它来对付资产阶级。

保威尔斯广结荷兰、俄国、德国和西班牙的无政府主义者,还有法国和比利时的伙伴,鼓动反战宣传,并且常去布鲁塞尔。1891年,他在巴黎郊区的一家工厂找了份工作。他参加了一次在大剧院广场举行的无政府主义集会,这里是敌人的心脏;后来又去了圣-德尼斯,在那里的一次集会上,他发表了一番热情洋溢的讲话,号召伙伴们远离5月1日的活动,号召他们烧了自己的工厂还有市政厅。1891年4月,他被驱逐出境,部分因为他在另一次罢工中扮演的角色。此后他就销声匿迹了。他可能在勒瓦卢尔(Levallois)和警察交过火。警方搜查了他的妻子在阿让特伊的住所,发现他几天前刚走,他的妻子拒绝透露他住在哪里。也有可能是她压根不知道。

7月初,警察又来搜查了一遍保威尔斯在阿让特伊的住所,这次搜查非常粗糙,没有发现藏起来的很多信——等警察一走,他妻子就把这些信烧了。1891年7月21日,警察突袭了巴黎的一间公寓,保威尔斯正藏身于此,同时还发现了爆炸物。被驱逐出法国之后,他写了一份申请,要求被带到卢森堡的边境(他不能回比利时,因为两国没有就逃兵役者的引渡问题达成共识)。宪兵用一辆警察马车关着保威尔斯到了那里。

第二年,保威尔斯在卢森堡、日内瓦和巴黎之间乱窜,最后也被卢森堡驱逐出境了。在巴黎的时候,他被怀疑参与了炸毁勒瓦卢尔-佩雷(Levallois-Perret)警察局的阴谋。他抛弃了妻子女儿。她们娘儿俩搬到圣-德尼斯,和父亲母亲以及两个哥哥一起住。她们境况很悲惨,住在一间砖头砌的窝棚的底层,这小屋子被附近的烟囱熏得发黑。

1892年,保威尔斯假冒成一个外省来的工人,化名克劳德·德弗赛(Claude Defosse),这是他那些年用的许多化名之一。保威尔斯是个酒鬼,喝苦艾酒喝得很凶,这种用苦艾做的饮料极其危险而且容易上瘾。这个醉鬼凶残暴虐的名声让很多伙伴都望而却步,因为他们觉得他实在是颠倒错乱。人们送给忧郁而悲伤的保威尔斯一个外号,"马鼻子",一说起资产阶级,他总是满腔仇恨,发誓要将他们铲除干净。那时他靠当制革工人为生,但是也向圣-德尼斯和其他地方的好战分子借钱度日,还偷窃(或说靠偷别人东西过活),也接受无政府主义组织给的小额支持。埃里塞·荷克吕可能就给过他一点钱。不管到哪,他都是一个狂热的宣传者,赛巴斯蒂昂·富尔对他颇感不屑,说他是个耶稣会分子(Jesuit)。1892年底,他人在瑞士,1893年1月去了马赛,之后又去了巴塞罗那。在圣-乌昂(Saint-Ouen)的一家工厂里工作时,保威尔斯发现了或者是偷了一个从鲁昂来的名叫拉巴迪(Rabardy)的工友的身份证件,之后就冒充这个人的身份。

正当埃米尔在巴黎裁判所附属监狱等待审判的时候,保威尔斯决定干上一票。2月12日,他走进了圣-雅克(Saint-Jacques)河畔极为寒酸的一家名叫卡尔梅的旅馆(Hôtel des Carmes),没登记姓名,存了四法郎,说要待八天,之后就被安排进一间五楼的房间。翌日早晨,他说他名叫亨利·萨保特(Henry Sabauth),38岁,是一个旅行销售员,从波尔多来。他用西班牙语告诉旅馆里的一个年轻的雇员,说他是从巴塞罗那来。保威尔斯戴着黑色呢子帽,身穿黑色衣服,手里提着一个灰布小手提箱。箱子上还用绳子绑着一个小包裹,有帽子大小。

2月20日,保威尔斯离开卡尔梅旅馆,又去了两个更破旧的旅馆,在每个旅馆各要了一个房间。每间房里他都放了一颗小炸弹,门再一打开,炸弹就爆炸。他的目标是炸死警察。他之后在两个警察局附近留了纸条,说他,埃提埃那·拉巴迪(Étienne Rabardy)想要在自己旅馆的房间里自杀。一个警察去了圣-雅克路(rue Saint-Jacques)的那间旅馆,和旅馆里一个年长的看门人一块进了房间。他们一开门,炸弹就炸了,那个老太太身受重伤,随后毙命,而警察只受了点轻伤。在保威尔斯在郊区圣-马丹路上租的另一间出租房,另外一个警察推门进了这个可怜的房间。然而,这枚悬挂在门上用铁罐做的炸弹却没有爆炸。警察叫来了专家,他们引爆了这个装置。五天以前,警察在一家银行发现了类似成分的炸弹——有炸药、三硝基酚还有雷汞氯酸钾粉末。

3月15日下午2点40分,保威尔斯走进了玛德琳那的教堂,这是巴黎进行洗礼和举行婚礼最好的地方。在教堂的小门厅,他拿的这枚炸弹爆炸了,力量非常大,以至于隔着塞纳河在国民议会都能听到。保威尔斯摔倒在地,他的右手挂在一根线上,腹部和脊柱严重受伤。一颗左轮手枪射出的子弹打进他的头里,这枚子弹后来被犯罪实验室作为死因被记入档案。这也解释了在附近听到的第二声不是很响的爆炸声。这个无政府主义者很有种——也能保持镇定——来给自己补上一枪。保威尔斯还随身携带了一张拉瓦绍尔的照片,上面写着这位殉难者受刑的细节。

巴黎全城继续高度警戒。警方带着保威尔斯的照片一个出租房一个出租房地搜索,了解有没有在 25 到 35 岁之间的男人在 3 月 15 日和 16 日没有回到住处的。警察查出了五个人,其中还包括两个"破衣烂衫的",实在没有什么明显特征。卡尔梅旅馆的雇员正式辨认出保威尔斯,肯定这就是那个在旅馆里待过一段时间的人。他的岳父也来停尸房指认了他,但拒绝索回尸体。

在牢房里,埃米尔一开始推测,制造玛德琳那教堂爆炸案的人是莫尼埃(Meunier),一个新近在庭审缺席的情况下被判死刑的无政府主义者,埃米尔为他扼腕叹息,哀叹这样一名有价值的伙伴居然如此下场。当埃米尔管看守要些报纸上厕所的时候,一个看守无心地给了他半张 3 月 17 日的《小日报》(Petit Journal),这才让他弄明白,死的人是他的朋友保威尔斯。似乎可以肯定,这次爆炸袭击使用的炸药正是从埃米尔的房间拿走的那些。但是剩下的炸药在哪呢?

4 月 27 日,埃米尔·亨利在巡回审判法庭接受性命攸关的审判。这个法庭就在大法院里,这里是上演巴黎主要案件的舞台,而且这些案件经常颇具戏剧性。这座矩形的大厅坐落在两条宽阔无比的穿堂中间,它们连接着大厅的东西出口,同时大厅就在翻新后的巴黎裁判所附属监狱的正上方。埃米尔的审判像之前对其他无政府主义者的审判一样,反映出共和国希望让其司法体系最大限度地公开。①

---

① 关于法庭情况的描述,参见 Katherine Fischer Taylor, *In the Theater of Criminal Justice: The Palais de Justice in Second Empire Paris* (Princeton, 1993), especially pp. 31-33, 43-48, 65ff; *Le Matin*, April 16, 1894; (Association de la Presse Judiciaire), *The Paris Law Courts: Sketches of Men and Manners* (New York, 1894), pp. 180-201.

记者和其他旁听者,都从法官席正对面的一个门进来,于是法庭里座无虚席。上层阶级坐在前面,经常包括数量多得不成比例的妇女,其中有些妇女还拿着看戏用的小型双筒望远镜,生怕错过这个场面里任何一个细节。讽刺的是,埃米尔最憎恨的那些人得坐得离他最近。①

法官和律师从办公室出发,从两个主要的入口进到大厅。法官们穿着红色的袍子,上缝着白色的毛皮,律师则穿着黑色袍子,带着精致的传统礼帽。在他们下面坐着代表控辩双方的律师。

检察官还是比洛,克里希案件的检察官,拉瓦绍尔曾试图在他家把他炸死。法庭的两边放着长长的两排椅子,是给旁听者坐的。陪审团坐在和检察官同一侧。被告席被栅栏围着,两边各站着一个看守。另外一个被告席里挤着超过15个记者,他们来自巴黎的12家报纸,已经做好了准备,去满足那些对此次审判的故事如饥似渴的巴黎公众。被告席对面有许多窗户,让法庭一侧光线充足,而在另一侧的陪审团则一片阴影。律师的席位在被告席下面,靠左,右边是给检察官坐的桌椅,正对着法官坐的席位。大厅正中间有一张桌子,是用来呈放物证的,有桌子破碎的残骸;一堆叠在一起的破椅子,已经千疮百孔;一些血迹斑斑的衣服;破碎的罐子和餐具;碎木板和地板的碎片;还有其他从终点站餐馆带来的东西。在这一堆戏剧性的证物前面,是一张基督的画像,证人可以对其发誓所提供证言真实无虚。在法庭的后面有一片区域是给普通旁听者坐的,人们既有耐心又热切盼望,有些人占了预留的座位,还有人很粗鲁地推开前面的人往前挤。正如资产阶级报纸描述的那样,他们身上都散发着贫民窟里那种香肠和大蒜的气味。

---

① 关于陪审团坐在埃米尔附近,参见 Henri Varennes pp. 312-343; Albert Bataille, *Causes criminelles et mondaines de* 1894: *les procèsanarchistes* (Paris, 1895), pp. 50-93; *L'Intransigeant*, April 29, 1894; *Le Figaro*, April 28 and 29, 1894; 另见档案 Ba141, minister of the interior, February 24, 1894; *L'Éclair*, April 3, 1894; *La Patrie*, April 25, 1894.

看守押着埃米尔,沿着两间法庭之间的旋转楼梯从下面的监狱上来。他从小门里一进法庭,原本闹哄哄的法庭立刻鸦雀无声,所有人的目光都投在他的身上。他看上去是一个贵族学校里的年轻学生正等待一场考试。这位无政府主义的公子哥衣着得体,甚至还挺讲究,穿着硬领白衬衫、黑色外套,系着黑色绸子领带。在法庭的后面坐着他的母亲,穿着旧裙子,围着一条穿得同样旧的披肩,戴着一顶帽子,上面有紫藤枝的绣饰。她看上去受了极大打击,为了这件压垮她的伤心事不住地叹气。她旁边坐着古比医生。

这个囚犯脸上挂着嘲讽的笑,一看见法庭里坐满了人,似乎笑得更加不屑。坐到被告席之前,他停下来凝视法庭后平民待的地方。五六个法庭画家拿出钢笔和画笔,让他的形象留存于世。此时门开了,律师们走进了法庭。

首席法官宣布开庭,要求犯人陈述自己的年龄、职业和住址。"埃米尔·亨利,年龄 21 岁半",他以他那沙哑而尚显稚嫩的声音回答道。住址呢?"就住在巴黎裁判所附属监狱"。埃米尔麻木地听着对他的指控——在终点站餐馆谋杀 1 人,20 人谋杀未遂,于 1892 年 11 月在警察局谋杀 5 人——他只是偶尔整理整理他的头发,但总体上相当自信,相信自己有能力对付任何问题。面对指控,他抱以微笑、耸肩或者否认的姿势。好几次,他的眼睛半闭着,仿佛在重温指控中说的那些他干过的事情。

在辩方席那边站着留着小胡子的辩方律师奥恩伯斯特尔。奥恩伯斯特尔是马赛一个杰出律师的儿子,但在巴黎毫无名声。他深知在塞纳河畔的巡回审判法庭的这座舞台上的一番表演,会成就他的事业。为了准备辩护,他跟一位在法兰西喜剧院的著名演员希尔万(Silvain)学了十节课的演讲术,希尔万当时也来法庭旁听,很想看看他的学生表现如何。但是奥恩伯斯特尔有些怯场。他还没有熟练掌握那些戏剧的姿势,也没有用肩膀来给法官、陪审团和观众留下印象。他嘴里像含着热茄子一样说不清话。而且他要辩护的,是一个铁定有罪并会被处决的人,一个只求革命永垂不朽的人。

首席法官波捷(Potier)先生的角色一般来说就是"揭开被告的假面具",用有诱导性的提问指出被告辩护的漏洞。可是这场审判却大相径庭。埃米尔几乎把所有针对他的指控都承认了,还毫不掩抑自豪的态度。他傲慢地用讽刺嘲笑的语调反对或更正一些无关紧要的细节。他不是晚上8点30分进的终点站餐馆,而是8点;他并没有把炸弹藏在裤子的腰带里,而是直接揣在大衣的兜里——"我可没打算在饭店大庭广众之下解裤子扣!"当被问及为什么他选择这个饭店发动他的袭击,他回答道:"因为这是一个大饭店,资产阶级经常出入。"为什么他不在半路上选另一个大饭店?"因为那里的人不够多。那帮人喝开胃酒的时间已经结束了。"这让法庭上下都吓了一跳。问他是否告诉过埃斯皮纳预审法官,他只是想尽可能地多杀人来为瓦扬复仇,他回答说"千真万确",这是在学拉瓦绍尔的同伙西蒙·"曲奇"(Simon dit Biscuit)的腔调。

波捷法官打断埃米尔,严厉地说:"难道你轻视别人的生命吗?"

"不",埃米尔回答说,"我只轻视资产阶级的命。"

埃米尔承认曾经向铁路雇员古斯塔夫·埃提埃那(Gustave Étienne)开过枪,那个自己逃离终点站餐馆时在后面追他并且抓住他的人,这人按波捷法官的话说是"一个勇敢的市民"。还有那个理发师雷昂·莫里斯(Léon Maurice)——"第二勇敢的市民!"埃米尔讽刺地打断说道。他后悔只打中了一个警察。法官提醒他,他试图开枪射击的好多都是工人,埃米尔回答道,那他们就该管好自己的营生。他要是能有一把好的左轮手枪,他也会把他们一块杀了。法官指出,被告就像一个"用心的艺术家"一样制造了他的炸弹,埃米尔谢谢他说,承蒙夸奖。

波捷法官之后开始试图表明,埃米尔根本不是一个资产阶级社会的受害者,"很多仁慈、慷慨的人都向他伸出过援手"。毕竟,他自己也是一个资产阶级。当埃米尔重述自己到大剧院街行凶那天下午的行程时,他含讥带讽地指出,他坐了四趟马车。"正如一个好资产阶级,我没有步行去",他说,面带讥笑。法官指出,他有可能被名校巴黎综合理工大学录取。为什么他不想在军队里当一名军官？"那可是好职业啊，靠杀害那些不幸的人为生，比如说在富尔米。比起在那杀人，我还不如在这受审！"

波捷法官又指出，埃米尔逃避兵役，变成了一个逃兵，后来又非常有挑衅意味地提到"另一个人，用不着提她的名字，这个人老早就不再爱你了"，这明显是在影射艾丽莎·戈泰，这些话引起了萝丝·高蓓对他的儿子的"极度失望"。法官向被告施压，问他在制造终点站餐馆袭击前18个月里都在干什么，想找出案件的同谋。① 埃米尔只承认说曾经当了6个月的技工。他说，他一直"靠自己的工作"过活，这是为了能够自己凑齐炸弹所需材料的花费。埃米尔略带愤怒地否认了法官的猜测，法官说他是靠盗贼奥尔提兹活着的。但是法官坚持说，"就算是节衣缩食忍饥挨饿，想在巴黎活下去还是需要资源的"。他白白净净的手看上去根本不是一个工人的手，而现在，这双手上"沾满了谋杀留下的鲜血"。埃米尔举起他的双脚，然后回答道："沾着红色，就像你的袍子的颜色一样，主席先生。"他否认自己打扮得像一个英国商人，同时否认自己和奥尔提兹一起在诺曼底的菲克弗勒打劫了那个富有的老太太。当波捷法官指出，奥尔提兹是一个"无政府主义者和一个强盗"，被告非常奇怪地突然插嘴说，他的朋友"仍然很诚实"——在菲克弗勒那事儿的时候，他还没开始偷盗。

警方依然在搜捕普拉西德·舒普和保罗·荷克吕（Paul Reclus），后者是埃里塞·荷克吕的侄子，一个支持"盗窃权利"的人，警方怀疑他帮助埃米尔准备了炸弹，可能舒普也帮了忙。埃米尔最后说，"你们主持的这个'正义'嫌一个脑袋还不够——非得有两颗你们才满意。我再说一次，准备、包装、携带炸弹的，从始至终都是我一

---

① 法庭对埃米尔同伙的问题，参见档案 Ba 1115，February 23 and 26，Mars 7，11—16，24，1894；另见 *L'Éclair*，February 21，1894；*Le Matin*，February 23，1893；Ba 140，police reports，February 14 and prefect of police，February 15，1894；*L'Intransigeant*，February 16，1894；*Le 19e Siècle*，February 16，1894。

个人。"

在爆炸发生之后调查埃米尔时,警察认定他没有时间返回维隆路去取炸弹,然后再返回到大剧院街。后来,一个地区律师事务所的职员按照埃米尔描述的路线又走了一遍,结果表明,确实有可能像他说的那样。波捷法官最后表面上接受了埃米尔说他从始至终是单干的说法。

终点站餐馆爆炸案的受害者,那些普通群众,当时只是各自讲了他们的说法,没有经过交叉盘问。一些人已经行动不便了,拄着拐杖,或是让那些幸运一些伤得比较轻的人搀扶着。埃米尔一直不断地用手敲着被告席的木门,面无表情,说自己曾经在煤矿或者工厂事故时看见过更重的伤。他会用其他的炸弹吗?"当然了",当波捷法官说他太愤世嫉俗,埃米尔纠正他说,"这不是愤世嫉俗,这是信仰!"

波捷法官让警察普瓦松进法庭,简直是对其抱以英雄般的欢迎。他戴着他新得的荣誉十字勋章,在他的制服下面,还留着两处子弹打的伤疤。艾克斯特男爵夫人(la Baronne d'Eckstedt)是一个富婆,至少拥有一栋楼。当她讲在终点站餐馆那天晚上的经历时,坐在她身旁的她的妹妹吓得直发抖。她们不想告诉警察她们的姓名,怕无政府主义者报复。内政部长给金斯堡(Kinsbourg)夫人1500法郎的补偿,她也是个食利者,爆炸让她腿上受了三处伤。

下面是好几个"专家"轮番上场。在19世纪最后20年中,他们在法国司法诉讼中扮演的角色变得越来越重要。吉拉尔,这个无处不在的市政实验室的主人,夸埃米尔炸弹做得好,把大理石桌子面和铸铁的桌子腿都炸碎了,就跟这些都是脆木头做的一样。他介绍了埃米尔用过的两颗炸弹,在好孩子路上用过的"反转炸弹",还有在终点站餐馆用的点燃引信炸弹。奥恩伯斯特尔问吉拉尔哪个更危险,后者回答说:"一样危险!"第二枚炸弹更具杀伤力,只是在组装的时候有一点瑕疵。吉拉尔承认,他曾经和埃米尔讨论过这个(科学家与科学家的对话),埃米尔也承认本来就有瑕疵。认为埃米尔需要其他人帮他包装炸弹的说法就是吉拉尔提的。被告则坚称自己没有人协助。①

第二天,法庭传唤了辩方的证人,包括埃米尔以前的老师。当埃米尔在好孩子路制造爆炸案时候的老板迪皮说完他的证词之后,埃米尔歪过头去看他,那意思似乎是在说,你说了半天是替我辩护呢么?他的老板耸了耸肩,意思是说,自己只不过如实汇报了他的工作质量。尚博朗侯爵的女婿伊夫里伯爵(Ogier d'Ivry)是一个军官,还自封为文人,说话的劲就像"其他那些该判死刑的资产阶级一样"。他到庭证明说埃米尔是一个疯子,并且表达了对自己这位远亲所犯罪行的厌恶。他说了半天,不过是要表达,亨利一家全都是"叛乱者",君主制时是共和派,共和国时是巴黎公社社员,现在比起无政府主义本身还要无政府主义。在所有证人中,只有埃米尔的表叔让·博尔德纳夫(Jean Bordenave)离开证人席时,埃米尔表现出动了感情,让·博尔德纳夫专程从意大利回到巴黎。埃米尔的眼泪在眼眶里打转,他说道:"谢谢您,永别了!我再也见不到您了!"

古比医生在作证时说,自己无法在一个自己不信的神面前发誓,之后极力声称埃米尔有精神障碍,可能是在他12岁时得的一次伤寒症的结果,所以他应该接受专家的检查。埃米尔打断他的话,"抱歉,但是我压根不想接受什么检查。我从任何方面看都没有精神障碍"。他在学业方面的成功说明他从伤寒症中完全恢复过来了。法庭的法官拒绝福尔迪奈·亨利出庭作为品德信誉见证人,于是他从克莱尔沃(Clairvaux)监狱给奥恩伯斯特尔写了一封信,信中也认同他的弟弟疯了,这是由于父亲在法国被缺席判处死刑,之后"被流放到异国他乡"。古比医生坚持主张埃米尔精神过敏——"厌恶、愤怒还有激情"引导着他的行为。

开庭前两天,埃米尔写信给首席法官,说他的母亲想参加审判,

---

① 关于吉拉尔和埃米尔的对话,参见档案 Ba 1115, Émile Henry, February 27, 1894, Conciergerie。

但是他试图说服她别来,然而奥恩伯斯特尔想让萝丝·高蓓·亨利来为他的儿子作证。整个审判期间(除了刚开庭的那一小会)她都和几个朋友在一个小房间里等待,报纸里登载的内容让她一天愁似一天。埃米尔怕审判给他母亲刺激太大了,于是他站起来,再次要求波捷法官拒绝她参加剩下的起诉。观众七嘴八舌地支持这个要求,于是首席法官宣布暂时休庭。

比洛总结了检方的陈词,并且要求陪审团判处被告死刑。埃米尔似乎是一个典型的"小资产阶级"。他在布勒瓦那有产业,而且还从他的家庭和教师那里获得帮助。他变得"极端自负、嫉妒,而且极端凶残、不能平复"。他可怜的母亲能激起同情,但她的痛苦不应该影响判定。她的儿子制造的爆炸案,让五个妻子变成寡妇,十个孩子变成孤儿。难道被告是想通过杀人来解决棘手的贫困问题吗?只有取他项上人头才能"让他们满意"。埃米尔还想杀人来救自己。就算埃米尔被送到法属圭亚那首府卡宴的监狱那样的鬼地方,他也能逃跑。当比洛说到被告忘了自己对母亲的责任时,埃米尔坐不住了,暴跳如雷地喊道:"你敢侮辱我的母亲!当着我母亲的面你没有资格责备我的态度!你才不管她挨饿、受冻还是奄奄一息呢!"

之后,法官要求埃米尔陈述自己的辩护,内容是他在监狱里写下的一篇"宣言"。他讲得很慢,很清楚,一开始是背诵,到最后他申请拿来他写的东西。他为无政府主义和"制造事端搞宣传"辩护。他的演讲铿锵有力,甚至引人入胜——乃至让那些因为他的所作所为而憎恨他的人为之动容。宣言一开始,他坚称,作为一个无政府主义者,他只对一个法庭负责,那就是他自己。

政府当局已经把一个没有杀过人的人——奥古斯特·瓦扬——送上了断头台。但是资产阶级和为他们服务的警察们没有算上那些无名的人,他们在阴影中等待机会,震惊于警方的行动,只是在等待一个合适的时机,就全力出击,"这次,轮到那些猎人遭到围猎了"。埃米尔杀人实在不需要什么特别的岬由,但在他的眼中,制造终点站餐馆爆炸案正是对警方镇压无政府主义的回应,同时也是为拉瓦绍尔和瓦扬被法律杀害做出回应。

埃米尔继续说,瓦扬在被捕之前,所有无政府主义伙伴都不知道他。然而警察针对无政府主义者的镇压,是要让所有人为他一个人的行为负责。现在,轮到资产阶级为他的被害负责的时候了。无政府主义只应该针对那些制定法律对付我们的议员吗?只应针对应用法律的法官吗?只应针对那些实施法律的警察吗?不!警察是为资产阶级的利益服务的,而后者则靠剥削工人的劳动获利。小资产阶级也没比其他资产阶级好到哪去,他们也支持这个政府的所作所为。每个月靠300到500法郎过活,小资产阶级"既愚蠢又自命不凡",总是跟在最强势一方的屁股后面。他们是终点站餐馆和其他饭店的普通顾客。这也是为什么他选择下手的地方可以如此随便。是时候让这些资产阶级明白"那些受苦的人终于受够了:他们要显示他们的力量,他们要用比他们遭受的虐待更凶残的方式来回敬"。无政府主义者们从不尊重人类的生命,因为资产阶级本身并没有表现出任何人性。那些在富尔米屠杀普通民众的人没有权利称别人为杀人犯:

> [我们]不会饶了妇女也不会放过儿童,因为我们所爱的那些妇女和儿童也从没有被放过。那些儿童,他们在作坊里慢慢死于贫血,因为他们家里的面包根本不够吃;那些妇女,她们在你们的作坊里累得精疲力竭、拼了命干活,就为了每天能挣个40生丁,为了苦难还没有把她们逼得去做妓女而感到高兴;那些老人,他们被你们当作机器使唤,一辈子都要为你们干活,等他们被完全榨干了,你们就把他们扫地出门——他们难道不是无辜的受害者?

埃米尔说,他根本不抱幻想。他的所作所为不会被普通人理解。很多工人会认为无政府主义者是他们的敌人。这没关系。甚至有些无政府主义者本身也拒绝"制造事端搞宣传",因为他们成天就知道在理论家和恐怖分子之间划分微妙的界线。他们懦弱得不敢冒生命的危险:现在到了"毫不手软"、毫不退缩地行动的时候了!在这场毫无同情的战争中,无政府主义者别无所求。他们将生死置之度外,并且知道如何欣然接受死亡。至于陪审团的判决,他根本无所谓,等着就是了。他的头颅不会是最后一颗被砍下来的,因为那些饥饿濒死的人们会开始明白如何找到"[适合你下手的]饭店和大餐厅的"。

之后,他辞藻华丽、慷慨激昂地总结道:

> 你们将在这张沾满我们鲜血的名单上再添上其他的名字。你们可以在芝加哥把我们吊死,在德国把我们斩首,在萨雷斯(Xerez)把我们绞死,在巴塞罗那把我们枪杀,在蒙布里松(Montbrison)和巴黎把我们送上断头台,但是,你们永远无法摧毁的就是无政府主义。它根深蒂固,诞生于一个分崩离析的恶毒的社会,[无政府主义]是对既存秩序的暴力反动。它代表了平等主义和自由主义的愿望,它让现代的权威现出原形。它无所不在,也就让无政府状态变得难以捉摸。它终将以杀光你们而收场。

埃米尔的辩护在法庭上激起了一阵明显的骚动,持续了很久。《费加罗报》的记者亨利·瓦雷纳(Henri Varennes)大为吃惊,这个年轻人不久之后铁定会被判处死刑,但到此时他还能如此沉着冷静。他写道:"他也许是一个怪物,但他不是一个懦夫。"

奥恩伯斯特尔律师的口才比起埃米尔逊色太多了,他把他的委托人描述成"一个走极端的知识分子。认为除了他自己脑海中的东西以外什么也不存在"。奥恩伯斯特尔为埃米尔争取同情,说他是"一个做梦的人,一个狂热者",他相信他的行为对人类有益。那么他的犯罪应该被认为是激情犯罪。当他提醒陪审团他的委托人放第一颗炸弹"是第一次违反这个社会的规则"时,甚至招来了笑声。

奥恩伯斯特尔的辩护简直是场灾难。(演员希尔万在上了十好几节课之后,给他这位学生的表现有如下评价:"他很了解他应该扮演什么样的角色,还有他辩护时候该说的话。我只是教给他声调语气之类。但是在法庭上,他说的全是屁话,除了屁话还是屁话!")记者瓦雷纳奚落了奥恩伯斯特尔的马赛口音,还有"毫无次序地乱引历史和文学典故,说了好些人的名字,什么笛卡尔、卢梭、伏尔泰、拿破仑,甚至还有穆罕穆德——简直就是乱扯一锅粥!"奥恩伯斯特尔请求陪审员不要再制造一个新的殉难者,再招来更多的复仇,就像判决拉瓦绍尔和瓦扬导致的那样,无政府主义伙伴又会因此群情激奋伺机为他这位年轻的委托人报仇,"这会让他的头上出现光圈,让他摸过的东西变得神圣起来!把他送上断头台就等于给了他诗人的神晕!"如果说这一番话起了什么作用的话,那就是这位律师把本就希望渺茫的辩护弄得毫无希望了。①

陪审团晚上 6 点 30 分进入了讨论室,不到一个小时就回到了法庭。埃米尔上了楼梯,看起来就像是一个在校的男孩,在等待判决的过程中一直保持微笑。他手插兜站着,跟一个坐得离他不远的法庭画家说:"不要画我的头。"陪审团当庭宣布,埃米尔有罪,没有从轻处罚情节。法官问埃米尔对此判决有何话说,他表示他接受这一判决。波捷法官于 7 点 45 分宣布判处埃米尔死刑,对此判决,埃米尔大呼"好"。他面对着法庭,对所有人说:"鼓起勇气,同志们!无政府主义万岁!"

法庭的书记员来到埃米尔的牢房,问他想不想就判决提起申诉。他说不想,又说他不想要求总统特赦。9 点 15 分他被转送到罗盖特监狱(prison of La Roquette),监狱所在的地方他非常熟悉,离拉雪兹神父公墓不远,在佛舍尔公寓南边。

萝丝·高蓓·亨利和古比医生仍然相信有可能救埃米尔一命,

---

① 关于奥恩伯斯特尔的辩护,参见 Hornbostel's defense and Émile's conviction:Gérard A. Jaeger, *Anatole Deibler*, *Carnets d'exécutions* (1885—1939) (Paris, 2004), p. 121; Jean Maitron, *Histoire du mouvement anarchiste en France* (1880—1914), note 1, p. 226); *Le Figaro*, April 29, 1894; Ba 1115, April 28, 1894.

不管他自己是怎么想的。医生希望法庭为他安排一次精神检查。他过度重视审判并且"他的自卫本能丧失"都说明他处于一种不稳定的精神状态。① 古比主张，只要这样的"偏执狂"没有完全被特别的失常所控制，他们说出话来就显得是理智的。在他看来，埃米尔不应该为自己的行为负责，故而不应被判处死刑。古比认为至少四名陪审员倾向于认为"有从轻处罚的情节"。埃米尔的轻蔑让古比无法在审判中继续把他的观点讲深入。亨利夫人希望从个人角度恳请萨迪·卡诺总统，因为只有总统可以让死刑减刑。社会主义者保罗·布鲁斯（Paul Brousse）曾经是"制造事端搞宣传"这个概念的创造者之一，后来抛弃了无政府主义，他至少在一点上认同奥恩伯斯特尔所说的：埃米尔·亨利一旦被处决，只会制造出另一个殉难者：这种死亡"正是无政府主义的生命：为了破坏教条，我们必须容忍破坏教条者"。②

5月1日，埃米尔写信给他的母亲。他希望她保持坚强，让她挺过"这最后的试炼"。她还有两个儿子活着。但这却不是她对她的二儿子所希望的，"对他，她倾注了太多的希望"。这个"美好的梦想"不可能实现，"因为现在的生活只是让我们受苦而已"。她会听到人议论，说他是个凶手，但如果他确实杀了人，那也是为了"一个伟大的理想"。朋友们会安慰她，而且最终他们会明白，她是社会的受害者，正是这个社会带走了她的儿子。他希望他的弟弟于勒也能足够坚强，他相信弟弟未来也能成为"一名凶猛而积极的无政府主义者"。最后他署名"埃米尔向你致以一千次亲吻"。③

埃米尔的母亲确实是一个悲剧人物，一个公众好奇和同情的对象。当亨利夫人来到巴黎，她魂不守舍地到处奔走，总是穿戴同样的服饰，黑色的长裙，头巾，简单的帽子，上有小兰花绣饰。她的眼睛红红的，总含着泪水，心烦意乱，浑身颤抖，总是悲伤地说日子过得太快

---

① 参见 *La Petite République*，May 6, 1894。
② 参见 *La Petite République*，May 7, 1894。
③ 埃米尔给母亲最后的信，参见档案 Ba 1115。

了。她随身带着她的两个小黑箱子。一个箱子里盛着关于他儿子审判的材料,另一个箱子里塞得满满的,有剪报,一封埃米尔来的信,还有一张证明埃米尔在学校表现优秀的奖状,上面还署着西班牙国王的名字,还有一张法国学校发的奖状,还有很多其他的信,其中包括几封神职人员来的信。一个修女给她寄来了一张很小的圣母玛利亚的"奇迹画像",①上面写着让她时时刻刻对着画像祈祷的指示,因为玛利亚不会拒绝她。修女想让埃米尔吞下这张只有邮票大小的圣母画像——"你可以把它放在一个肉球里,或者再就一点红酒",这样他吃下去的时候就看不见圣母玛利亚。"相信我,夫人,这一定能使他回心转意"。她经营的旅社的名字在此时越来越具有讽刺意义,"充满希望"(À l'Espérance)。可是现在实在没剩下什么希望。

亨利夫人乞求她的儿子在 5 月 2 日的时候在要求宽恕的申请上签字,这是最后期限。但是,她的儿子一心向死,以求解脱,他和 1794 年 7 月在断头台上不想求生的那位法国大革命著名激进革命家马克西米利安·罗伯斯庇尔别无二致。埃米尔也同样追求一种革命的永垂不朽。几天之后,看守告诉他,他母亲还要来看他,他告诉看守说:"何必呢。我不想看到她!我再也不想看见她!"②当她真的来看他了,他告诉她,他来看她深深地伤害了他。他应该放弃见卡诺总统的努力。亨利夫人已经给总统夫人写了一封信,她回信说只有辩护律师可以申请宽恕。埃米尔随后让看守送他回牢房,这时他转过身,面对着他母亲,握住她的两只手说,说道:"永别了,妈妈"。

与此同时,艾丽莎·戈泰成了巴黎报纸上的明星。③ 现在,在各大报纸上都能读到埃米尔在 1891 年写给她的信,正如他母亲说的那样,他"那时非常的温柔"。两个记者拜访了她和她丈夫位于伏尔泰大道(Boulevard Voltaire)上一幢六层楼的阁楼里的家。艾丽莎穿着

---

① 参见 *Le Journal*,May 12 or 17,1894。
② 参见 *Le Figaro*,May 6,1894。
③ 戈泰出名的情况,参见 *Le Journal*,May 17,1894。

浴袍，时而挣扎着让这件衣服遮住身体。她最终(是收了钱的?)打破了沉默。她马上坚持说，她从来也没当过埃米尔的情妇："埃米尔的爱！就是我的噩梦，让我后悔！"难道是他对她的激情让"他的心智发生了奇怪的变化"？她谈起了她在1891年去布勒瓦那发生的那件尴尬的事情。从那时起，埃米尔就没有停止过向她示爱，尽管她一次又一次地提醒他，她已经和一个他认识的人结婚了。但是她一直追求她。她从未答应过，从未。那么她感到后悔吗？"是的，我用不着隐藏什么。如果真是因为对我的激情为他带来灾难性的后果，那我会因为对他太残忍而自责。"她无法入睡。她无法生活。是的，她后悔没有当他的情妇。

同时，奥恩伯斯特尔正在等待召见去爱丽舍宫见总统，希望总统能宽恕埃米尔。在当时的第三共和国有这样的传统，在一个人被执行死刑之前，他的律师应该去见过共和国的总统，这才能行刑。①

而在大剧院广场的中央，警察普瓦松正在指挥交通，身边车水马龙。这个警察可没有兴趣去看人头落地："要是他们砍了他的头，那伙土匪里就能少一个。"②

有好几天，谣传说5月12日就是处决埃米尔的日子。然而这个月初就有好几天——尽管五月的节日让政府的功能陷入停滞——早上起来都有一小拨人出现在罗盖特广场，去看是不是处决的时候已经到了。警察也到了那里，为了维持秩序。附近的酒吧为喝酒寻欢的人开到很晚，直到半夜3点或3点30分才关门，很明显处决不会在晚上执行。5月11日，在高档街区克雷贝街（avenue Kléber），发生了一起爆炸。

断头台（guillotine）是在法国大革命时期被发明的，以发明者纪尧蒂那博士（Dr. Guillotine）的名字命名，那时人称"寡妇"，此时已经成了法国民族的象征。断头台代表君主的"理性"，它使得处决消

---

① 参见 L'Événement, May 22, 1894。
② 参见 L'Intransigeant, May 22, 1894。

除了阶级的差别和恐怖的折磨,让犯人死得干净痛快。公开处决似乎变成了戏剧化的场面。断头台的首次使用是在革命广场(Place de la Révolution),人们聚在此处,为一次次的革命审判而庆贺,而审判的执行者,正是这赫赫有名的"国民剃刀"(national razor)。① 人山人海的群众目睹了路易十六、玛丽-安托阿那特皇后、丹东、罗伯斯庇尔和其他人的处决,人们仔细地观察着刽子手的一举一动,当然,还有那些行将赴死的人。人们伸出脖子,踮起脚尖,试图听到受刑者最后说的话,然后再仔细端详刽子手耀武扬威地把砍下来的头在人群面前高高举起。

在1851年,断头台的架子被挪到巴黎罗盖特监狱的大门外面,尺寸也比最开始那大得夸张的规模小了很多。在巴黎公社期间,一群人把断头台从监狱门口拆下,弄到伏尔泰雕像下面,付之一炬。而随着巴黎公社的失败,断头台又被设立起来,但是1872年之后就不再使用架子了。自此以后,断头台直接被放在地上,原来那戏剧化的走上台阶赴死的场面就再也没有了。在牧师为受刑者祝福的时候,刽子手的助手现在就会快速抓住他把他推到铡刀下面,以至于受刑者没时间弄明白发生了什么事。在1800到1825年间,每年平均大概有120人死在断头台上。之后几十年里,受铡而死的人数有所下降,到了19世纪60年代,大概每年28个人,80年代中期每年10到12个人。②

执行死刑的刽子手,就是所谓"巴黎先生"(Monsieur de Paris),他的角色依然是至高无上的。刽子手的大名几乎所有人都知道,从革命时期那位著名的桑松(Sanson),直到那位在第二次世界大战前执行最后一次公开处决的阿纳托尔·戴博雷(Anatole Deibler)。③

---

① 参见 Daniel Arasse, *The Guillotine and the Terror* (London, 1989), pp. 2-75, quote from p. 13。

② 送上断头台处决的数字统计,参见 Georges Grison, *Souvenirs de la place de la Roquette* (Paris, 1883), p. 18。

③ 关于戴博雷,参见 *Le Matin*, May 21, 1894; *19e siècle*, May 22, 1894; *Justice*, May 22, 1894; *L'Evénement*, May 22, 1894。

刽子手,"正义之木"(timbers of justice)的操纵者,也和屠夫一样,干的都是血腥的营生。就好像种姓制度一样,这些刽子手的家族之间也相互通婚。

193　　5月20日是一个周六,奥恩伯斯特尔最终接到了一封信,召他下午到爱丽舍宫去见卡诺总统。会见只持续了一小会,总统答应查看一下埃米尔的卷宗,于是让请求宽恕的亨利夫人、古比医生和奥恩伯斯特尔很天真地对爱丽舍宫抱以希望,相信最起码处决会被取消。然而奥恩伯斯特尔前脚刚一出门,总统后脚就把卷宗送到法律部长那,根本没有签署宽恕的命令。下午4点30分就下达了第二天一早处决埃米尔的命令。晚上8点,两个宪兵拿着命令来找"巴黎先生"路易斯·戴博雷(Louis Deibler),他好像人称"戴博雷大夫",尽管他所有的"病人"都让他给治死了。戴博雷接到命令,在5月21日周一凌晨4点到罗盖特广场报到。即将行刑的消息直到周日晚上10点一直保密,为了防止任何可能发生的无政府主义者的袭击,也是为了防止意料之外的人群涌到罗盖特广场上来。在巴塞罗那,被指控针对里世奥剧院发动血腥袭击的六个人也将在同一天被处决。

凌晨2点的时候,莫里斯·巴莱(Maurice Barrès)走过伏尔泰广场(现在叫雷昂·布兰广场(place Léon Blum)),在那,各类名人,包括记者、政客、作家,还有其他有警方授权的人,可以去到罗盖特广场,到了那,他们可以站在相当于剧院包厢一样的地方观看行刑。他走在罗盖特路上,经过左方的小罗盖特监狱(Petite-Roquette),那是少年犯们被监禁的地方。右面就是罗盖特监狱,1836年建成,用来关押死刑犯——他们在那都呆不长——还关押其他被判处无期徒刑的人。监狱由两栋三层高的楼组成。罗盖特广场不很大,从监狱的门一直到罗盖特路,还得算上监狱门前那一点面积。从1851年开始,断头台就设在这里,下面架着五块石板。于是也有人管这座监狱叫"五石修道院"(Abbey of Five Stones)。

194　　这个地点似乎颇具煽动性。不管是在巴士底狱广场、梅尼蒙当(Ménilmontant)还是别的什么地方都是当街处决犯人,这等于"就在他们的地盘,给那些'危险的阶级'演一出戏,[给他们]看看法律如何严厉无情"①。

巴莱和他的朋友查尔斯·弗尔芒丹(Charles Formentin)手持证明他们是记者的卡片,穿过了警察设置的栅栏。罗盖特广场只能容纳 150 人左右。政治家乔治·克莱蒙梭也在那,把礼帽拉得很低,就马上要执行的死刑和记者们聊得正欢。一些面目"可疑"的人出现了,手里没有发的凭证,也钻进了栅栏里面。弗尔芒丹是一个新出道的观察家。他曾经听说过在断头台周围集会的戏剧化传奇,什么场面即将失控、骑兵前来救场、佩刀噌噌拔出、寒光刺破晓雾云云。他正等着"一场恐怖和威严的庄重仪式",但却发现,只有"极端冷酷和令人作呕的场面。"②

巴莱也在夜色之中,他能够看到监狱的一扇门里灯光闪烁,一会,埃米尔就会从这扇门走出来,走完生命的最后几步。渐渐地,巴莱能够看见一小队的警察。在广场周围,住宅楼的窗子亮起了灯,让他能看清这片高档的住宅。埃米尔的无政府主义者朋友会不会正在计划一场袭击?就在罗盖特路和弗利-赫尼奥尔路(rue de la Folie-Regnault)的拐角,"巴黎先生"正在跟他的助手们玩着牌,这也是埃米尔和他的看守爱玩的游戏。

刽子手路易斯·戴博雷的祖父和外祖父都是刽子手。在 1894 年,路易斯·戴博雷这个名字简直家喻户晓,他的名声来自于他亲手处决了拉瓦绍尔和瓦扬。他曾经收到过恐吓信,扬言要置他于死地,还有谣传说,有人密谋绑架他。还有人甚至试图把断头台偷走。当时,戴博雷已经老态龙钟,而且一身的病,走起路来一步三晃,手已经弹了弦子。他一生参与过 360 次处决,作为首席刽子手处决了 154 个人,当时他已经接近他刽子手生涯的尽头,将于四年之后退休,由

---

① 参见 Jean-Pierre A. Bernard, pp. 137-138。

② 参见 *Le Journal*, May 22, 1894, "Un témoin de la guillotine." 另见 *L'écho de Paris*, May 22, 1894; *La Libre Parole*, May 22, 1894。

儿子接替他的位置。附近的饭店都早早关了门,免得游手好闲的看客惹事,并且广场周围围满了警察。然而在 2 点 30 分,广场上还没什么人。埃米尔在那些小贼小盗圈子里并不是很出名,他们倒是经常来看处决,对受刑的人表达些许同情。他不是他们中的一位,倒是似乎更像他们所谓"犯罪的贵族",他们受刑得有精心挑选出来的公众前来见证。在附近的一个酒吧里聚了才不到 50 个人,酒吧老板唉声叹气,因为瓦扬被处决的时候,他的生意也不怎么地。可是有的时候在这里杀人,一晚上就能有 800 多法郎入账。今天晚上,才收了大概 40 法郎。"别跟我提无政府主义者!"酒吧老板骂道。①

　　一共有 500 个警察,四个联队的城市武警还有两个中队的骑兵在行刑地点附近各就各位。3 点整,十二名宪兵和他们的指挥官排成一排走进广场,伴随他们而来的是一阵冰冷的北风。附近到处是便衣警察,已经准备好记录下他们听到的各种街谈巷议。附近的住宅楼的窗户里开始能看到影影绰绰。一个英国人想挤进本来留给他的位置,结果最后不得不跑到附近一个屋顶的地方去看,就为了这个,还让他花了三法郎。监狱的牧师阿贝·瓦拉迪耶(Abbé Valadier)乘一辆马车赶来,同行的还有一位预审法官,是大法官派来的,想看看埃米尔·亨利最后是不是还能透露什么。

　　只有政府各部委的高级官员和能弄到官方通行证的记者才能到罗盖特广场的观看受刑区域去。伊维(Yver)夫人就是其中一位记者,据说她是自从大革命时代起,法国第一个被准许观看死刑的女记者——至少是第一个距离如此之近地观看的。

　　正当人们等待的时候,广场上的说话声都是喁喁软语,甚至听不见。随后,在凌晨 3 点 15 分,在拉雪兹神父公墓的小山方向,出现了一片光亮,之后能听到马车轮轧在步道上的声音,这声音说明有两辆马车正向这里开来,旁边还有护卫。头一辆车载着刽子手戴博雷的主要助手,第二辆车里就是"正义之木"。一眼望去,很容易把这两辆

---

① 参见 *Le Gaulois*, May 21, 1894。

马车和来赶集的外省杂技班子的车搞混。两辆车停在罗盖特路左侧，这条路不长，通向广场，也通向监狱，马上，在监狱门口的五块著名的石头上，就要安放断头台了。刽子手和他几个助手从旁边的饭店出来，开始干活，他们都穿着礼服大衣，呆着高帽子。马车夫和穿着蓝色工装裤的工人从马车上也下来了。于是小广场上弥漫着一种可怕预感的气氛。一匹马开始嘶叫起来，之后每隔五分钟就来这么一下。刽子手的助手们走上前来，嘴上还叼着香烟。

工人们把断头台的部件从马车上卸下来，放在人行道边上。在刽子手的监督指导下，这些部件被组装起来，组装完了之后就像一个巨大的玩具。组装过程中一根钉子也不用。巨大的三角形铡刀放在一个红色的皮护套里，斜靠在一个邮筒上。这时候突然又出现了一片光线，这是戴博雷提着一个灯笼在监督一切。他想让栅栏往后挪，"我得要点地方和空气，可是我什么都没有"。"巴黎先生"看上去还挺和善，但其实总是脾气很坏，他喊出专业的命令，让向左和向右。他的鞋踩在鹅卵石上的声音打破了广场的安静，因为他的脚有些跛，所以有的时候会倚在他的手杖上。

这盏灯笼让广场的人知道，马上就要搭断头台了。工人用滑轮把铡刀拉上去，拉到支架以上，断头台的这个支架是让受刑的人的头放在上面等待铡刀落下用的。戴博雷把装置的每一个部分都检查了一遍，这让观刑的人以为这是一个钟表匠或外科医生的细致工作，尽管可能戴博雷自己只是匆匆看了一遍。对他来说，远没有什么"公正"可言。他甚至愿意有人议论是否把他解雇。当有人问他，他处决的人是不是死得很痛快，他回答道："他们一般都是暴徒——你得拖着他们走！"有人碰倒了他一个桶，他就嚷嚷道："你他妈的在我的家伙事儿旁边转悠什么呢？"一个助手把铡刀上的皮套摘了下来。刽子手把断头台的铡刀试了两次，听见铡刀落在刀槽里发出干脆的金属钝响，他表示很满意。头砍下来之后要用到的装置也已经就绪：尸体将会从一块木板上滚落到一个大箱子里，而前面有一个篮子用来盛放砍下来的头。"一切都准备好了"，戴博雷宣布道，没有特别跟谁说,此时,他的一个胖乎乎、脸颊红红的年轻助手正看过来。对克莱蒙梭而言,"巴黎先生"就"像他的机器一样可怜"。①

其中一些工人干完了他们的工作,就会到其中一辆马车上去换普通的衣服。他们也可以加入到观众中来观看受刑。人群中有不少人已经见证过不止一次的处决:在断头台准备好之后,他们就鸦雀无声了。

黎明将至,巴黎又迎来了一个灰色的日子。罗盖特广场上的树似乎都病恹恹的,只有不多的几簇叶子。原来在夜间进行处决都点火把,后来改成煤气灯了,此时煤气灯也都熄灭了。可是戴博雷的灯笼依然亮着光,慢慢地移动着。一些助手把海绵和布堆起来,还留下一个小篮子,里面放了一块能吸水的木头。来了一个"丑陋的粗人,好像是一个马夫",手里还拿着一把扫帚。戴博雷②检查了一些水桶,确认里面都已经盛满了水,旁边还放了一把扫帚。马上,地上就会鲜血横流。远处,一只狗在不停地吠着。

这一切的准备埃米尔是看不见的。他昨天晚上9点上床睡觉。也要很早起床,所以得睡上一觉。他已经写了好几封信,把它们放在牢房桌子的抽屉里。几个法官、监狱牧师阿贝·瓦拉迪耶还有辖区的警察局长走进牢房的时候,埃米尔听上去还在熟睡,头冲着靠床边的墙。看守布朗(Brun)轻轻拍了拍他的肩膀,喊了句按惯例要喊的口号,"拿出勇气!"(Courage!)布朗告诉这名死刑犯他的请求被共和国总统驳回了,不过这似乎也无济于事。埃米尔于是坐起来穿衣服,穿上了那条他被捕时穿的裤子,系了一条大红腰带。他干脆地说,他不需要勇气,因为他总是勇气十足,他在面对死亡的时候也不会变成个懦夫。他不想和监狱牧师说话,按规矩提供的一杯白兰地他也没

---

① 参见 Gérard A. Jaeger, *Anatole Deibler* (1863—1939): *L'homme qui trancha 400 têtes*, pp. 74 and 128。

② Gérard A. Jaeger, *Anatole Deibler, Carnets d'exécutions*, pp. 15—25; Gérard A. Jaeger, *Anatole Deibler* (1863—1939): *L'homme qui trancha 400 têtes*, pp. 131, 274。

喝。路易斯·戴博雷已经走进了监狱的门,上面刻着"自由、平等、友爱",跟着他一块进来的还有几个助手。宪兵们跨上了他们的战马。所有眼睛都注视着这扇门,其中还包括五个小女孩,她们跑到附近的屋顶上,一早就紧紧地坐在一起,等着看。埃米尔被引去监狱牧师的办公室,他和刽子手打招呼,说:"还是你,戴博雷先生。"

刽子手把埃米尔衬衫的领子往下推,同时几个助手紧紧地捆住他的双手,实在太紧,埃米尔要求了好几次,让他们把绳子松开一些。他们还给他戴上脚镣,结果他只能一小步一小步地挪,而且非常费劲。埃米尔表示,自己根本无意逃跑。但是,这么做同时肯定有另一层意思,那就是,这么一来,他想表现得慷慨英勇也很困难。一个法官问他,在这样一个"至高无上的时刻",他是否还想把从犯揭发出来。埃米尔说,这个重复的问题至少问了他有一千次了。他于是最后一次声明,他是一个人干的。这一行人于是朝着监狱的门走去。

凌晨4点整,监狱内部的大门打开的声音打破了广场上的安静,之后传来击鼓的声音还有士兵的步枪子弹上膛的声音。戴博雷押着埃米尔,他的胸膛露出来,朝着断头台走去。埃米尔双手被绑在肚子前面,前边被戴博雷牵着,跟跟跄跄地走着,因为脚镣让他根本走不了很快。① 第一缕晨光的熹微洒下,让埃米尔能看清待在附近屋顶上的观众,看见一个摄影师把照相机对着断头台的方向,然而断头台本身埃米尔还看不见。他看见共和国卫队和宪兵都骑在马上,马刀出鞘,围着断头台,形成一个半圆形。有人说道:"可怜的孩子!看上去可能连15岁也没有。"另一个目击者回忆,他面带不可思议的冷静表情。人们停止交谈,摘下帽子,好像一场宗教仪式就要开始。牧师在埃米尔两步开外的地方,无所事事。埃米尔很快地向左右看了看,好像他想在人群中找到他认识的人。关于他最后的时刻,他在过去的三个星期里一直在沉思,一直幻想着那幅高贵的画面。走到离断

---

① 关于这一小队人的描述,参见 *Le Journal*, May 21 and 22, 1894; *Libre Parole*, May 22, 1894。

头台还有 20 步时,他的脸上掠过一丝苍白的阴影。又走了几步,他停下来,喊出所有人都希望听到的口号,"鼓起勇气!同志们!无政府主义万岁!"等他走到断头台跟前的时候,他又重复道:"无政府主义万岁!"①戴博雷的助手们于是抓住他,粗暴地把他推倒,把他按到铡刀下,这样他就趴下了,脑袋被塞进那个小窗户一般的圆孔,这看上去就像一艘船的舷窗。

20 秒之后,断头台的铡刀迅速落下,发出一声钝响,声音之大,全广场的人都能听到。于是,埃米尔的头颅滚落在地上,很快被扔进那个准备好的篮子里,就好像把一大团纸扔进一个小垃圾桶一样稀松平常。戴博雷的一些助手根本不在乎去看铡刀落下。这一幕他们之前看过太多遍了,而且已经开始准备离开的事了。两个助手把尸体推进准备好的箱子,然后进了刽子手的马车。

从死亡证明上,可以看到,埃米尔死于 1894 年 5 月 21 日凌晨 4 点 10 分,是在罗盖特路 168 号这一特殊的地点。此时正有一群年轻的醉鬼趔趔趄趄地走过来,唱着猥亵歌曲。那辆马车载着尸体离开了,宪兵骑着马在周围护卫。人群很快就散了。警察逮捕了三个人。一个人因为在载着埃米尔尸体的马车经过时,喊了句"公社万岁!",还说埃米尔不应该死在断头台下,该死的是卡诺总统和他的部长。早上 7 点,报道三小时之前埃米尔被处决消息的报纸就在巴黎街头上被大肆兜售了。

乔治·克莱蒙梭离开罗盖特广场时表示,他为刚刚看到的这一幕法国社会的"粗暴复仇"而震惊。埃米尔异常惨白的脸让克莱蒙梭心绪难平:他看到这个年轻人就像一个受难的基督一样,"试图把他那智慧的骄傲用在他那孩子般的身体上"。埃米尔的理想可不会像他的脑袋一样如此简单就能被砍掉。在一篇文章中,克莱蒙梭表达了对"习俗的人性化"的期望……"让那些支持死刑的人亲自去——如果他们敢的话——罗盖特广场闻一闻血的味道。闻过之后我们再谈论它"。②

---

① 埃米尔"无政府主义万岁"的口号,参见 *Le Matin*,May 21,1894。
② 参见 *Le Journal*,May 23,1894。

马车载着埃米尔的头颅直奔塞纳河上的伊夫里公墓(cemetery of Ivry-sur-Seine),一块人称"萝卜田"的角落,这里是专门给那些死在断头台上的人留的。警察站在周围看守。已经挖了一个坟墓,就在瓦扬的坟墓附近。埃米尔的手还被绑在后背①,手腕因为绳子捆得太紧都变青了,于是尸体被放在一具白木棺材里,他的头颅脸色苍白,双眼紧闭,双唇微微张开。他的白衬衫上到处都是血迹。尸体和头颅被放在一具简单的木棺材里,头被放在双腿之间。② 阿贝·瓦拉迪耶牧师简短地祈祷了几句。在执勤的警察和宪兵面前模拟了埋葬仪式,之后,埃米尔的遗体就被送到奥戴昂附近的一所医学院去检查。埃米尔的母亲曾表示希望在处决结束后,他的遗体能够被很快送到布勒瓦那-利梅尔,和他的家人埋在一起,但这个请求被草率地忽视了。

一个记者在前一天晚上11点告诉亨利夫人的姑姑,处决马上就会举行。三个小时之后,她就看见军队朝罗盖特广场进发,马上就动身去布勒瓦那告诉亨利夫人。而此时奥恩伯斯特尔已经离开巴黎,到乡下度假去了。

报纸记者们比着看谁能在处决结束后第一个赶到布勒瓦那。③有一个人早上7点30分到了那里。他敲开了亨利夫人的小旅社的门。他问那个上了岁数的厨师,亨利夫人有没有空。那个女厨师回答说,亨利夫人生病了。洗碗工问说消息是不是真的。是真的,记者回答说,他当时就在场。在另一个房间里,于勒·亨利转过脸去,因为他一直在哭。路对面收容所雇的工人们陆续到了旅社,一边喝酒一边聊

---

① 上文说埃米尔临刑前手在肚子前面被绑着,这里又说在后背被绑着,疑误。——译注

② 关于埃米尔的尸体,参见档案 19e siècle, May 22, 1894; Journal, May 21, 1894; Figaro, La Libre Parole, Éclair, La Petit République, and Journal, May 22, 1894. Journal, May 22, 1894; office of the prefect of police to the dean of the medical school, May 21, 1894; Goupil, May 21, 1894. Ba 1115, Dean of the Medical School, May 21 and 23。

③ 参见 L'Écho de Paris, May 22, 1894; 19e siècle, May 22, 1894; L'Intransigéant, May 22, 1894。

天。没有人提及几个小时前发生的那档子事。亨利夫人知道了吗?厨师说,她想是的,但是她现在已经下不来床了。有几个工人闲谈着,想让于勒参加他们的聊天说笑,但是他根本不为所动。邮递员来了,显得心情很好,他拿着一封信,是给在旅社租房子的一个工人的。

艾丽莎·戈泰已经穿过后面的花园走进了旅社。自打埃米尔被捕之后,她很享受公众对她的关注,尤其是能在大牌报纸的办公室里,大谈这个扔炸弹的人对她如何痴情迷恋。她不知道收声闭嘴,甚至在这个糟糕的早晨也不例外,跟那个记者碎嘴饶舌地说着埃米尔对他的爱慕,描述一些他们之间"关系"最琐碎的细节。艾丽莎把他就当作一个孩子对待,但是到最后,"他表现得是一个杰出的男人"。她又一次表达了后悔,说她不该不接受他的爱。她以为这么说,会弄出个更大的故事。

伊维夫人立刻赶到了布勒瓦那。她告诉亨利夫人——此时正和古比医生在一起——自己想来安慰她。她告诉这个哀伤的母亲,说她的儿子死时很勇敢,迈着坚毅的步伐走向断头台,高昂着头。"那他在受刑之前提起他的母亲了吗?",亨利夫人问道。伊维没有回答。亨利夫人嚷道:"多么疯狂!他,为了工人而死!但他从头到脚都是个资产阶级。你明白,失去他是多么糟糕,就像失去了我其他的儿子一样。"她然后问这位记者,她是不是直接看见了斩首的那一刻。没有,伊维夫人说。她当时转过脸去了。

5月24日,埃米尔被安葬在利梅尔公墓(cemetery of Limeil)。于勒·亨利和其他一些无政府主义伙伴后来又回来,在坟墓周围种上了一些灌木。① 在美丽城,处决的消息四处传播,人们相互对视,然后问:"谁会是下一个?"②

---

① 5月24日埃米尔下葬的情况,参见档案 Ba 1115,reports of Descaves,May 24,and commissaire special to the prefect of the Seine-et-Oise,May 25,1894。

② 参见 Henry Leyret,p.161。

第八章 反　响

> 那些说下"恨不能诞生爱"的人啊，我要告诉你们，正是爱，人类的爱，经常导致了恨的产生。①
>
> ——埃米尔·亨利

埃米尔·亨利在终点站餐馆制造爆炸一周之后，无政府主义者、艺术和文学批评家奥克塔夫·密尔博（Octave Mirbeau）写道："埃米尔·亨利令人费解地把炸弹扔进了一群安静的、无足轻重的人中间，他们去饭店不过就是想在回家上床睡觉之前喝上一杯啤酒。就连无政府主义的死敌都比不上埃米尔·亨利，他对无政府主义事业造成的损失不可估量！"② 查尔斯·马拉图也赞同这一观点。埃米尔是一个充满智慧和勇气的无政府主义者，但是他的炸弹"严重打击了无政府主义"。马拉图支持任何针对敌人的暴力行为——政府当局及其支持者——但这并不是说"盲目滥杀无辜"，③正如他这位以前的朋友扔的这枚炸弹。埃米尔·普热曾经在《佩那尔老爹报》上笔锋极为暴力凌厉，似乎是铁杆的"制造事端

---

① 参见 *La Renaissance*，May 20，1896。

② 参见 *Le Journal*，February 19，1894，cited in Jean Maitron, ed., *Dictionnaire biographique du mouvement ouvrier français*。

③ 参见 Jean Maitron, ed., *Dictionnaire biographique de mouvement ouvrier français*：1871—1914，«Malato, Charles»。

搞宣传"支持者,但这回认为这次袭击是让无政府主义事业尴尬的一件事。①

在美丽城,雷莱的"暴风骤雨"饭店里,对埃米尔的爆炸袭击的反应与对瓦扬在国会制造的爆炸袭击的反应截然不同。相比之下,他们在听到终点站餐馆发生爆炸之后,完全没有很喜悦。为什么去袭击那些下班后到饭店喝一杯的普通人呢?埃米尔不是瓦扬那样的工人,也不是拉瓦绍尔那样的"俗人",而是一个"生在资产阶级家庭的知识分子",这马上成为讨论和反思的话题。关于埃米尔,也有一些令人不安的说法,说他扔了他的文凭,去实施袭击。但也有人对埃米尔抱以勉强的微笑和敬意。那些经常光顾"暴风骤雨"的人关注埃米尔在法庭上说的每一句话,重复他所说的,对他似乎支配了审问者表示满意。工人中,甚至是对无政府主义者态度很复杂的社会主义者中,没有几个人没读过甚至没有重读过埃米尔的"宣言"。埃米尔这位自称"充满仇恨和高尚的轻蔑的坚定复仇者",②甚至让在《人民巴黎报》(People's Paris)上批评他的人为之动容,由于他的学识和"对他顽强的推理的精确表达"。人们对埃米尔遭处决的伤感和愤怒要远小于瓦扬的处决,因为这似乎是不可避免的。

普通的工人们现在开始思考他们的命运。国家和资产阶级的社会将取得全面胜利吗?到时候就知道了。一些工人前几年受了不少苦,现在似乎在舔自己的伤口,也许正在准备向那些当权者复仇!市郊的平民曾经把他们的希望寄托于共和国,但是共和国辜负了他们。巴拿马运河的丑闻让一些身处高位的政客赚得盆满钵满,让上层阶级备受轻蔑,然而政府居然还在保护他们的利益。政府的专制和腐败让工人们对友爱和平等的希望全部破灭。

态度保守的报纸一致支持处决埃米尔。《巴黎回声报》(L'Écho

---

① 参见 James Joll, "Singing, Dancing, and Dynamite," *Times Literary Supplement*, September 10, 1976。

② 参见 Henry Leyrat, *En plein faubourg* (Paris, 2000, originally published 1895), pp. 161-165。

de Paris)说埃米尔就像圣-德尼斯①一样,把自己的脑袋捧在手上走进了历史。这个黄口小儿竟能登堂入室成了历史名人,还真是够丢人的,甚至是咄咄怪事,全靠他的这段传奇还有为他辩护的人。无政府主义者们成功地让整个社会胆战心惊。几乎所有住在城市和城镇里的人都想饶他一命,不是出于同情,而是出于恐怖。这位作者认为当代法国的精神状况实在是"令人作呕"。有太多的人已经忘了爆炸案的受害者。国外游客都着急收拾东西逃离这个爆炸像瘟疫一样流行的灯火之城。工业和商业因之发展缓慢,城市在冬天本来是熙来攘往的,现在竟成了死亡的季节。这些且不多提,埃米尔竟然还有其信徒。无政府主义者已经变成"我们的皇帝:万岁!恺撒!搞死所有资产阶级来向你致敬!"一个新的纪元似乎就要降临:埃米尔没有选择政府中的煊赫要员,也没有选择工商业巨子作为他的目标,而是随机选择了一些平民,仅仅因为他那"病态的仇恨"。②

然而对埃米尔的小规模崇拜渐渐浮现,而且不只是在无政府主义者圈子里。一份比利时的报纸发表了一篇特稿,专门介绍他的生平。巴黎报纸的通讯记者被派去搜集他的诗作和通信。埃米尔·亨利的遗物像我们今天的棒球卡一样被交换。无政府主义报纸上出现了不少匿名文章,现在发现是他的作品。早期发行的《佩那尔老爹报》价钱飞涨。埃米尔的画像在法国外省流传,特别是在卢瓦尔省,那里是拉瓦绍尔的出生地。在巴黎,人们甚至排队去买宣传机构发行的埃米尔照片。在伦敦,无政府主义者以他名义写诗,而且在伦敦的意大利无政府主义"单干派"往意大利私运了一批小册子,内容就是称颂他的事迹并号召人们为他复仇。③

---

① 圣-德尼斯(Saint-Denis),三世纪的基督教圣徒,殉难者,时为巴黎地区的主教。由于在民间影响颇大,威胁罗马帝国统治,被斩首处死。处死之后,他怀抱自己的头颅奔跑了 10 公里。后受到基督教信众崇拜。——译注

② 参见 *L'Événement*,May 22,1894。

③ 关于与埃米尔有关的小册子,参见 Richard D. Sonn, *Anarchism and Cultural Politics*, p. 247; Ba 1115, May 11, 1894; 另见 DiPaola, Pietro. "*Italian Anarchists in London* (1870—1914)," unpublished Dissertation, Goldsmiths College, University of London, 2004, p. 57. 那份比利时报纸名叫 *La Débâcle Sociale*。

信奉"制造事端搞宣传"的无政府主义者都赞颂埃米尔。到了11月,有人向他的坟墓献上了红色和黄色的花,也向远在利梅尔-布勒瓦那他父亲的坟墓献了花。埃米尔被处决之后的第二个周年纪念日,巴黎的一份无政府主义报纸上刊登了一篇文章,质问密尔博(Mirbeau)这样一位谨慎的作者,为什么会谴责这位年轻无政府主义的所作所为。面对这样一个中毒已深的社会中日益增长的不平等,埃米尔的反抗是合情合理的,他只不过想寻找出路。如果说他肆虐妄为,那只是因为"他那充满爱的敏感神经"已经被他在巴黎所见到的那一幕幕惨剧残忍折磨得濒临崩溃了。① 他始于爱,但却终于"对应为我们的苦难直接负责的那些人的无比仇恨"。拉瓦绍尔经常被描写成一个残暴的野兽,但却在自己忍饥挨饿的时候把自己的东西送给遇见的流浪者。埃米尔也是善心的楷模,瓦扬也是。只有死亡能够熄灭埃米尔的仇恨。相比之下,那些无政府主义理论家们在面临生死考验的时候则懦弱不堪。像埃米尔这样"去爱的人"所发动的反抗行动,才是整个事业的动力。

无政府主义者奥古斯丁·雷日(Augustin Léger)的妻子想要一个孩子,于是雷日恶作剧般给自己未来的女儿起名叫"艾米丽叶娜-亨利耶特"(Émilienne-Henriette),向这位被处决的无政府主义者致敬,甚至还想起名叫"拉瓦绍丽娜"(Lavacholine)。最后他和他的妻子真把诞生的男孩起名叫"亨利"。这个孩子,命很惨,还是个孩子的时候就死了。雷日无法遏抑他的苦痛。他已经失去了一个孩子,还有两个孩子成天光着屁股不穿衣服在人行道上冻得瑟瑟发抖。对那些"肮脏的资产阶级"他仇深似海。他的儿子死后不久,他的妻子瑟莱斯蒂娜(Célestine)也死于肺炎。②

---

① 参见档案 Ba 1115, November 22, 1893, commissaire special of Boissy St. Léger to prefect and to his counterpart in Versailles, November 22, 1894; *La Renaissance* (G. Pérot), May 20, 1896。

② 参见 Augustin Léger, pp. 250, 302, 书中向卡萨里奥问候,说他"使出全力,干掉了共和国的总统,这真是……"saluting Cesario, "he pulled off the greatest coup. To wipe out a president of the Republic, *c'est princier*…"。

没有多久,为奥古斯特·瓦扬的复仇行动就爆发了——实际只过了一周。为埃米尔的复仇也来得非常快。6月24日,总统萨迪·卡诺前往里昂视察。在这个幽静的夜里,当他的马车走在共和路上,正经过大剧院的时候,一个人突然冲过警卫,跳上总统的马车,拔出匕首,捅了他一刀。刺杀者名叫桑托·卡西瑞欧(Santo Caseroio),时年20岁,来自伦巴第(Lombardy),以前是个面包师学徒,无政府主义者。他在报纸上读到埃米尔被处决的消息,同时偶然注意到,法国总统将要视察里昂。卡西瑞欧乘坐火车从法国在地中海的小港口城市赛特(Sète)出发,因为没有足够的车费,他就走完了剩下的路来到里昂。卡诺总统伤重不治,没过几个小时就去世了。又一个国家元首遇刺身亡了。卡西瑞欧在他的辩护中,表示希望激发"人类大家庭[的斗争信心]"①。他被判处死刑,于1894年8月15日被送上断头台。(在审判他的过程中,公诉人指控他想同时杀死意大利国王和教皇,卡西瑞欧开玩笑说,"不可能两个同时干掉……他们两个从来不结伴出行"。)

巴黎的报纸成功制造了一个概念——"炸药精神病",并加深了对它的认识。这让法国国民议会于1894年7月28日通过了第三部"无赖式的法律"。该法律的目标是消灭一切无政府主义的宣传,这么一来,国际组织成员的存在本身都被认为是在煽动犯罪。②

一个名叫加罗(Garraud)的刑法学教授正是这部法律的支持者。在他看来,无政府主义知识分子已经形成了一个"犯罪学派"这个圈子简直就是师傅招徒弟。知识分子已经不满足于用无政府主义的教义来毒害工人们,他们直接煽动无政府主义行动,甚至发表文章,提供组装炸弹的方式。之后他们颂赞那些制造事端的人,把他们描述成殉难者。无政府主义传播者成功地动员了普罗大众,

---

① 参见 Roderick Kedward, p. 42; Carl Levy, "The Anarchist Assassin and Italian History:1870s to 1930s," unpublished paper, p. 13.

② 参见 Uri Eisenzweig, Chapter II/3, esp. pp. 300-303, 325; R. Garraud, *L'Anarchie et la repression* (Paris, 1895), pp. 11, 19-23, 114-115, 133.

鼓励他们结成无政府主义组织。无政府主义的报纸为害之巨也不可估量。1893年12月18日通过的那部法律使得镇压"为恶者的组织"成为可能,现在这些人被报纸定义为"偷偷摸摸搞宣传"。社会主义者害怕这部新法律可能会让政府把任何政治反对派和无政府主义都混为一谈,尽管司法部长争辩说,只是针对"制造事端搞宣传"的支持者。

针对煽动或采取"暴力行动"的审判现在经常在无陪审团的情况下进行,因为陪审团经常比较宽大。这就极大加强了法官的权力。无政府主义所犯的品行不端不再像以前那样被认为是政治上的特征。现在,任何因为推广无政府主义宣传的被告都可以依照法律起诉,这个措施是应雷昂·布尔乔亚(Léon Bourgeois,正好叫这名字)的要求添加的,他以前是司法部长。这第三部法律把无政府主义者在法庭给自己做的辩护也称为"宣传"——正如埃米尔在法庭上当众朗读"宣言"一样。法官可以禁止报纸直接报道无政府主义者在法庭上说的话,认为这些陈述是"利用司法程序进行的宣传"。于是这部法律也禁止了公开法庭审判过程。①

12月通过的那部法律的目标是"作恶者的组织",一共有30个无政府主义者因这部法律被逮捕遭到审判。这次"三十人审判",从8月6日开始开始持续了八天,审判了许多知识分子,包括赛巴斯蒂昂·富尔、菲利克斯·菲内昂和让·格拉夫,还有三名无政府主义窃贼,其中就包括雷昂·奥尔提兹。他们所有人都被指控属于一个"派别",这个派别存在的目标就是通过偷盗、掠夺、纵火和谋杀来破坏社会。这些被告中最杰出的人都是埃米尔的朋友。部分是由于缺乏证据,部分是由于控方在辩方那些知识分子强大的辩护火力面前毫无招架之力,这场声势浩大的"三十人审判"最终证明,检察官比洛及其

---

① 参见 M. P. Fabreguettes, pp. 39-41; Jean-Pierre Machelon, pp. 409-445; Henri Varennes, pp. 246-272; R. Garraud, p. 53, citing article 2, law of 28-7-94; F7 12508, "Considérations générales," January 1894. (Guillaume) Loubat, pp. 177-178。

代表的政府不得不面对一个尴尬的失败下场。①

然而比洛扰乱了审判过程,因为"有人寄给我一个包裹,里面装着粪便!"他请求首席法官离席去洗手。菲内昂嘲笑道,自打本丢·彼拉多②之后,还没有一个人"如此庄严肃穆地"洗过手。菲内昂的刻毒幽默粉碎了检察官的指控。法官提起他是"德国无政府主义者坎普夫梅耶(Kampffmayer)的亲密朋友",菲内昂回答道:"恐怕亲密也谈不上,我一句德语不会说,他也不会说法语。"无计可施的法官举起一个装满水银的烧瓶,说这是从菲内昂在国防部的办公室里发现的,菲内昂表明,这其实是埃米尔的。法官又提醒他说,水银可以用来制作雷酸汞,菲内昂则提醒法庭说,水银也能用来做温度计和气压计。奥尔提兹和另外两个盗贼被判有罪,奥尔提兹被判处15年的苦役。知识分子则全部被无罪释放。

这些被无罪释放的人给在巴黎"制造事端搞宣传"的日子画上了句号。一名历史学家前不久警告道,"应该避免额外通过法律。这根本不正义……惩罚措施似乎让那些渴望获得殉难者桂冠的人着了迷,那么这些惩罚与其说是威慑,不如说是在补偿"。处决拉瓦绍尔、瓦扬和埃米尔·亨利终究没有阻止对卡诺总统的刺杀。这是不是意味着"面对无政府主义,这个社会毫无希望呢?"他给出的回答是肯定的,如果社会仅仅依靠镇压"却不依靠说服的权力"。越来越多的人投身无政府主义,政府把他们当做普通的罪犯,但其实他们只不过是怀着对无政府主义者的同情。只有公正和自由能够打败无政府主

---

① Trial of the Thirty: Jean Préposiet, *Histoire de l'Anarchisme* (Paris, 2002), p. 400; Raymond Manevy, p. 75.; E. V. Zenker, *Anarchism: A Criticism and History of the Anarchist Theory* (New York, 1897), pp. 320–323; Henri Varennes, pp. 286–349.

② 本丢·彼拉多(Pontius Pilate ?—41),罗马帝国犹太行省的执政官。根据《圣经·新约》所述,他曾多次审问耶稣,原本不认为耶稣犯了什么罪,却在仇视耶稣的犹太宗教领袖的压力下,判处耶稣钉死在十字架上。在所有四福音书中,彼拉多回避处死耶稣的责任。在《马太福音》中,彼拉多洗手以示自己不负对处死耶稣的责任,并很不情愿地把他送上刑架。——译注

义,而不是绝对的武力和持续的不公正。莫里斯·巴莱几乎得出了同样的结论。在他看来,处决埃米尔实在是给这个社会帮倒忙。针对无政府主义理想的战争需要的是智力武器,而不是刽子手戴博雷使用的那"玩意儿"。① 玛丽-弗朗索瓦·高隆(Marie-François Goron)是前安全部长,②他也相信,从现在来看,镇压是一种非常错误的威慑方式。对于进监狱甚至被处决的恐惧没能阻止拉瓦绍尔或是埃米尔。最终,弄巧成拙地逮捕了百十来号人,这些人受到警方线人的揭发,把他们和家人分开,并让他们的家人对国家与社会的仇恨与日俱增。最近针对无政府主义者的围捕所获寥寥。三十人审判的陪审团比警方更能说明问题。这次无罪释放终止了无政府主义袭击,因为没有任何情况会激起报复。而在之前,当局对于无政府主义的言行过度反应,又引发了进一步的暴力。这个怪圈就此终结。

有好几年,一些无政府主义伙伴到布勒瓦那的旅社去朝圣,③以此来纪念埃米尔的受难,尽管更多的无政府主义者认为这种行为无异于半宗教式的仪式,实在毫无意义,拒绝参加。然而一年一年过去了,朝圣的人数逐渐下降。1896年,有人成功进入到埃米尔的墓地,献上花束,还刻下了标语"纪念与复仇"。有块石碑也立在埃米尔的墓前,上书"被杀害者,社会的牺牲品"。在1901年,亨利夫人表明他

---

① 参见 *Journal*, May 22, 1894. 不管怎样,这部"无赖式的法律"一直广受争议,然而这第三部法律于1894年7月通过,一直持续到1992年才被废止。

② 参见 Marie-François Goron, *Les Mémoires de Goron, ancient chef de la Sûreté* (Paris, 1897—1898), pp. 7-8, 12-16。

③ 关于去布勒瓦那的小旅社朝圣的情况,参见档案 Ba 1115, police reports, February 12 and May 16, 1896; May 31, 1897 and May 31, 1898, *La Renaissance*, May 20 and 23, 1896; *Foureur*, May 5, 1901, *Liberté*, May 26, 1896; Prefect de police, May 21, 23, 25, and n. d., and Int. May 20, 1896, police reports May 9, 18, 22, 26 and 29, 1896; May 21, 23, 25, 26, and 27, 1901; May 14, 1902 and telegram, March 5, 1905,指出约有200名无政府主义者在旅社出现过;另见 *La Petite République*, May 26, 1896; *L'Evènement*, May 25, 1896; *Les Temps Nouveaux*, May 31, 1901。

像欢迎其他顾客一样欢迎"同志们",但是他不再允许在店里演讲和歌唱。艾丽莎·戈泰又出现了,跟几个伙伴聊着天。

福尔迪奈·亨利在刑满释放之后在巴黎的中心药房找了份工作,他之前在那里工作过。1896年,福尔迪奈和于勒跟前来旅社向埃米尔致意的无政府主义者说,只有他们的母亲去世之后,他们才能加入"行动派"。但是1904年,福尔迪奈在阿登高地(Aiglemont)成立了一个无政府主义共同体,租了一小块地。他用树枝和土搭了一间小棚子。后来他花了800法郎买下这块地,但他从来不相信财产,他找另一个朋友当这块地名义上的所有者。福尔迪奈开始种菜,成功地吸引了11个人住在这里。这看上去是一种理想,正是蒲鲁东预想的那种共同体,能够带来幸福,并且改造社会。然而,加入者开始争吵,这可能是因为福尔迪奈过于独裁主义的人格。这个共同体一直坚持到1909年。在经历了五年"荒谬的贫困和相互伤害感情之后,这次尝试悲剧地失败了"。① 福尔迪奈对无政府主义的实践尝试彻底失败了。至于于勒,在他哥哥被处决之后,他到了法定年龄就接管了他母亲的旅社。他没有去当一个好战的无政府主义者,而是弄了个小买卖,卖鸡蛋和黄油,后来还发家致富了。②

一旦"制造事端搞宣传"不再吸引信众,无政府主义者都开始努力向工会靠拢,希望这样的组织能为未来的革命提供基础。1884年之前,工会在法国一直都是非法的(但事实上很多行业以互助会或友情会的形式让工会存在,并且一些组织在必要的时候作为"抵抗团体"来支持罢工)。法国全国总工会(National Federation of Unions)在两年之后成立。在1892年,伦敦的无政府主义者,其中包括克鲁泡特金和马拉图,已经开始号召更多地参与进工会的行动。普热对于英国行业工会的成功印象尤其深刻,领导他的追随者投身工联主

---

① 福尔迪奈的情况,参见 Jean Maitron, *Histoire du mouvement anarchiste en France*, I, p. 367。

② 于勒的情况,参见 Anne-Léa Zévaès, "Sous le Signe", *Vendémiaire*, December 30, 1935 and January 6, 1937。

义(syndicalism)。① 像艾力格·马拉泰斯塔——埃米尔曾经攻击过他的"联合派"主张——一样,普热开始相信,只有组织起来的劳动能够对抗政权的力量。而且,工会争取一系列的改革,比如八小时工作制,通过这样做,把工人、工会和社会主义整合进第三共和国的政治中。

1895 年,《新时代报》(Les Temps Nouveaux)从当年五月份开始支持荷克吕和克鲁泡特金,发表了一篇好战的劳工组织领导费尔南德·波鲁迪耶(Fernand Pelloutier)的文章"无政府主义和行业工会"(Anarchism and Trade Unions)。当时,波鲁迪耶患有严重的肺结核,已经病入膏肓,他说他希望的就是资本主义"社会的死亡",解释了向工联主义策略转变的理由。这种有时被称为"无政府-工联主义"的策略主张工厂不仅是计划革命的最好方式,也让人看到未来人类团结和组织起来的希望。对波鲁迪耶来说,这样一种愿景并不需要制造爆炸。应该由工会统一行动,而不是个人行动或者是制造爆炸,也不参与政治,这就是革命的方式。

越来越多激进的工人,甚至包括很多无政府主义者都加入了工会,而工会都依附于"劳动交流所"(Bourses du Travail),这些组织从 19 世纪 80 年代开始,在法国工业城市兴盛起来。工人们可以去寻找工作机会,并且讨论对未来的悲观或希望。而且,劳动交流所还给工人阶级家庭带来了团结和社交机会。"工联主义英雄般的时期"始于 1895 年,一直坚持到 1907 年,这期间罢工的次数要比以前多很多。劳工运动追求在未来实施"总罢工"的梦想,并认为这会让资本主义国家屈膝就范。在 1902 年,劳动交流所加入了劳工总联合会(General Confederation of Labor,C. G. T.),这个组织于 1895 年成

---

① Richard D. Sonn, *Anarchism and Cultural Politics*, p. 25. Daniel Guérin, *Anarchism:From Theory to Practice*, p. 78; Jean-Marie Mayeur and Madeline Rebérioux, *The Third Republic from its Origins to the Great War* 1871—1914 (New York, 1987), p. 144; James Joll, *The Anarchists*, pp. 180-181,187; George Woodcock, pp. 321-322。

立,作为所有工会的保护伞。通过数次成功地推动改革,工会逐渐改善了许多工人的生活。

1898年,埃米尔出现在左拉的小说《巴黎》(1898)中,小维克托·马蒂斯(little Victor Mathis)的原型就是他,"身材瘦弱,几乎没有胡子,眉毛又直又硬,灰色的眼睛中闪烁着智慧的光彩,尖鼻子和瘦削的嘴唇表达着坚定的意志和不可妥协的仇恨"。和埃米尔一样,马蒂斯也是一个受过教育的资产阶级,他本来可以进巴黎高等师范学院。马蒂斯为萨尔瓦被送上断头台处死而复仇,正如埃米尔为瓦扬复仇一样。像埃米尔一样,马蒂斯也是"一个纯粹而简单的毁灭者,破坏的理论家,一个冷酷而精力充沛的知识青年……想把杀人当成一种社会进化的工具……[他是]一个诗人,一个空想家,但却是所有空想家中最可怕的一个人……他渴求最可怕的永垂不朽"。但是小说发表的时候,法国"制造事端搞宣传"的时代已经落下帷幕。①

尽管那些"恶棍般的法律"让印刷无政府主义宣传物极为困难,但是直到1914年无政府主义者在巴黎依然主办着12份报纸。但它们仍然是极少数,而且挣扎在生死边缘。在伦敦,无政府主义者也分崩离析了。② 就连维克多·理查德在夏洛特街的杂货铺也不那么欢迎他们了。马提亚尔·布尔丹(Martial Bourdin)是一个法国的无政府主义者,当他穿过格林尼治公园想去炸掉子午线的时候,他身上带的炸弹突然爆炸了,他当场被炸死。在他的葬礼上,人们说他是个反面典型。而且自治俱乐部的窗户也让一群暴民给砸了。1894年2月自治俱乐部就关门大吉了,无政府主义者纷纷搬走,彼此距离很远。伦敦对他们越来越不友好。当年5月1日劳动节,无政府主义者在海德公园集会,竟然遭到了群众的起哄骚扰。

---

① 左拉笔下的人物,参见 Émile Zola, *Paris*, p. 466.
② 伦敦无政府主义者状况,参见档案 Ba 1509;另见 H. Oliver, pp. 104-105, 141.

整个欧洲,好战无政府主义者的数量开始下降。到了1894年3月初,巴黎警察局断定,在巴黎的无政府主义者不超过500人,而且估计整个法国的无政府主义者人数在几年之内也戏剧性地下降了。在1897年,警方的专家得出一个数字,法国当时的人口是390万,其中只有4000个无政府主义者。那些非常危险的狠角色已经非常少,而且都是单打独斗的,比如埃米尔和卡西瑞欧这样的,从来不发言也不行动,只藏在阴影中随时做好准备。没人能预料他们的意图、偏好和目标,就连好战的无政府主义者也不能。这种单干的角色,埃米尔就算是头一个,彼此毫无联系,不定哪天就突然变成一个杀手,为了社会的错误而复仇。几乎不可能去监视这些人。①

不容置疑,彼此孤立的无政府主义行动仍然时有发生。从1911年12月到1912年5月,一个自诩为暴力无政府主义者的团伙让法国和比利时陷入极大恐慌。这些人受于勒·保诺(Jules Bonnot)的领导,他是一个犯罪手段凶残的前汽车修理工。这些人经常使用汽车(在这个意义上他们已经非常现代)还有步枪,进行连环抢劫,胆大包天,甚至偶尔还弄出人命,尤其爱抢银行。他们或被警方当场击毙或逮捕,其中三人被送上断头台。保诺团伙制造了小规模的恐慌,但这并不意味着回到了"制造事端搞宣传"。团伙成员不过是些"违法分子",也没有让法国政府太在意。在1914年,也就是第一次世界大战前夕,法国的无政府主义好战分子只剩下1000人左右。无政府主义在法国的黄金时代结束了。恐怖主义不再被视为一种完结的方式,甚至铁杆无政府主义者也如此认为。②

----

① 无政府主义者的数量,参见 *Le Matin*, March 5, 1894. 法国无政府主义者的数量从大概10000人到8000人左右,在巴黎,数量从大概2800人下降到2300,数量依然不小,里昂大概有1500到2000人,马赛有大约1000人,参见档案 F7 13053, Moreau, Commissaire special, "L'anarchisme en France," 1897.

② 保诺的暴力团伙和一战之前的法国情况,参见 Jean Maitron, *Histoire du mouvement anarchiste en France* (1880—1914), I, pp. 396-406; Joll, "Singing, Dancing, and Dynamite."

在其他地方，无政府主义历经了各种波折。① 在意大利，国王翁贝托一世于 1900 年被一个名叫盖塔诺·布雷希的无政府主义者刺杀，之后，政府出台强硬限制措施，大大减少了无政府主义者的袭击。就像在法国一样，工人日益投身工会和政治活动。比起其他地方，在西班牙，无政府主义者依然是最为强有力的革命力量，他们尤其活跃于巴塞罗那的港口和工业郊区，安达卢西亚的极端贫穷和饱受剥削的农村劳动者也对之非常青睐。政府和贵族与教会建立了紧密的同盟，于 1896 年通过立法，之后就展开了残酷的镇压——尤其是折磨有嫌疑的无政府主义者——激起了贫苦大众的愤怒。正如一个西班牙无政府主义者指出的那样："这不仅仅是一块面包的问题，而是仇恨的问题。"有压迫就有反抗，有处决就有复仇，于是一条暴力的链条周而复始。在 1906 年 5 月，正当国王阿方索八世（King Alfonso XIII）和他的新娘——大不列颠的维多利亚女王的孙女——走上马车准备到皇宫举行婚礼的时候，一个无政府主义者向他们投掷了一枚炸弹。国王和他的妻子毫发未损，但是炸死了 23 人，伤者超过 100 人。三年之后，西班牙士兵和警察在"悲剧一周"（the Tragic Week）中屠杀了 200 人，这是在巴塞罗那街头持续五天的激战，起因是一场总罢工，其中无政府主义者扮演了主要角色。对著名无政府主义者弗朗西斯科·费勒（Francisco Ferrer）的严刑拷打，牵动了整个世界的神经，并且引发了对无政府主义者的广泛同情和对西班牙政府政策的鄙视。和法国和意大利相比，西班牙的劳工运动的组织性依然不强，这意味着许多工人依然把无政府主义视作希望。于是，尽管欧洲其他许多国家的报纸都在加强"无政府主义者都是危险的扔炸弹的人"这样的刻板印象，但是在西班牙，无政府主义者依然是受难者的形象，是政权的受害者。在西班牙，无政府主义者制造的袭击一直

---

① 其他地区无政府主义活动继续的情况，参见 Richard Bach Jensen,"The International Campaign Against Anarchist Terrorism, 1880—1914/1930s," pp. 18-21; James Joll, *The Anarchists*, pp. 207-223。

持续到一战之后。尽管和共和派面和心不合,但是无政府主义者在西班牙内战(1936—1939)过程中还是有力地支援和维护了他们的这些列宁主义的对手,一起对抗弗朗哥的民族主义。

1914年到1920年间,无政府主义者的袭击在美国导致50人丧生,大概有30颗炸弹是通过邮寄方式寄给了美国的官员,从律师到市长都有。两个月之后,在七个城市中都发生了针对官员官邸的爆炸袭击。1920年的9月16日,一次发生在华尔街的爆炸袭击炸死33人,炸伤超过200人,很可能是意大利无政府主义者的手笔。① 在俄国,1917年革命的胜利很快就成为无政府主义者的噩梦。在1920年,布尔什维克主义者和他们的无政府主义者盟友分道扬镳,而在对抗乌克兰白军的内战过程中,二者本来是紧密盟友。布尔什维克主义者在俄国摧毁了无政府主义者。一场群众支持的群众革命终于变成了专制。"他们已经证明,革命是如何不可能成功的",克鲁泡特金如是说。这位无政府主义者告诉列宁:"弗拉基米尔·伊里奇,你的那些具体的行动完全配不上你所持的理念……当共产主义最重要的拥护者如此践踏任何一种诚实的感情的时候,那共产主义还有什么前途?"②

其实,法国的"炸药俱乐部"不过是当时吓坏了的巴黎人想象出来的说法,其中还有报纸的添油加醋。当时,一位显贵的警方专家写到,"把无政府主义者制造的事端看成是有组织阴谋的结果简直是大错特错"。令人害怕的反倒是那些单干的无政府主义者,比如埃米尔。至于说阴谋,从这个词的真正意义来看,按照这位专家的说法,"实在是没什么"。③ 但这没让上层阶级减少多少焦虑,但也说明,去

---

① 美国无政府主义的情况 Richard Bach Jensen,"The International Campaign Against Terrorism," pp. 23-24。

② 参见 James Joll, *The Anarchists*, pp. 158 and 163。

③ 参见档案 F7 13053, Moreau, Commissaire special, "L'anarchisme en France," 1897。

按照一套精心设计的计划去执行，其实很蠢。

那么让我们看看，是什么联系着这些被送上断头台的无政府主义呢？拉瓦绍尔不过是个圈子边缘的角色，"一个大盗，一个野蛮的反叛者，不过是把自己算作是无政府主义者事业的一环"。① 瓦扬不过是一个居家男人，挨饿受冻，不能养家糊口，这才孤注一掷，绝望地试图让社会关注像他一样的社会底层人民的苦难。保威尔斯是个打零工的，一个暴徒，天生就是个杀人犯。卡西瑞欧在自己 21 年的悲惨生命中独自学会了憎恨有钱人。

而埃米尔则不同。他是一个年轻的中产阶级知识分子，要不是他的父亲因为法国政府的镇压而晚景凄惨，要不是他在巴黎见识了令人发指的贫困，他本可以好好享受富足的人生。埃米尔仍然是一个复杂的人，一个自我憎恨的资产阶级，他一遍一遍地宣称他对"资产阶级"的憎恨。他自信，骄傲甚至自大，冷漠以至冷酷，轻视那些他认为"懦弱"的群众，②因为他们从来不明白自己的真正的利益。"和那位热爱人民的瓦扬不同"，查尔斯·马拉图回忆到，"埃米尔·亨利只爱理想，他感觉自己和那些无知的奴隶般的平民有别天渊，还有不少无政府主义文学家和艺术家也有这种想法"，③马拉图指的实际是卡米耶·毕沙罗（Camille Pissarro）、劳朗·泰亚德（Laurent Tailhade），还有埃米尔的朋友菲利克斯·菲内昂，当然还有其他人。在罗盖特监狱的最后时日，埃米尔写到，"我爱所有的人，但只爱他们应该变成的那种人性，然而我蔑视他们现在这样"。④

从埃米尔的所思所为来看，他简直就是一个 19 世纪的哈姆雷

---

① 参见 L'Intransigeant, April 29, 1894。

② 参见 Jean Maitron, 1951, p. 222（quoting R. Gressent, *L'Humanité Nouvelle*, I, 1, Paris 1897, p. 631), p. 222, n. 5, from J. Grave, *Le Mouvement libertaire sous la 3ᵉ République*, p. 139。

③ 参见 Charles Malato, «Some Anarchist Portraits», p. 331。

④ 参见 Émile Henry, *Coup pour coup*, p. 184。

特。他"挺身反抗人性的无涯苦难",但却希望用他的炸弹"把它们扫清"①。②

1900年,巴黎的导游自豪地向国外和外省来的旅游者介绍巴黎,说这里是"一个平静的首都,早已远离悲剧与血腥的革命岁月"。③ 警察无所不在,卫戍部队随时待命,在必要时增援,这一切保障了公共秩序。灯火之城已经变了一副模样,甚至比以前更加声色犬马、纸醉金迷。那些传统上经常爆发革命的地区,塞纳河右岸的中心,人口逐渐下降,奥斯曼的城市规划改革破坏或者至少改变了原有的街区网络。甚至,普通人越来越多地居住到城市的边缘。巴黎已经被制伏了。

无政府主义者一心对抗的法国政府,在1914年把整个欧洲带入一场残忍的战争。无政府主义者曾经坚称,他们的胜利能够消除一切战争。然而这场大战造成900万人死亡,其中就包括150万法国士兵,并且这场战争还释放出在20世纪为害人类的那些恶魔。

---

① 《哈姆雷特》的原文是"to take arms against a sea of troubles, and by opposing end them",本书作者改写成"took arms against the sea of troubles devastating much of humanity, seeking to bring an end to them with his bombs"。——译注

② 参见 Marius Boisson, *Les Attentats anarchistes sous la Troisième République* (Paris, 1931), pp. 158-159, n. 1. 另一种解释是,埃米尔的行动实际是一种"间接的自杀",因为他从未从对艾丽莎·戈泰的迷恋中恢复过来,连福尔迪奈也这样认为。参见 R. Gressent, *L'Humanité nouvelle*, first year, Paris 1897, t. I, vol. 1, p. 631. 不过埃米尔在爆炸后挣扎着逃出了终点站餐馆,是为了再杀人。

③ Jean-Pierre A. Bernard, p. 240。

巴黎补记

埃米尔声称，在1892年11月8日，在办两件差事之间的空当，他回到在维隆路的住处取了炸弹，又赶到位于巴黎市中心的大剧院街11号去安放炸弹，一共花了2小时15分钟。一个侦探在埃米尔接受审判之前也试着走了一趟，结果用的时间基本相同。在2005年9月，我自己也试了一遍，但时过境迁，我没法乘坐有轨电车和公共马车，只坐了一趟公共汽车和几次地铁，出租马车也得换成出租汽车。巴黎的交通拥堵，即便是坐汽车也比那年头坐公共马车快不了多少，再减去大剧院街的施工让我乘坐的出租车没法左转耽误的13分钟，我也花了2小时15分钟完成了这趟旅程。

致　谢

在巴黎追寻埃米尔·亨利足迹的过程中，巴黎第15区的警察局档案处的工作人员给了我莫大的帮助。档案处的员工一边要接待像我这样拿着笔记本电脑的研究者，一边还要接待来登记的的人（还有不少游客），很多人是钱包被偷了，或是自行车或汽车要登记，这样的对比至今仍让我感到触动。多亏了那台自动咖啡机，它在警察训练的那间武术体育馆屹立不倒。

在完成这本书的写作过程中，我向许多朋友和同事请教，向他们询问一些细节还有其他事情。他们总是耐心回答我。感谢理查德·索恩(Richard Ssonn)、斯蒂芬·文森特(Steven Vincent)、保罗·詹考斯基(Paul Jankowski)、马克·米卡尔(Mark Micale)、斯蒂芬·雅各布森(Stephen Jacobson)、凡妮莎·史华兹(Vanessa Schwartz)、多米尼克·卡里法(Dominique Kalifa)、约翰·曼罗(John Monroe)、布莱恩·斯奇布(Brain Skib)、莱昂·普兰塔格那(Leon Plantagna)、维克多利亚·庄森(Victoria Johnson)、卡尔·斯提维尔达(Carl Strikwerda)、朱迪斯·沃考维兹(Judith Walkowitz)、理查德·巴赫·詹森(Richard Bach Jensen)、康斯坦斯·班特曼(Constance Bantman)、罗伯特·费什曼(Robert Fishman)、雷·乔那斯(Ray Jonas)、斯蒂芬·英格兰德(Steven Englund)、马修·弗鲁勒(Mathieu Fruleux)、克里斯·布鲁维尔(Chris Brouver)、瓦雷里·韩森(Valerie Hansen)、提莫西·麦赛-克鲁斯(Timmothy Messer-Kruse)、贝弗里·

盖支(Beverly Gage)、帕斯卡尔·杜普伊(Pascal Dupuy)、达林·麦克马洪(Darrin McMahon)、马丁·A·米勒(Martin A. Miller)、尤吉尼亚·赫伯特(Eugenia Herbert)、乔治·艾森文(George Eisenwein)、伊夫斯·勒甘(Yves Lequin)、布鲁诺·卡巴那(Bruno Cabanes)、卡尔·莱维(Carl Levy)、以及皮耶托·迪帕奥罗(Pietro Dipaolo)。

很高兴能在以下大学和机构就埃米尔·亨利和无政府主义的话题发表演讲并收到评论:蒙大拿州立大学(Montana State University)、弗罗里达州立大学(Florida State University)、康涅狄格大学(University of Connecticut)、南加利福尼亚大学(University of Southern California)、明尼苏达大学(University of Minnesota),华盛顿大学圣路易斯分校(Washington University in St. Louis)、爱丁堡大学(University of Edinburgh)、纽卡斯尔大学(University of Newcastle)、斯坦福大学(Stanford niversity)[在那里,北加利福尼亚的法国史学家汇聚一堂]、卡尔顿学院(Carleton College)、耶鲁大学(Yale University)的法语系、以及布鲁克林大学(Brooklyn College)。至于我在巴黎的研究,受到耶鲁大学维特尼·格里斯沃德(Whitney Griswold)研究基金会的资助。

2007年由戴维·拉珀珀尔(David Rapoport)在阿灵顿(Arlington)组织的一次会议让我受益匪浅,这次会议的主题是"从恐怖主义的历史中可以学到什么,学不到什么:历史学家和社会科学家对谈"。

本书的初稿经三位挚友赐教,像往常一样,他们给出了非常睿智的、有帮助的评论。对杰伊·文特尔(Jay Winter)、戴维·贝尔(David Bell)和顿·拉姆(Don Lamm)致以诚挚的谢忱。拉姆和艾玛·帕里(Emma Parry)和克里斯蒂·弗莱彻(Christy Fletcher)在此项目一开始就一直鼓励我。

几十年中,我非常有幸能得到彼得·盖伊(Peter Gay)和已辞世的朋友查尔斯·蒂利(Charles Tilly)的启发和友谊。我也要感谢苏珊娜·布鲁甘(Susanna Brougham)对我书稿的杰出编辑。

卡洛·梅里曼、卢拉·梅里曼、克里斯托弗·梅里曼经常听我念叨这个故事的不同版本。一如既往,感谢我的家人。克里斯还曾有过一次奇怪的经历,他曾在本书主人公于一个世纪多以前的某个二月份的夜晚炸毁的那家餐馆吃过饭。

2008年6月25日于巴拉祖克

参考文献

主要材料

法国国家档案馆档案（Archives Nationales）

BB24 853

F7 12504,12506—09,12518,12830—32,12835,13053

14 AS 25,14 AS 136

巴黎警察局档案（Archives de la Préfecture de la police）

Ba 66,75—79,103,140—42,303,508—10,894,1085,1115,1132,1170,1215,
　　1237,1289,1500,1502—04,1507—09(1510 ?)

卢瓦尔省档案馆档案（Archives Départementales de la Loire）

1M 528,529,533,

4M 153,173,569,582,

(4)U 299

大不列颠国家档案馆档案（National Archives of Great Britain）

HO 45/10254/X36450

HO 144/587/B2840C

HO 144/545/A55176

参考了下列报纸：

L'Endehors, Le Révolte, La Petite République, L'éclair, Le 19ᵉ siècle, La Libre Parole, Le Figaro, L'Intransigeant, Le Matin, La Patrie, Le Gaulois, Débats, Le Rappel, Le Temps, La Cocarde, Le Jour, Petit Journal, Le Gil Blas, L'Echo de Paris, L'Evénément, Soleil, Paris, Gazette des Tribunaux

二手文献

Adamic, Louis. *Dynamite: The story of Class Violence in America*. New Youk 1931.

Almanach du Père Peinard 1894—1896—1897—1898—1899. Paris, 1984. Preface by Pierre Drachline.

Andrieux, Louis, *Souvenirs d'un préfet de police*. Paris, 1885.

Avrich, Paul. *Anarchist Portraits*. Princeton, 1988.

Baedeker, Karl, *Paris and Environs, with Route from London to Paris*, Paris, 1896.

Bantman, Constance. «French Anarchist Exiles in London Before 1914.» Unpublished dissertation, Université de Paris XIII, 2007.

Bataille, Albert. *Causes criminelles et mondaines de 1894: les procès anarchistes*. Paris, 1895.

Benjamin, Walter, "Paris: Capital of the Nineteenth Century," in *Reflections: Essays, Aphorisms, Autobiographical Writings*, ed., Peter Demetz. New York, 1978.

Bérard, Alexandre. *Sur l'anarchie*. Lyon, 1897.

Berlanstein, Lenard R. *The Working People of Paris*, 1871—1914. Baltimore, 1984.

Bernard, Jean-Pierre A. *Les Deux Paris. Les représentations de Paris dans le seconde moitié du xixe siècle*. Champ Vallon, 2001.

Bertrand, Louis. *Histoire de la démocratie et du socialisme en Belgique depuis 1830*. Vol. 2. Bruxelles, 1907.

Blond Georges. *Grande armée du drapeau noir*. Paris, 1972.

Boisson, Marius. *Les Attentats anarchistes sous la Troisième République*. Paris,

1931.

Bongar, Bruce, Lisa M. Brown, Larry E. Beutler, James N. Breckenridge, and Philip G. Zimbardo, eds. , *Psychology of Terrorism*. New York, 2007.

Bouchardon, Pierre. *Ravachol et Cie*. Paris, 1931.

Boussinot, Roger. *Les mots de l'anarchie*. Paris, 1982.

Brunet, Jean-Paul. *Saint-Denis, la ville rouge*, 1890—1939. Paris, 1980.

Bunyan, Tony. *The History and Practice of the Political Police in Britain*. London, 1976.

Carr, Reg. *Anarchism in France : the Case of Octave Mirbeau*. Montreal, 1977.

Chesterton, G. K. *The Man Who Was Thursday : A Nightmare*. New York, 1975 (1908).

Chevalier, Louis. *Montmartre : du plasir et du crime*. Paris, 1980.

Clark, T. J. *The Painting of Modern Life : Paris in the Art of Manet and His Followers*. New York, 1984.

Collyer, Michael, "Secret Agents : Anarchists, Islamists and Responses to Politically Active Refugees in London," *Ethnic and Racial Studies*, 28, 2 (March 2005), 278-303,

Conrad, Joseph. *The Secret Agent*. New York, 1998 (1907).

Coutry, Jean-Pierre, ed. Zo d'Axa, *Endehors*. Paris, 1974.

Delacour, Albert. *Les Lettres de noblesse de l'anarchie*. Paris, 1899.

DiPaola, Pietro. "*Italian Anarchists in London* (1870—1914). " Unpublished Dissertation, Goldsmiths College, University of London, 2004.

DiPaola, Pietro, "The Spies Who Came in from the Heat : The International Surveillance of the Anarchists in London," *European History Quarterly*, 37 (2), 189—215.

Dostoyevsky, Fyodor. *Crime and Punishment*. New York, 2003.

Dubois, Félix. *Le Péril Anarchiste*. Paris, 1894.

Dumas, René. *Ravachol : L'homme rouges de l'anarchie*. Saint-Étienne, 1981.

Eisenzweig, Uri. *Fictions de l'anarchisme*. Paris, 2001.

Evenson, Norma. *Paris : A Century of Change* 1878—1978. New Haven, 1979.

Fabreguettes, M. P. *De la complicité intellectuelle et des délits d'opinion ; de la provocation et de l'apologie criminelles de la propaganda anarchiste*. Paris,

1894—95.

Faure, Sébastien, L. Barbedette, Victor Méric and Voline, *La Véritable révolution sociale*. Limoges, 1933.

Fitzgerald, Edward Peter. "Emile Pouget, the Anarchist Movement, and the Origins of Revolutionary Trade-Unionism in France (1880—1901)". Unpublished doctoral dissertation, Yale University, 1973.

Fleming, Marie. *The Anarchist Way to Socialism: Elisée Reclus and Nineteenth-Century European Anarchism*. Totowa, New Jersey, 1979.

Fleming, Marie, "Propaganda by the Deed: Terrorism and Anarchist Theory in Late Nineteenth-Century Europe," in *Terrorism in Europe*, eds., Yonah Alexander and Kenneth A. Myers, New York, 1982.

Garçon, Maurice. *Histoire de la justice sous la IIIe République*. Paris, 1957, vol 1.

Garraud, R. *L'anarchie et la repression*. Paris, 1895.

Goron, Marie-François. *Les Mémoires de Goron, ancient chef de la Sûreté*, Paris, 1897—1898.

Grave, Jean. *Quarante ans de propagande anarchiste*. Paris, 1973. hhhh

Grave, Jean. *La Société mourante et l'anarchie*. Paris, 1893.

Grison, Georges. *Souvenirs de la place de la Roquette*. Paris, 1883.

Green, James. *Death in the Haymarket: A Story of Chicago, the First Labor Movement and the Bombing That Divided Gilded Age America*. New York, 2006.

Gerould, Daniel. *Guillotine: Its Legend and Lore*. New York, 1992.

Guérin, Daniel. *Anarchism: From Theory to Practice*. New York, 1970.

Guérin, Daniel, ed. *No gods, No Masters*. Oakland, 2005.

Halperin, Joan. *Félix Fénéon, Aesthete and Anarchist in Fin-de-Siècle Paris*. New Haven, 1988.

Hamon, Augustin, *Psychologie de l'anarchiste-socialiste*, Paris, 1895.

Hamon, A (usgustin). *Socialisme et Anarchisme: Études sociologiques Definitions*. Paris, 1905.

Harmel, Claude. *Histoire de l'Anarchie: des origines à* 1880. Paris, 1984.

Harvey, David. "Monument and Myth: the Building of the Basilica of the Sacred-Heart" in *Consciousness and the Urban Experience: Studies in the History and the Theory of Capitalist Urbanization*. Baltimore, 1985.

Henry, Émile. *Coup pour coup*. Paris, 1977.

Henry, Émile. *Déclaration*. Paris, 1894.

Herbert, Eugenia, *The Artist and Social Reform. France and Belgium*, 1885— 1898. New Haven, 1980 (originally published in 1961).

Herbert, Eugenia, "Les artistes et l'anarchisme,"*Mouvement Social*, 36, July-September 1961.

Herbert, Robert L. *Impressionism : Art, Leisure, and Parisian Society*. New Haven, 1988.

Higonnet, Patrice. *Paris : Capital of the World*. Cambridge, Mass. , 2002.

Hobsbawm, E. J. , "Political Violence and Political Murder," in*Social Protest, Violence, and Terror*, eds. , Wolfgang Mommsen et GerhardHirschfeld. New York, 1982

Hobsbawm, E. J. , *Primitive Rebels : Studies in Archaic Forms of Social Movements in the Nineteenth and Twentieth Centuries*. New York, 1959.

Horowitz, Irving L. *The Anarchists*. New York, 1964.

Iviansky, Ze'ev "Individual Terror," *Journal of Contemporary History*, 12 (1977), 43-63.

Jacquement, Gérard. "Belleville ouvrier à la belle époque,"*Le Mouvement social*, 118 (janvier 1982), 61-77.

Jaeger, Gérard A. *Anatole Deibler, Carnets d'exécutions* (1885—1939). Paris, 2004.

Jensen, Richard Bach, "Daggers, Rifles and Dynamite : Anarchist Terrorism in Nineteenth Century Europe,"*Terrorism and Political Violence*, 16, 1 (Spring 2004), 116-153.

Jensen, Richard Bach, "The International Campaign Against Anarchist Terrorism, 1880—1914/1930s," unpublished paper, 2007.

Joanne, Paul. *Paris*. Paris, 1889.

Joanne, Paul. *Paris-Diamant*. Paris, 1894.

Joll, James. *The Anarchists*. London, 1979.

Joll, James, "Singing, Dancing, and Dynamite," *Times Literary Supplement*, September 10, 1976.

Jonas, Raymond A. *France and the Cult of the Sacred Heart : An Epic Tale For*

Modern Times. Berkeley,2000.

Jonas,Raymond A. "Sacred Mysteries and Holy Memories:Counter-Revolutionary France and the Sacré-Coeur," Ian Germani and Robin Swales,*Symbols*,*Myths and Images of the French Revolution*. Regina,1998.

Jonas,Raymond A. "Sacred Tourism and Secular Pilgrimage:Montmartre and the Basilica of Sacré-Coeur," in Gabriel P. Weisberg, ed. ,*Montmartre and the Making of Mass Culture*. New Brunswick,2001.

Jordan,David P. *Transforming Paris*:*The Life and Labors of Baron Haussmann*. New York,1995.

Kalifa,Dominque. *Crimes et culture au XIXe siècle*. Paris,2005.

Kalifa,Dominique. *L'Encre et le sang*. Paris,1995.

Kalken,Franz van. *Commotions Populaires en Belgique* (1834—1902). Bruxelles, 1936.

Kedward,Rodrick. *The Anarchists*:*The Men who Shocked an Era*. London,1971.

Langlais,Roger,ed. *Père Peinard*. Poitiers,1976.

Laqueur,Walter. *The Age of Terrorism*. Boston,1987.

Laqueur,Walter. *A History of Terrorism*. New Brunswick,2006.

Lefrère,Jean-Jacques et Philippe Oriol. *Zo d'Axa*:*un patrician de l'anarchie*. Paris,2002.

Léger,Augustin,*Journal d'un anarchiste*. Paris,1895.

Levy, Carl, " Anarchism, Internationalism, and Nationalism in Europe, 1860—1939,"

Levy,Carl,"The Anarchist Assassin and Italian History:1870s to 1930s," unpublished Paper.

Leyret,Henry. *En plein faubourg* (Paris,2000,originally published 1895).

Longoni,J. C. *Four Patients of Dr. Deibler*:*A Study in Anarchy*. London,1970.

Loubat,Guillaume. *Code de la législation contre les anarchistes* (*commentaire des lois du 28 juillet* 1894,12 *décembre* 1893 *et 18 décembre* 1893). Paris,1895.

Loyer,François. "Le Sacré-Coeur de Montmartre,"in Pierre Nora,ed. ,*Les Lieux de Mémoire*,III,*Les France*,3,*de l'archive à l'emblème*. Paris,1992,450 - 473.

Machelon,Jean-Pierre. *La République contre les libertés? Les restrictions aux libertés publiques de* 1879 à 1914. Paris, 1976.

Maitron, Jean. "Un 'anar,' qu'est-ce que c'est?" *Le Mouvement sociale*, 83, April-June 1973, 23–45.

Maitron, Jean. *Dictionnaire biographique de mouvement ouvrier français*: 1871—1914. Paris, 1973.

Maitron, Jean. *Histoire du mouvement (anarchiste) en France*. Paris, 1951.

Maitron, Jean. *Le mouvement anarchiste en France* (2 volumes). Paris, 1975.

Maitron, Jean. *Paul Delesalle, an 'anar' de la belle époque*. Paris, 1985.

Maitron, J. et A. Droguet, "La presse anarchiste française de ses origines à nos jours," *Le Mouvement social*, 83 (April-June 1973), 9–22.

Maitron, Jean. Ravachol et les anarchistes. Paris 1964.

Malato, Charles. *Les Joyeusetés de l'exile*. Ossas-Suhare, 1985.

Malato, Charles. "Some Anarchist Portraits," *Fortnightly Review*, 333, September 1, 1894.

Manevy, Raymond. *Sous les plis du drapeau noir*. Paris, 1949.

Martin, F. *Notice historique et archéologique sur Limeil-Brévannes*. Corbeil, 1880.

Merriman, John. *Aux marges de la ville : faubougs et banlieues en France*, 1815—1870. Paris, 1994.

Miquel, Pierre. *Les Anarchistes*. Paris, 2003.

Miller, Martin A., "Dance Macabre: Problems in the History of Terrorism," forthcoming, *Journal for the Study of Radicalism*.

Miller, Martin A., «The Intellectual Origins of Modern Terrorism in Europe,» in Martha Crenshaw, ed., *Terrorism in Context*. University Park, 1995.

Miller, Martin A. *Kropotkin*. Chicago, 1976.

Miller, Martin A. «Ordinary Terrorism in Historical Perspective», *Journal For the Study of Radicalism*, 2, 2 (2008), pp. 125–154.

Monroe, John Warner. «See John Warne Monroe, *Evidence of Things Not Seen : Mesmerism, Spiritism, and Occultism in France*, 1853—1925) Ithaca, 2008.

Mulatière, Marie F. de la. *Regards sur Limeil-Brévannes* (Saint-Georges-de-Luzençon, 1988). n. n. (Assocation de la Presse Judiciaire), *The Paris Law Courts : Sketches of Men and Manners*. Translated by Gerald P. Moriarty

(New York,1894).

Nadal,Jordi and Xavier Tafunell, *Sant Martí de Provençals*, *Pulmó Industrial de Barcelona* (1847—1992). Barcelona,1992.

Nataf,André. *La vie quotidienne des anarchistes en France 1880—1910*. Paris. 1986.

Oliver,H. *The International Anarchist Movement in Late Victorian London*. London,1983.

Ory,Pascal. *L'Expo universelle*. Paris,1989.

O'Squarr,Flor. *Les coulisses de l'Anarchie*. Paris,1990 (1892).

Patsouras,Louis. *Jean Grave and French Anarchism*. Middletown, New Jersey, 1995.

Polasky,Janet. *The Democratic Socialism of Emile Vandervelde : Between Reform and Revolution*. Oxford,1995.

Post,Jerrold M. *Leaders and Their Followers in a Dangerous World : The Psychology of Political Terror*. Ithaca,2004.

Préposiet,Jean. *Histoire de l'Anarchisme*. Paris,2002.

Quillard,Pierre. "Entretien sur la vie et la mort de Ravachol,"*Mercure de France*, September 1892.

Ribeyre,Henri,"Chronique politique,"*La Revue Blanche*,6 (March 1894).

Rapoport,David C. ,"The Four Waves of Modern Terrorism,"*Attacking Terrorism : Elements of a Grand Strategy*, eds. , Audrey Cronin and James Ludes (Washington,2004),pp. 46-73.

Raynaud,Ernest. *Souvenirs de police (au temps de Ravachol)*. Paris,1923.

Reclus,Paul. *Les frères Elie et Elisée Reclus*. Paris,1964.

Reich, Walter, ed. ,*Origins of Terrorism : Psychologies, Ideologies, Theologies, States of Mind*. Cambridge,Eng. ,1990.

Rewald,John. "Félix Fénéon,"*Gazette des beaux-arts*, XXXI, series 6,1947, and XXXXII—XXXIII,1948.

Rochefort,Henri. *The Adventures of My Life*, vol. II. London,1896.

Salmon,André. *La Terreur noire*. Paris,1959.

Schwartz,Vanessa R. *Spectacular Realities : Early Mass Culture in Fin-de-Siècle Paris*. Berkeley,1998.

Seigel, Jerrold. *Bohemian Paris : Culture, Politics, and the Boundaries of Bourgeois Life*, 1830—1930. New York, 1986.

Shattuck, Roger. *The Banquet Years : The Origins of the Avant-Garde in France 1885 to World War I*. New York, 1968.

Sonn, Richard D. "Marginality and Transgression : Anarchy's Subversive Allure," in Gabriel P. Weisberg, ed. , *Montmartre and the Making of MassCulture*. New Brunswick, 2001.

Sonn, Richard D. *Anarchism and Cultural Politics in Fin de Siècle France*. Lincoln, Neb. , 1989.

Stafford, David. *From Anarchism to Reformism : A Study of the Political Activities of Paul Brousse*. Toronto, 1971.

Sweeney, John. *At Scotland Yard : Being the Experiences During Twenty-Seven Years of Service of John Sweeney*. London, 1904.

Taylor, Katherine Fischer. *In the Theater of Criminal Justice : The Palais de Justice in Second Empire Paris*. Princeton, 1993.

Tuchman, Barbara W. *The Proud Tower : A Portrait of the World Before the War*, 1890—1914. New York, 1967.

Varennes, Henri. *De Ravachol à Caserio*. Paris, 1895.

Varias, Alexander. *Paris and the Anarchists : Aesthetes and Subversives during the Fin-de-Siècle*. New York, 1996.

Vincent, K. Steven. *Pierre-Joseph Proudhon and the Rise of French Republican Socialism*. New York, 1984.

Vizetelly, Ernest A. , *The Anarchists : Their Faith and Their Record*. London, 1911.

Williams, Rosalind H. *Dream Worlds : Mass Consumpion in Late Nineteenth-Century France*. Berkeley, 1982.

Winock, Michel. *La Belle Époque*. Paris, 2002.

Winter, Jay. *Dreams of Peace and Freedom*. New Haven, 2006.

Wolgensinger, Jacques. *L'histoire à l'une : la grande aventure de la presse*. Paris, 1989.

Woodcock, George. *Anarchism : A History of Libertarian Ideas and Movements*. New York, 1962.

Wright, Gordon. *Between the Guillotine and Liberty: Two Centuries of the Crime Problem in France.* New York, 1983.

Zenker, E. V.. *Anarchism: A Criticism and History of the Anarchist Theory.* New York, 1897.

Zévaès, Anne-Léa, "Sous le signe de la dynamite: Émile Henry," *Vendémiaire*, December 30, 1936 and January 6, 1937.

Zola, Émile. *Germinal.* Paris, 1895.

索 引

Adam,Paul(亚当,保罗),62

　　"致拉瓦绍尔的悼词",83

Alarm(《警报》)[报纸],77

Alexander II(亚历山大二世)[沙皇],遇刺,64,75,113,116

Alfonso XIII(阿方索十三世)[国王],刺杀未遂,214

Anarchism(无政府主义),

　　在美丽城的活动,51-54

　　在蒙马特的活动,61-62

　　巴黎的袭击案,49,86,94,172-173,191

　　波西米亚艺术家,61-62

　　大不列颠的炸弹图谋,164

　　资产阶级对其的态度,111,171-172

　　英国特殊分支的监视者,116,118-119

　　在芝加哥,77-78

　　衰落,213

　　埃米尔·亨利与之的关系,40-41,55,59-61,65

　　福尔迪奈·亨利(儿子)与之的关系,95-96,105-106,122,153-154,40-41,
　　　　66,68,84

　　在德国,113-115

　　在大不列颠,114-115,164

　　国际化,114-115,121,123,132

　　在意大利,48,113,115,118,205,213

总统卢贝的谴责,105

炸弹袭击的动机,3-5,94-95

报纸,52,55-56,72,76,80,81,83-84,91,114,121,175,207,212

在巴黎造成的恐慌,85-87,111-112,124,163-164,178,215

鲍威尔斯与之的关系,175-177

普鲁东作为无政府主义理论家,42-44,172

警方针对的镇压斗争,87-88,111-112,115,134-135,142-144,146

根源,3-4,22-23,43-44

在俄罗斯,44-45,52,113,115,118,215

与社会主义,46,53,65,207

在西班牙,27,48-49,63,115,124,129-130

在西班牙内战,214

蔓延到巴黎,51-55

对工会的支持,210-212,213

瑞士作为无政府主义的天堂,113

丹吉尔作为无政府主义的天堂,114-115

与恐怖主义,60,64,94-95,129-130,187,213

无政府主义的理论家,55,58,63-64,95-96,126

在美国,214-215

"Anarchist Feast at the Opera, An"(《歌剧院中的无政府主义盛宴》),119

"Anarchist Guide: The Manual of the perfect Dynamites, The"(《无政府主义者指南:完美放炸弹者手册》),121

"Anarchist Morality, The"(《无政府主义者的道德》,克鲁泡特金),65

Anarchist Peril, The(《无政府主义者的冒险》,杜布瓦),163

anti-Semitism(排犹主义),在巴黎,15

artists, bohemian, and anarchism(艺术家、波西米亚和无政府主义),61-62

Autonomie, Die(《自治报》),122

Autonomy Club(自治俱乐部,伦敦),118-120,122-125,158,164,212

Axa, Zo d'(阿克萨,邹·德),58,72,81,92-93,209

Babet, Gustave(巴贝,古斯塔夫),131

Bakunin, Mikhail(巴枯宁,米哈伊尔),44-49,66,174

Barrès, Maurice(巴莱,莫里斯),171,193-194
　　镇压立法,209
Barrucand, Victor(巴吕冈,维克托),83
Béala, Joseph(贝阿拉,约瑟夫),173
Belleville(美丽城)(巴黎的街区),
　　无政府主义的活动,51-54
　　埃米尔·亨利的活动,147-149,159-160
　　对警方的仇恨,54-55
　　贫困,21-22,88,14
Berkman, Alexander(波克曼,亚历山大),129
Bertillon, Alphonse(贝尔提隆,阿尔方斯),157
Beuquet, Charles(博盖,查尔斯),150
Bismarck, Otto von(俾斯麦,奥托 冯),75,113
Bolshevik Revolution, Kropotkin(克鲁泡特金论布尔什维克革命),215
bombing(爆炸案),
　　对卡尔茅矿业公司的袭击计划,102-104,106-107,167,169
　　针对比洛的,80,179
　　在终点站咖啡馆发生的,1-3,10,23,149-158,160-161,165,171,180-183,
　　　　203-204
　　在议会发生的,137-138,140,155,163
　　在玛德琳娜教堂发生的,174,177-178
　　所用的炸药,73-77,84,111
　　在弗瓦约宾馆发生的,172-173
　　矿工工会扬言,105
　　针对伦敦股票交易所的图谋,164
　　针对皇家天文台的图谋,164
　　发生在警察局的,102-105,106-112,122,126,127-129,131,134,148-149,
　　　　159-160,167,169,180
　　爆炸的技术,1,76,94,102,111,133,138,158,183
Bonnard, Paul(彭那尔,保罗),148,173-174
Bonnot, Jules(保诺,于勒),213
Borde, Ernest(博尔德,欧内斯特),150-151,169

Bordenave,Jean(博得纳夫,让),31,33-34,184
Boulanger,Gen. Georges(布朗热,G. 乔治),125
Bourdin,Martial(布尔丹,马尔提阿尔),123,164,212
bourgeoisie(资产阶级),
 对无政府主义的态度,111,171-172
 埃米尔·亨利作为资产阶级一份子,181-182,185,201,212,216
Bresci,Gaetano(布雷希,盖塔诺,暗杀翁贝托一世),64,113,213
Brévannes(布勒瓦那),27-31,37,42,65,92,131,149,164-165,185,200,209-210
Brouss,Paule(布鲁斯,保罗),62,189
Bruant,Aristide(布吕昂,阿利斯蒂德),61-62
Brussels(布鲁塞尔)
 埃米尔·亨利在布鲁塞尔,132
 发生暴动,132
Bulot(比洛)[检察官],81
 起诉无政府主义知识分子,208-209
 起诉埃米尔·亨利,179,185
 作为爆炸袭击的目标,80,179

Café Terminus(终点站餐馆),
 议会对其发生的爆炸案的讨论,160-161
 埃米尔·亨利制造的爆炸案,1-3,10,23,149-158,160,165,167-168,171,180-183,203-204
Calvignac,Jean-Baptste(卡尔维那克,让-巴提斯特),
 当选卡尔茅镇的镇长,99-100
Carmaux Mining Company(卡尔茅矿业公司),
 袭击工会,100
 埃米尔·亨利打算制造爆炸,102-104,106-107,148,167,169
 工人罢工,99-100
Carnegie Steel Company(卡内基钢铁公司),
 工人罢工,129
Carnot,Sadi(卡诺,萨迪),139,145,146,149,189,190,193,199

被卡萨里奥刺杀,206-207,209,213

Caserio Santo(卡萨里奥,桑托),215

　　　刺杀卡诺,206-207,209,213

Castillo,Cánovas de(卡斯蒂略,卡诺瓦斯·德,遇刺),64

Catechism of the Revolutionary(《革命者问答》,涅恰耶夫),47-48

Chailley,Adrienne(沙耶,阿得里安娜),148-148,173-174

Chamber of Deputies(法国议会),21-22

　　　禁止对无政府主义者的审判报告公开,208

　　　将无政府主义有罪化,139-142,207-208

　　　争论终点站饭店的爆炸案,160-161

　　　镇压无政府主义报纸,207

　　　瓦扬制造的爆炸案,137-138,140,155,163,203

Chamborant,Marquise de(尚博朗伯爵夫人),27-28,30,31,131-132,184

Chavès,Louis(沙外,路易斯),49

Chesterton,G.K.(G.K.切斯特顿),《星期四人》(The Man Who Was Thursday),117

Chicago,anarchism in(芝加哥,无政府主义的活动),77-78

Claretie,Jules(克拉勒蒂,于勒),《巴黎的生活》(Life in Paris),13

Clemenceau,Georges(克莱蒙梭,乔治),参加埃米的处决,194,196,199

Clichy(克里希),71-72,78-79,86,143

colonialism(殖民主义),法国,57

Commonweal(《福利报》),114

Conciergerie(巴黎古监狱),埃米尔·亨利被监禁之处,165-166,169-173,177

Conquest of Bread,The(《为面包而斗争》,克鲁泡特金),65

Conrad ,Joseph(康拉德,约瑟夫),

　　　《密探》(The Secret Agent),64-65,84,117,120

corruption,腐败,法国议会发生的,14,39-40,86,90

Coulon Auguste(库隆,奥古斯特),119

Crime and Punishment(《罪与罚》,陀思妥耶夫斯基),139,170

Daudet,Alphonse(都德,阿尔方斯),143

Deibler, Antoine-Louis(戴博雷,阿托那-路易斯),82,84,192-199,209

Dostoyevsky, Fyodor(陀思妥耶夫斯基,费奥多尔),《罪与罚》(Crime and Punishment),139,170

Dreyfus, Alfred(德雷福斯,阿尔弗雷德),15

Dubois, Félix(杜布瓦,菲利克斯),163

dynamite(炸药),

  关于炸弹的制作,73-77,84,111

  政府的控制,74

  莫斯特对炸药的讨论,75-76

Écho de Paris, L'(《巴黎回声报》),14,204

Éclair, L'(《闪电报》),15,158

Edison, Thomas(爱迪生,托马斯),15

Elizabeth of Austria(奥地利的伊丽莎白)[皇后],遇刺,64

Endehors, L'(《外在报》),58-59,72,80,83-84,91,126

  埃米尔·亨利管理的,92-93,95

Enemy of the people(《人民的敌人》),62

Espinas(埃斯皮纳)[法官],167,169,174

Étiévant, Achille(埃提埃旺,阿希耶),131

"Eulogy for Ravachol"(《拉瓦绍尔的悼词》),83

Exposition Universelle(国际博览会,1889),15

Fanelli, Giuseppe(法那利,吉赛普),27

Faure, Sébastien(富尔,赛巴斯蒂昂),65-66,134,175,176

  被逮捕并指控为无政府主义,208-209

Fénéon, Félix(菲内昂,菲利克斯),59,62,89,93,132-133,216

  被逮捕并指控为无政府主义,207-208

  弗瓦约宾馆的爆炸案,172-173

Fenians(菲尼安斯),与恐怖主义,114,116

Ferrer, Francisco(费勒,弗朗西斯科),214

Figaro, le(《费加罗报》),14,172,188

Figner, Vera(妃格念尔,薇拉),48

First International Workingmen's Association(第一国际),25,46,63

Formentin,Charles(弗尔芒丹,查尔斯),194

France(法国),第二共和国(Second Republic)、第三共和国(Third Republic)

    和殖民主义,57

    法国的不平等,3-4

Franco-Prussian War(普法战争),8-9,57

François,Jean-Pierre(弗朗索瓦,让-皮埃尔,弗朗西斯,"Francis"),81,94,

    107,131

Freedom(《自由报》),114

Freiheit(《自由报》),75

French Chamber of Deputies(法国议会),腐败,14,39-40,86,90

Frick,Henry C.(弗里克,亨利),129

Gallaud,Alphonse(加路,阿尔封斯),58

Garnier,Eugène(加尔尼尔,欧仁),150

Gaulois,Le(《高卢人报》),14

Gauthey,Élisa(戈泰,艾丽莎),200,210

    被捕,174

    埃米尔对其的单恋,36-38,182,190-191

General Confederation of Labor(劳工总联合会),212

Germany(德国),无政府主义的活动,113-115

Germinal(《葡月》),23,101,170

Gigot,Émile(吉戈,埃米尔),152

Girard(吉拉德),157,173,183-184

Goldman,Emma(戈德曼,艾玛),60

Goncourt,Édmond de(龚古尔,埃德蒙·德),62

Goron,Marie-François(高隆,玛丽-弗朗索瓦),反对镇压性的立法,209

Goupil,Dr.(古比,医生),28,169,180,188-189,192-193,201

    到埃米尔·亨利的审判现场作证,184-185

Grave,Jean(格拉夫,让),55-56,61,67,86,140

    被逮捕并指控为无政府主义,208-209

Great Britain(大不列颠),

　　　　无政府主义的活动,114-115,164
　　　　其他国家政府对其施压,116
　　　　政治保安处监视无政府主义者(Special Brach monitors anarchists),116,
　　　　　118-119
Guillotine(断头台),191-192,195-196
Gunpowder Plot(火药的阴谋)(1605),74

Haussmann,Georges(奥斯曼,乔治),7-8,10,17,216
Haymarket affair(干草市场事件,1886),71,77-78,121
Henry,Emile(亨利,埃米尔)
　　　　无政府主义者,40-41,55,59-61,65,95-96,105-106,122,153-154
　　　　无政府主义殉道者,189-190,205-206,209-210
　　　　被逮捕又被释放,90-92,106,108,156
　　　　试图制造卡尔茅矿业公司爆炸案,102-104,106-107,148,167,169
　　　　背景,26-36
　　　　成为一个狂热者,101-102
　　　　在美丽城,147-149,159-160
　　　　遭到警方线人的背叛,128
　　　　制造终点站饭店爆炸案,1-3,10,23,149-158,160,165,167-168,171,180-
　　　　　183,203-204
　　　　制造警察局爆炸案,102-105,126,127-129,131,134,148-149,159-160,
　　　　　167,169,180
　　　　作为资产阶级一份子,181-182,185,201,212,216
　　　　在布鲁塞尔的活动,132
　　　　比洛的起诉,179
　　　　下葬,199-201
　　　　被定罪并审讯,155-159
　　　　在法庭上自我辩护,185-187,204
　　　　接受教育,30-34
　　　　被处决,194-199,201,204,209
　　　　奥恩伯斯特尔的辩护,168-170,172,180,183,185,187-188,191,192,200
　　　　监禁在巴黎裁判所附属监狱,165-166,169-173,177

索引　247

　　对戈泰的迷恋,36-38,182,190-191

　　学习组装炸弹的技术,94

　　主理《外在报》,92-93,95

　　在蒙马特,61-62,88-89,108

　　警察的调查,159-160,164-167,173-174

　　上了警方的监视名单,68

　　公众的反响,203-204

　　被追捕并最后被控制,151-155,157

　　对贫困和不平等的反应,38-40,60,88,215

　　拒绝服兵役,41,182

　　罗什福尔的评价,128-129

　　萝丝及他的被捕,164-169

　　科学的才能,30-32,41

　　到伦敦避难,106,112-113,119,122,126-127,131,133

　　与社会主义,41,100,102,132

　　与通灵术,34-35,36

　　支持矿工工会,100-101

　　接受审判、被说服、受到诅咒,178-182,183-189

　　在威尼斯,31-34

Henry,Fortuné(亨利,福尔迪奈)[父],25-28,100,165-166,170,172,184,205,215

Henry,Fortuné(亨利,福尔迪奈)[子],36-37,127,168

　　与无政府主义的关系,40-41,66,68,84,93-94,166-167

　　遭逮捕和监禁,90-92,107-108,112,142,156,159,165,184

　　建立无政府主义者的团体,210

Henry,Jueles(亨利,于勒),27,33,42,165,168,200-201,210

Henry,Rose Caubet(亨利,萝丝·高蓓),25-26,28-29,35,112,135,210

　　埃米尔被逮捕,审判和处决(and Émile's arrest, trial, and execution),164-169,180,182,185,189-190,192,200-201

Hornbostel(奥恩伯斯特尔),168-170,172,180,184,185,188,191,193,200

Hôtel Foyot(弗瓦约宾馆),172-173

Ibels,Henri(伊贝尔,亨利),61

inequality,in France(法国的不平等),3-4

International,L'(《国际报》),121

Intransigeant,,L'(《不妥协报》),125

Italy(意大利),无政府主义活动 48,113,115,118,205,213

  通过镇压性立法,142

Jaurè,Jean(罗莱,让),100

Journal,Le(《新闻报》),14

Kinsbourg,Pauline(金斯伯格,保琳娜),150,183

Kropotkin,Peter(克鲁泡特金,彼得),44,46-47,49,55,62-64,84,94,106,
  119,124

  《无政府主义者的道德》("The Anarchist Morality"),65

  讨论布尔什维克革命,215

  《为面包而斗争》(The Conquest of Bread),65

  支持工会,211

Labor Exchanges(劳动交流所),211

labor unios(工会),210-212,213

  在西班牙,214

Land and Liberty(《土地与自由报》),175

Léauthier,Léon-Jules(雷奥提尔,雷昂-于勒),134

Léger,Augustin(雷日,奥古斯丁),16,55,206

Lenin,V. I.(列宁),215

Lépine,Louis(雷皮那,路易斯),154-155

leyret,Henry(雷莱,亨利),21-22,54,138,145,203

Libre Parole,La(《自由语言报》),15

life in Paris(《在巴黎的生活》),13

Lingg,Louis(灵格,路易斯),78

Lisbonne,Maxime(利斯博纳,马克西姆),164

London(伦敦),

索引 249

　　埃米尔·亨利在此避难,106,112-113,130,134,143,205,212-213
　　外国警察特工,117-118,127
　　无政府主义的避风港,113-114,115-116,118-126,130,134,143,205,212-213
London Stock Exchange(伦敦股票交易所),无政府主义者谋划爆炸案,164
Loubet,Émile(卢贝,埃米尔),105
Louis napoleon(路易斯·拿破仑),7-8,25,66
Luce,Maximilien(吕斯,马克西米利安),62

Madeleine,church of the(玛德琳娜教堂),174-178
Malatesta,Errico(马拉泰斯塔,艾力格),48,62,64,81,95-96,106-107,118,126,139,211
　　《流放者的玩笑》(The pleasantries of Exile),121
Mallarmé,Stéphane(马拉美,斯蒂法那),143
Man Who Was Tursday,The(《星期四人》),117
Marocco,Alexandre(马尔洛可,亚历山大),131
Martin,Constant(马丹,康斯坦),67-68,94,105,106,120,127-128,134,148-149
Martinguet,Émile-Joseph(马丹盖,埃米尔-约瑟夫),151,153-154
martyrdom(殉道),与革命的关系,48-49,83-85
Marx,Karl(马克思,卡尔),45-46
Matha,Louis(玛沙,路易斯),90-91,93-94,122,124,131,149,160
Mathieu,Gustave(马修,古斯塔夫),128-130
Matin,Le(《晨报》),14,159
Maurice,Léon(莫里斯,雷昂),151-152,181
Maurin,Charles(莫林,查尔斯),83
May Day workers' celebrations(五一劳动节的庆典),20,66-67
　　警方的袭击,71-72
Mckinley,Willam(麦金利,威廉),遇刺,64
Melville,Willam(麦尔维耶,威廉),113,118,123
Meunier,Théodule(莫尼埃,蒂奥杜尔),79-80,81,94,178
Meyer(梅耶)[法官],156-157,165,167-168,174

Mialhe, Lia(米阿勒,莉亚),172

Michel, Louise(米歇尔,路易斯),119,127

miners' union(矿工工会),卡尔茅矿业公司的袭击,100

 扬言制造爆炸,105

 埃米尔·亨利支持,100-101

Mirbeau, Octave(密尔博,奥克塔夫),203,205

Montmartre(蒙马特),

 无政府主义在此的活动,61-62,88-89,138

 埃米尔·亨利在此的活动,61-62,88-89,108

Most, Johann(莫斯特,约翰),75-76

 《革命之战的科学》(The Science of Revolutionary Warfare),75-76,164

Napoleon III(拿破仑三世),7-8

National Federation of Unions(全国总工会),211

Nechaev, Sergei(涅恰耶夫,谢尔盖),63

 《革命者问答》(Catechism of the Revolutionary),47-48

newspapers, anarchist(无政府主义报纸),52,55-56,72,76,80,81,83-84,91,114,121,175,207,212

 在巴黎的情况,14-15

 对警察局爆炸案的评论,110,112

 警方的镇压,143

Nicoll, David(尼克尔,戴维德),114,119

Nobel, Alfred(诺贝尔,阿尔弗雷德),73

On Intellectual Complicity and Crimes of Opinion(《知识的共谋和态度的犯罪：无政府主义者宣传对犯罪的挑唆与辩护》),139

Opera (Paris)(巴黎大剧院),1-2,12-13,16,19,88-89,149

Ortiz, Léon(奥尔提兹,雷昂),89,97,130,160,174,182

 被逮捕并指控为无政府主义,208-209

Pallás, Paulino(帕拉斯,保利诺),129

Pansader, Jean(旁萨德，让), 67
Paris(巴黎)，
 无政府主义的传播, 51-55
 无政府主义者的袭击, 49, 86, 94, 172-173, 191
 排犹主义, 15
 经济状况, 17-18, 20
 政府的重新城市规划, 7-11, 17, 216
 各条大街, 10-13
 革命的历史, 7-10, 25-26
 巴黎的报纸, 14-15
 出现的恐慌, 85-87, 111-112, 124, 163-164, 178, 215
 贫困和阶级分化, 8-10, 12-23, 38-40, 54-55, 60, 88, 95, 209
 公共交通, 19-20
Paris Commune(巴黎公社) (1871), 9-10, 26-28, 45, 53, 58, 59-62, 66-67, 70, 91, 113, 119-120, 128, 171, 184, 192
Paris(《巴黎》, 左拉), 13, 88-89, 212
Parson, Albert(帕森斯，阿尔伯特), 77-78
Partie, La(《祖国报》), 15, 172
Pauwels, Albertine Lardon(保威尔斯，阿尔伯蒂娜·拉尔东), 175-176
Pauwels, Philabert(保威尔斯，费拉博特), 160
 作为无政府主义者, 175-177, 215
 袭击警察, 177
 背景, 174-176
 制造玛德琳娜教堂爆炸案, 174, 177-178
Péguy, Charles(佩吉，夏尔), 16
Pelloutier, Fernand(波鲁迪耶，费尔南德), 211
People's Will(人民意志), 47-48, 64, 75

Père Peinard(《佩纳尔老爹报》), 56-58, 61, 76, 81, 83, 121, 132, 143, 203, 205
 对警察局爆炸案的评论, 110-111
Gustave Petit(博迪，古斯塔夫), 152
Le Petit Journal(《小日报》), 14, 178

Le Petit Parisen(《小巴黎人报》),14

Pissarro,Camille(毕沙罗,卡米耶),61,215

Pleasnatries of Exile,The(《流放者的玩笑》),121

Poisson,Fançois(普瓦松,弗朗索瓦),151-152,183,191

police(警察/警方),

 无政府主义者的档案,127

 袭击五一劳动节庆典,71-72

 袭击工人,77-78

 英国政治保安处,116,118-119

 被穷苦百姓嫌恶,54-55,60,73,209

 调查埃米尔·亨利,159-160,164-167,173-174

 调查警察局爆炸案,106-110,122,128,167

 保威尔斯制造爆炸案,177

 在伦敦安插间谍,117-118,127

 对无政府主义者的镇压,87-88,111-112,115,134-135,142-144,146

 围捕无政府主义者,108-109

 查封报纸,143

police station bombing,Émile Henry and(埃米尔·亨利与警察局爆炸案),102-105,126,127-129,131,134,148-149,159-160,167,169,180

 报纸的评论,110,112

 警方的调查,106-110,122,128,167

Potier(波捷,审判埃米尔·亨利的主法官),180-183,185,188

Pouget,Émile(普热,埃米尔),56-58,81,110-111,143,149,203

 支持工会,211

poverty and class division(贫困和阶级分化),8-10,12-23,38-40,55,60,88,95,146,209

progress,and dislocation(进步,与混乱),15-16

Prolo,Jacques(布若洛,雅克),67,106-107,148

"propaganda by the deed"("制造事端搞宣传"),94-95,144,185,187,189,203,205,207-208,210,212,213

"Property Is Theft"("财富就是行窃",普鲁东),43

Proudho,Pierre-Joseph(普鲁东,皮埃尔-约瑟夫),无政府主义理论家,42-44,

172,210

Ravachol,François-Claudius(拉瓦绍尔,弗朗索瓦-克劳迪于斯),68,109-110,131
 无政府主义活动,72,73,96,179
 无政府主义殉道者,83,86,89-90,93,101,110-111,122,126,143,157,166,181,205,215
 被捕、受审和被处决,80-83,86,94,127,146,166,209
 背景,69-70
 制造爆炸者,78-80,125
 犯罪经历,70-82,163,173
"Ravachole,La"("拉瓦绍尔"),84-85
Reclus,Élisée(荷克吕,埃里塞),66,84,175,182,211
Reclus,Paul(荷克吕,保罗),182
Retté,Adolphe(莱戴,阿道夫),62
Révolte,La(《叛乱者报》),55-56,61,66-68,86,140-141,143
Révolté,le(《叛乱报》),55
revolution(革命),
 作为国际性事业,45-48
 革命与殉道,48-49,83-85
 革命在巴黎,7-10,25-26
Révolution Sociale,La(《社会革命报》),76
Revue Blanche,La(《白色评论报》),143
Ribeyre,Henri(里贝尔,亨利),171
Richard,Victor(理查德,维克多),120,126,127-128,130,212
"right of theft"("盗窃的权利"),67,123,182
Robespierre,Maximilien(罗伯斯庇尔,马克西米里安),190
Rochefort,Henri(罗什福尔,亨利),125-126
 对埃米尔·亨利的评论,128-129
Rousseau,Jean-Jacques(卢梭,让-雅克),43
Royal Observatory(皇家天文台,格林威治),
 无政府主义者策划制造爆炸,164
Russia,anarchism in(俄罗斯的无政府主义),44-45,52,113,115,118,215

Sacré-Coeur Basilica(圣心教堂),煽动性的本质,10,88-89

Salvador,Santiago(萨尔瓦多,圣地亚哥),129,139

Schouppe,Élise(斯舒普,爱丽丝),174

Schouppe,Placide(斯舒普,普拉希德),130-131,182

Science of Revolutionary Warfare,The(《革命之战的科学》),75-76,164

Scond Republic(第二共和国),7-8,25

Shaw,George Bernard(萧伯纳),119,124

Signac,Paul(希涅克,保罗),61

Simon,Charles(西蒙,查尔斯,曲奇饼"Cookie"),71,73,79-80,82,84,181

socialism(社会主义),

 对无政府主义,46,53,65,207

 埃米尔·亨利与之的关系,41,100,102,132

Soleil,Le(《太阳报》),14

"Song of Père Duchesne"(《杜设斯那老爹之歌》),82,84

Soubère,Mariette(苏贝尔,玛丽埃特),173

Spain(西班牙),

 无政府主义的活动,27,48-49,63,115,124,129-130,139,213-214

 通过镇压性的法案,142,214

 工会,214

Spanish Civil War,anarchism in(西班牙内战中的无政府主义活动),214

Spies,August(斯皮斯,奥古斯特),77-78

spiritism(通灵术),埃米尔·亨利,34-35,36

Suburb,The(《郊区报》),52

Sue,Eugène(苏,欧仁),《流浪的犹太人》(The Wandering Jew),70

Switzerland(瑞士),无政府主义的天堂,113,114

syndicalism(工联主义),211-212

Tailhade,Laurent(泰亚德,劳朗),172-173,216

 《人民的敌人》,62

Tangier(丹吉尔),无政府主义的大本营,114

Temps,Le(《时代报》),92,107,168

Temps Nouveaux, Les(《新时代报》), 211

terrorism(恐怖主义)

　　　与无政府主义的关系, 60, 64, 94-95, 129-130, 187, 213

　　　与菲尼安斯的关系, 114, 116

　　　伊斯兰恐怖主义, 3

"Thanne"("塔那"), 133-134, 148-149, 173

Thiers, Adolphe(提埃尔, 阿道夫), 9

Third Republic(第三共和国), 14-15, 39-40, 178

　　　腐败, 60, 86, 101, 110, 164, 204

Tocsin, Le(《警钟报》), 121

Toulouse-Lautrec, Henri(图卢兹-罗特列克, 亨利), 61

Toutet, Jules(图戴, 于勒), 152

Trade unions(工会), 21, 25

Tribune Libre, La(《自由论坛报》), 121

Umberto I(翁贝托一世), 遭布雷希暗杀, 64, 113, 213

United States(美国), 无政府主义的活动, 77-78, 214-215

Vaillant, Auguste(瓦扬, 奥古斯特), 175

　　　作为无政府主义殉道者, 157, 161, 181, 206, 212, 215-216

　　　制造议会爆炸案, 137-138, 140, 155, 163, 203

　　　受审与被处决, 144-146, 149, 151, 159, 194, 204, 209

van Dongen, Kees(凡·东根, 凯斯), 62

van Herreweghen, Louis-Napoléon(凡·赫雷维亨, 路易斯-拿破仑), 150-151

Venice(威尼斯), 埃米尔·亨利的活动, 31-34

Villevaleix, Charles(维耶瓦雷斯, 查尔斯), 150

Wandering Jew, The(《流浪的犹太人》), 70

Wilde, Oscar(王尔德, 奥斯卡), 47, 124

Wilson, Daniel(威尔森, 丹尼尔), 39

workers(工人),

　　　庆祝五一劳动节, 20, 66-67

警察的袭击,71-72,77-78

针对卡尔茅矿业公司的罢工,99-100

针对卡内基钢铁公司的罢工,129

Yeats,William Butler(叶芝,威廉·巴特勒),124

Yver,Mme.(伊维夫人,记者),195,200-201

Zola,Émile(左拉,埃米尔),11,14,143
  《葡月》(Germinal),23,101,170
  《巴黎》(Paris),13,88,89,212

译后记

本书依据耶鲁大学出版社(Yale University Press)2016年出版的平装本 *The Dynamite Club: How a Bombing in Fin-de-Siècle Paris Ignited the Age of Modern Terror* 翻译,并参考了 Houghton Mifflin Harcourt 出版社2009年初版的内容。

从开始阅读本书到完成翻译工作,本人一直佩服作者宏大的抱负和高超的技巧:埃米尔·亨利的思想和情感变化、无政府主义思想的盛衰、恐怖主义者圈子的聚散、欧洲阶级矛盾的激化与爆发、国家和政府对恐怖主义的认识和应对策略的发展……这众多复杂的线索在作者精巧的内容剪裁和章节安排之下,显得错落有致,让人读来不觉凌乱,而感到作者在剖析那个巨变时代时游刃有余。

如作者在序言中所言,本书的主题之一是分析现代恐怖主义产生与存续的土壤,作者巧妙地结合了社会分析与社会场景的描述,时而带读者走进当时法国上流社会出没的餐馆、饭店、歌剧院,领略饮食之丰盛、装修之精致、衣饰之鲜亮,于是上流人士之穷奢极欲和不顾底层人民生死的做派跃然纸上;时而带读者走进底层人民生活的贫民窟与出没的小酒馆,让我们看到他们食不果腹、衣不遮体、无立锥之地,男人被剥削致残致死、女人为了活命出卖自身等各种人间惨剧,底层人民的痛苦、不满、对上层阶级的憎恨、对经济制度的仇视让人如见如闻。这样鲜明的对比一次又一次强化了本书的主旨:剥削之残酷、民生之凋敝、贫富差距之大、社会撕裂之甚,导致社会中最边缘的无权者萌生无以遏抑的仇恨,再加上激进的社会思潮影响,复仇的矛头就有可能从统治者指向普通人,也就是现代恐怖主义的模式。需要指出的是,本书的作者并不同情恐怖主义,但也丝毫不回避形成恐怖主义的社会因素,这种态度是出于对现实的关照,也在警告依然热衷地缘政治的西方政治家:输出战争、贫困、苦难和不公正,换回的可能是不计代价乃至不吝生命的恐怖主义袭击。

　　本书的另一主题是分析西方政府反制恐怖主义以加强政治的机制。作者描述了针对恐怖主义活动的各种监视、搜查、密捕、审讯、镇压、处决、通过法案等等政府行为,充分展示出国家机器的冷酷。在这场力量对比悬殊的战争中,国家几乎每一次都是赢家,在舆论、法律乃至肉体上战胜了恐怖主义者和他们所依赖的理论。国家机器的残酷集中体现,就是"正义之匣"——断头台,闸刀的沉重锋利,刽子手的冷酷无情,临刑场面的恐怖瘆人,都通过作者细密的文字透过厚重的历史向读者扑面而来。

　　无疑,本书的主题是严肃而沉重的,但这并不妨碍作者呈现很多颇具可读性的内容。比如,作者往往能从文学、绘画、音乐、美术中搜寻出细腻的时代气息,尤其喜欢将文学中的人物与意象同历史中的真实加以对比,作者发现,左拉的《萌芽》和《巴黎》以及康拉德的《间谍》等许多小说的灵感都来自无政府主义者的思想和活动。尤其是,在作者看来,小说《巴黎》中那个又"身材瘦弱……尖鼻子和瘦削的嘴唇表达着坚定的意志和不可妥协的仇恨"的主人公小维克托·马蒂斯的原型,正是埃米尔·亨利。又如,作者在梳理19世纪无政府主义的思想和活动时,广泛搜集了无政府主义圈子里的逸闻趣事。这些无政府主义者来自三教九流,他们有的杀人越货、打家劫舍,有的扶危济困、劫富济贫,有的为理想和蓝图不同而长期争执,有的为支持同仁和事业倾囊而出。他们有各种稀奇古怪的绰号别名,有各种版本的江湖传言,这不禁让一个熟悉中国文化的读者联想到啸聚山林的梁山好汉。这些内容的存在,让本书不仅是一本出色的学术著作,还是一副妙趣横生的时代画卷,让人读来不忍释卷。

还令译者感佩的是，作者扎实的档案工作和有趣的田野工作。作者为了写作此书，查阅了法国和英国四所档案馆的档案，参阅了十数种报纸，档案的使用周密详细，体现出一位史学家深厚的功底。此外，作者在巴黎一待就是几个月，亲自走访本书主人公埃米尔·亨利的所到之处、亲历其所见之景，作者还试着走了一趟埃米尔·亨利借办事机会安置炸弹的路程，时间相差无几，一下拉近了作为历史后点的读者和著作主人公之间的距离。

最后向帮助和支持本人翻译工作的两位同志表示感谢并略抒情愫。

李钧鹏兄从体例的安排、译名的斟酌到讹误的指出、格式的要求等各个方面，给本人很大帮助。李兄严格认真、一丝不苟的精神常常令我汗颜。向李兄致敬！

还要向我的妻子徐文婕同志表示感谢。翻译本书的时候，正值小儿出生不久，我在不上课的日子白天要看孩子，晚上得靠妻子"丧偶式带娃"，才能跑到附近的咖啡馆支上电脑工作。很多个夜里，我筋疲力尽地回到家里，妻儿都已睡熟，而我还难抑兴奋，那些人物、主张或事件还在脑中萦绕，然后我就想着这东西，昏昏睡去。

以上拉杂散乱的文字以为译后记。

范譞

2018年8月1日于北京北新桥

图书在版编目(CIP)数据

一触即发:现代恐怖主义的起源 /(美)约翰·梅里曼著;范譞译.
--上海:华东师范大学出版社,2020
ISBN 978-7-5760-0706-0

Ⅰ.①一… Ⅱ.①约… ②范… Ⅲ.①恐怖主义—研究—法国
Ⅳ.①D756.55

中国版本图书馆 CIP 数据核字(2020)第 153466 号

华东师范大学出版社六点分社
企划人 倪为国

"剑与犁"译丛
一触即发:现代恐怖主义的起源

著　　者　(美)约翰·梅里曼
译　　者　范　譞
责任编辑　倪为国　施美均
责任校对　高建红
封面设计　何　旸

出版发行　华东师范大学出版社
社　　址　上海市中山北路 3663 号　邮编　200062
网　　址　www.ecnupress.com.cn
电　　话　021-60821666　行政传真　021-62572105
客服电话　021-62865537　门市(邮购)电话　021-62869887
地　　址　上海市中山北路 3663 号华东师范大学校内先锋路口
网　　店　http://hdsdcbs.tmall.com/

印刷者　上海盛隆印务有限公司
开　　本　700×1000　1/16
印　　张　18.5
字　　数　210 千字
版　　次　2020 年 6 月第 1 版
印　　次　2020 年 6 月第 1 次印刷
书　　号　ISBN 978-7-5760-0706-0
定　　价　68.00 元

出 版 人　王　焰

(如发现本版图书有印订质量问题,请寄回本社客服中心调换或电话 021-62865537 联系)

The Dynamite Club: How a Bombing in Fin-de-Siècle Paris Ignited the Age of Modern Terror
by John Merriman
Copyright © 2009 by John Merriman
This edition arranged with C. Fletcher &Company, LLC.
through Andrew Nurnberg Associate International Limited
Simplified Chinese Translation Copyright © 2020 by East China Normal University Press Ltd
All rights reserved

上海市版权局著作权合同登记 图字:09 - 2014 - 1015 号